融合型·新形态教材
复旦社云平台 fudanyun.cn

U0730950

普通高等学校学前教育专业系列教材

学前儿童
社会教育活动指导

（第四版）

主　编　周梅林

副主编　李叶兰　张玉暖

编　者（按姓氏笔画排列）

毛秀芹　刘雪梅　孙丽华

陆　兰　张素霞　董永江

复旦大學出版社

内容提要

本教材立足幼儿师范院校学前儿童社会教育的教学实际，力图较好地体现《幼儿园教育指导纲要（试行）》和《3—6岁儿童学习与发展指南》的基本精神，体现学前儿童社会教育的理论与实践研究的最新成果，以更好地适应社会和学校自身发展的需要。本次修订一是根据《指南》精神，进一步体现先进的教育思想；二是对各章节再次进行了梳理和修订，使内容更科学、更能体现《指南》所倡导的精神；三是替换和补充鲜活的优秀案例，保持案例的前沿性和代表性，更便于教师在教学中分析使用；四是将《纲要》和《指南》中与社会领域相关的内容作为附录，以便教师及学生更方便对照使用；五是结合幼儿园教师资格证考试，配有部分模拟练习，体现课岗证有机融合。

本教材的每章内容均包括学习要点提示、学前儿童社会教育的有关理论和观点阐述、典型案例及案例分析、参考资料、课后思考与练习、附录资料，从多侧面、多角度呈现教学内容，方便教师操作和使用。

为方便教师备课和教学，本教材配有PPT教学课件等教学资源，欢迎登录复旦社云平台（www.fudanyun.cn）免费获取。

复旦社云平台
数字化教学支持说明

为提高教学服务水平，促进课程立体化建设，复旦大学出版社建设了"复旦社云平台"，为师生提供丰富的课程配套资源，可通过"电脑端"和"手机端"查看、获取。

【电脑端】

电脑端资源包括 PPT 课件、电子教案、习题答案、课程大纲、音频、视频等内容。可登录"复旦社云平台"（www.fudanyun.cn）浏览、下载。

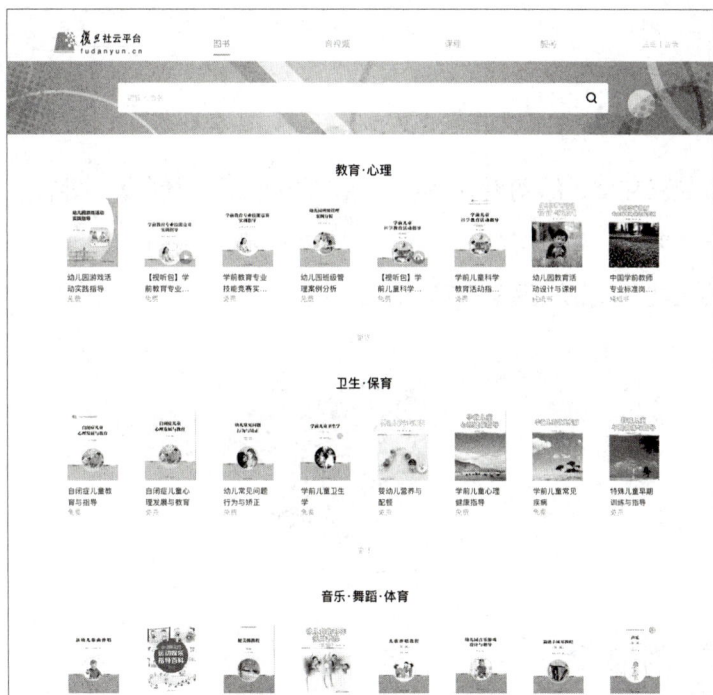

Step 1 登录网站"复旦社云平台"（www.fudanyun.cn），点击右上角"登录/注册"，使用手机号注册。

Step 2 在"搜索"栏输入相关书名，找到该书，点击进入。

Step 3 点击【配套资源】中的"下载"（首次使用需输入教师信息），即可下载。音频、视频内容可通过搜索该书【视听包】在线浏览。

【手机端】

PPT 课件、音视频、阅读材料：用微信扫描书中二维码即可浏览。

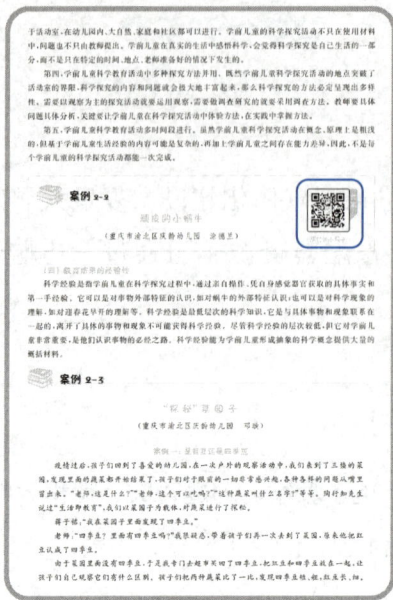

【更多相关资源】

更多资源，如专家文章、活动设计案例、绘本阅读、环境创设、图书信息等，可关注"幼师宝"微信公众号，搜索、查阅。

平台技术支持热线：029-68518879。

"幼师宝"微信公众号

【本书配套资源说明】

1. 刮开书后封底二维码的遮盖涂层。

2. 使用手机微信扫描二维码，根据提示注册登录后，完成本书配套在线资源激活。

3. 本书配套的资源可以在手机端使用，也可以在电脑端用刮码激活时绑定的手机号登录使用。

4. 如您的身份是教师，需要对学生使用本书的配套资料情况进行后台数据查看、监督学生学习情况，我们提供配套教师端服务，有需要的老师请登录复旦社云平台（官方网址：www.fudanyun.cn），进入"教师监控端申请入口"提交相关资料后申请开通。

第四版修订说明

学前儿童社会教育是专门阐述学前儿童社会性发展与教育的一门学科,也是学前教育专业开设的专业课程。

《学前儿童社会教育活动指导》(第一版)于 2005 年 7 月由复旦大学出版社出版,2009 年出版第二版,2016 年出版第三版,2022 年出版第四版。教材紧跟教学实践需求,不断修订完善,在全国院校使用过程中反映良好。

本次修订主要体现在以下七个方面。

一是紧密围绕党的"二十大"报告精神,体现课程思政,落实立德树人的教育任务。引导学生树立正确的世界观、人生观、价值观,激发学生爱国爱家乡的情感,弘扬中华民族传统文化,培养学生的健康社会心态、社会责任感和历史使命感。

二是根据《指南》精神,在社会性教育的基本观念、幼儿园社会教育目标的阐述、社会教育内容的选择、社会教育活动指导的原则和方法、社会教育活动的设计、社会教育的评价等方面进一步体现先进的教育思想。

三是体现课、岗、证融合,新增幼儿园教师资格证考试模拟练习题,以及幼儿教师岗位核心能力培养内容。

四是对各章节再次进行了梳理和完善,使内容更科学、更能体现《指南》所倡导的精神。

五是替换和补充鲜活的优秀案例,保持案例的前沿性和代表性,更便于教师在教学中分析使用。

六是将《纲要》和《指南》中与社会领域相关的内容作为附录,以便教师及学生更方便对照使用。

七是提供了教学课件等教学资源,供教师在教学实践中参考和选用。

全书共分为五章,由首都师范大学学前教育学院周梅林主编。参加第四版编写的主要单位有首都师范大学学前教育学院、潍坊学院幼教特教师范学院、济南幼儿师范高等专科学校、石家庄幼儿师范高等专科学校、徐州幼儿师范高等专科学校、南阳幼儿师范高等专科学校等。各章编写人员是:第一章毛秀芹、张玉暖;第二章李叶兰、周梅林;第三章董永江、张玉暖;第四章张玉暖、刘雪梅、周梅林;第五章刘雪梅。在编写过程中,自始至终得到了作者所在学校领导的热情关心和大力支持,书中参考、引用、借鉴了许多国内外同行的最新研究成果,同时参考、借鉴了其他出版社的同类教材,在此一并表示感谢。

真诚欢迎广大读者朋友对《学前儿童社会教育活动指导》(第四版)提出宝贵的批评意见和修改建议。

目　录

第一章　学前儿童社会性发展概述

学习要点

- 了解社会性及其对学前儿童发展的意义。
- 初步掌握学前儿童社会性发展的特点,家庭教养方式对儿童社会性发展的影响。
- 师幼互动对幼儿社会性发展的影响。
- 影响儿童社会性发展的因素。
- 同伴对儿童社会性发展的影响。
- 大众传媒对儿童社会性发展的影响。

第一节　社会性及其对学前儿童发展的意义

一、社会性简介

当一个人独处时,是谈不上"社会"的,但身边只要再有一个人 ,"社会"就构成了。一个家庭,就是一个小社会;一个单位,也是一个小社会。凡是有人群的地方,就有各种各样的"社会",人的生存一天也离不开社会。人每天都在各种小的、中的、大的社会群体中充当着各种角色,表现着自己的"社会性"。你对别人的态度、你跟别人打交道的方式、你怎样受别人的影响、你怎样影响别人……所有这一切,都是你表现自己的社会性的场合。

幼儿正处在一个被社会化的年龄阶段。《3～6 岁儿童学习与发展指南》(以下简称《指南》)中指出,社会领域学习与发展的实质在于促进幼儿社会化,形成良好的个性品质。社会化是在社会关系系统中,通过人际交往和对社会生活的主动适应而进行的。

(一)社会性的产生

人的需要是多种多样的。大多数学者包括马斯洛实质上都是把人类各种不同的需要归属于两大类,即生物性(生理性)需要与社会性需要。生物性需要是指保存和维持有机体生命和延续种族的一些需要,如对饮食、运动、休息、睡眠、觉醒、排泄、避痛、配偶、嗣后等的需要。动物也有这类需要,所以这些需要也叫生理性需要或原发性需要。社会性需要是指与人的社会生活相联系的一些需要,如劳动需要、交往需要、认知需要、审美需要和成就需要等。社会性需要是后天习得的,源于人类的社会生活,属于人类社会历史的范畴,并随着社会生活条件的不同而有所不同。社会性需要也是个人生活所必需的,如果这类需要得不到满足,就会使个人产生焦虑、痛苦等情绪。比如,人自出世之后便成为各种社会团体中的一分子。从婴幼儿时期起,人就想与他人亲近、与他人来往,希望得到别人的赞许、关心、友谊、爱护、接受、支持和合作。随着年龄的增长,人们不但没有因为自身力量的壮大而削弱这种需求,反而还增加了这种需求。有人对绝对孤立状态下的人(如一些宗教团体成员、遇难船上的人、隔离实验的志愿参加者)的个案研究表明,长时间的孤独隔离会产生突然的恐惧感和类似忧虑症发作的情感,并且隔离时间越长,产生恐惧和忧虑的情况就越严重。沙赫特(Schachter,1959)也曾做实验说明:人是很难忍受长时间与他人隔绝的。所以,社会性需要是作为人类的一种基本需要,也是人类区别于动物的一个根本特征。

我们这里所说的社会性,就是源于人类社会性需要而产生的。

首先,社会性是社会生活中人际交往的产物,人在交往中获得了社会性。当人刚一出生时,由于他的身上还没有任何人类社会的烙印,他只是一个"自然的客观存在",即人们通常所说的"自然人"。但是,由于这个自然人生活在人的社会环境中,与人进行某种形式的交往,学习该社会所认可的行为方式、价值取向等,并把这种行为方式、价值取向等内化,变为自己的行为准则,使自己逐渐适应周围社会生活。假如一个人远离了社会生活,失去了人际交往,那他只能是个自然人,而永远不具有社会人所具有的社会性。

其次,社会性是人的社会化的内容和结果。作为从自然人向社会人转化所获得的特征,社会性几乎涉及了人自身智能以外的所有内容,即使狭义地界定社会性,它也涉及社会生活中的各种个人属性,如情感、性格、交往、社会适应,等等。

(二) 社会性的内容

关于社会性的内容,心理学家、教育家、社会学家、文化人类学家都在关注,但关注的角度不同。

心理学家重视个体在社会性发展和演变中的那些心理规律,试图发现人的遗传因素、情绪、气质、智力特征怎样在其中发挥功能,以及个体之间、不同性别之间的差异。

教育家重视教育对儿童社会化过程的影响作用,试图寻找有效的措施和训练、组织方法,因此他们非常重视心理学家所发现的那些个体社会化的规律。

社会学家重视的不是个体,而是人类生活、学习、工作、娱乐的所有基本单元——人的各类群体,如家庭、工作单位、非正式群体、临时群体,他们最感兴趣的是所有这些群体怎样对人的社会化产生影响和发挥作用,这些群体怎样演变,还包括社会大环境、大背景(如政治、经济、法律、传播媒介等)怎样迂回人的社会化过程以及群体的演变。

同时,关于社会性的具体内容,东西方学者也有不同论述。

西方有些学者认为,人的社会性主要包括人的社会知觉和社会行为方式。通过社会知觉,人们觉察他人的想法,向他人表达行为的动机和目的;通过社会行为的学习,人们掌握约定俗成的行为方式、道德观念,从而能够适应自己所生存的社会。

我国有些学者则认为,社会性的内容包括六个方面:运用语言的交际能力;友好相处的能力;自律的能力;表现与理解的能力;对环境的适应能力;良好的生活、卫生、学习习惯等。

总之,尽管描述不同,但其内容实质都是一致的,即如何学习与别人友好相处并适应环境的能力。所以,如果要对社会性下一个定义,我们可以这样描述:社会性是指个体在掌握社会规范、形成社会技能、学习社会角色的社会化过程中所产生的一种心理特征。由于这种心理特征的发生和发展,儿童由自然人逐渐变为能适应生活环境、能与周围人交往并以自己的独特个性对他人施加影响的社会人。

人在不同的年龄阶段,其社会性要求也是不一样的。作为人生之初的学前儿童期,其社会性内容有哪些呢?《指南》明确指出,人际交往和社会适应,是幼儿社会性教育的两大核心内容。具体包括人际交往和社会适应。

1. 人际交往

人际交往包含:愿意与人交往;能与同伴友好相处;具有自尊、自信、自主的表现;关心、尊重他人。

2. 社会适应

社会适应包含:喜欢并适应群体生活;遵守基本的行为规范;具有初步的归属感。

由于在第二章里将对学前儿童社会性的内容做具体介绍,这里就不再重复了。

本章从心理学角度出发,选取自我意识、情绪情感、个性、社会性行为、道德共五个方面,对学前儿童社会性的内容做出进一步阐释。

二、社会性对学前儿童发展的意义

人们经过长期的观察和研究发现,同样是智力中等或智商水平较高的人,为什么有的人与他人的关系和谐,懂得乐群合作,礼貌谦让,受人欢迎;可有的人却与他人的关系紧张,攻击性强,孤僻易怒,受人排斥呢?经过比较后得出结论:有的人适应他们所生活的社会;有的人不适应他们所生活的社会,与周围人格格不入,甚至逆反、对立。一言以蔽之,两种人的社会适应程度大不一样,即他们的社会化程度不一样。对于学前儿童来说,社会性同样是其生存和发展的必需内容。而且,根据《指南》的精神,人际交往与社会适应既可以说是幼儿社会学习与发展的基本途径,也可以说是基本内容。

(一) 社会性是学前儿童社会性情感及社会交往的需要

儿童自出生的那一天起就生活在社会之中,也就是说,儿童一出生就预示着其社会性发展的开始。按照美国心理学家马斯洛的需要理论,儿童除基本的生理需要外,还有社会性的需要,比如安全的需要、归属和爱的需要等。安全需要表明儿童间接地需要情感支持及社会交往,襁褓中的婴儿因为感到温暖、安全,进而产生与成人主要是母亲的亲近需要。随着儿童的发展,儿童的社会性情感及社会交往的需要也越来越强烈。罗杰斯也指出,儿童有"积极关注"的需要,即儿童对诸如温暖、爱、同情、关怀、尊敬及获得别人承认的需要,而积极关注是儿童在社会性情绪情感交流及社会交往过程中获得的。

同时,哈佛大学心理学博士丹涅尔·戈尔曼研究表明:"孩子的未来20%取决于智商,80%取决于情商。"卡耐基也曾说过,一个人的成功,所学的专业知识所起的作用是15%,与他人的交际能力却占85%。放眼现实世界,我们确实可以感受到:成功的管理者或企业家都具有很高的情商。在生活中,我们也常常会遇到这样的现象:一些智商很高的人并不见得会成功,婚姻生活也并不一定美满;而情商很高的人则必定事业成功,家庭幸福。智商高的人一般来说是专家,情商高的人却具备一种综合与平衡的才能。情商的核心就是与别人进行情感交流和社会交往的能力。

因此,好的教育并不单单只是智力的训练,因为相比较而言,社会性水平更能决定孩子未来生活中获取幸福和成功的能力,其中也包括家庭关系的成功和幸福。澳大利亚人史蒂夫·比达尔夫说过:"无论成人或儿童,不可能总是快乐无忧的,但我们都希望能够帮助孩子学会控制自己的情绪,使之向快乐的方向转化。"也就是说,如果想让一个儿童获得爱的情感、与人相处愉快,良好的社会性是必不可少的。

(二) 社会性影响学前儿童身体、心智的发展

首先,良好的社会性会促进孩子的身体健康。因为人生活在社会环境当中,他时时刻刻接收着来源于周围人、事或自身内部的种种信息,这些信息经过大脑的整理和分析,会对我们的情绪、情感产生影响。比如,当一个儿童和其他小朋友和谐相处时,他会感到自己是开心、愉快的。这种开心与愉快使他的内分泌系统处于平衡状态,全身的各种腺体正常工作,这有利于他的生长与发育。而且,有医学专家研究表明:心平气和的孩子比生气、烦躁的孩子免疫力更强,更不易患传染病。

与此相反,如果一个儿童社会性发展不良,不适应他所生活的周围环境,总是与周围人发生冲突、对抗,那么,他必然感到闷闷不乐甚至生气发火,不论他发火或是生闷气,都会使自己的内分泌系统发生某种程度的紊乱,这种紊乱将对他的生长发育产生消极的影响。有医学研究表明[1]:幼儿心情紧张可导致呕吐、腹泻、发烧等;长期神经紧张还可导致幼儿生长发育迟缓;成人疾病中的心脏病、高血压、糖尿病、胃溃疡、慢性肠炎,也都与神经紧张有关。

其次,社会性还会影响学前儿童的心智发展。社会性发展得比较好的孩子,适应能力和自制力都比

---

[1]徐明. 幼儿社会教育[M]. 北京:中国劳动社会保障出版社,1999.

较强,在初入园的时候,他们能比其他幼儿更快地熟悉老师和同伴。在平时,他们更容易与老师、同伴相处融洽,有更多的机会与老师、同伴交往,从他们那里得到信息,扩大自己的眼界。在与同伴的合作游戏中,提高自己的能力。另外,社会性发展得比较好的幼儿,往往心态积极、情绪稳定,自信心强,比其他幼儿表现得更有"毅力",他们能保持较长时间专注地"工作",遇到小小的挫折或困难时,他们也能寻找原因,努力克服困难,而不轻易放弃。

相反,社会性发展不好的孩子,不仅不会学习如何做人、"学做真人",还会导致不真诚、虚伪、道德水平低下等。良好社会性中的自制力、适应能力、毅力、真诚等心理品质,对一个人的学习和工作都是极其重要的,它虽然不能直接提高智力程度,但是它们能使心智能力得到充分的发挥。据教育专家的研究发现:智力水平中等的孩子,如果非智力因素发展得很好,那么,他的学业成就完全可以比智力水平高而非智力因素发展得不好的孩子高许多。同样道理,智力水平很高的孩子,也会因为非智力水平的低下而导致智力水平发展一般甚至很差。

(三) 社会性认知的需要

儿童很早就表现出对社会事物或现象的兴趣,并在此基础之上形成认知的需要。但是,儿童的社会性认知不等同于对一般客体的认知,它是儿童主体观念(是非观念、价值观念等)形成的过程[①]:不是简单地接受成人的观念,或记住现行社会的规则、规范,而是在了解它们的基础上做出自己的判断、抉择,形成自己的认识。换言之,社会性教育的价值不在于"塑造"儿童,而在于为儿童形成自己的观念提供相应的"材料",促使儿童自我塑造。

如果能成功培养孩子社会性中的某一些能力,其他能力也会随之得到滚雪球一样的提高。研究表明,越早发展孩子的社会性,越有助于孩子在同伴关系中处于领导地位,形成孩子的领导气质,也有利于培养孩子在将来激烈的社会竞争中良好、过硬的素质。良好的情绪控制能力还能帮助孩子养成良好的学习习惯,掌握以后需要的知识才干。控制自我、倾听他人、与人合作等这些社会性技能,是品学兼优的孩子必须具备的。

📖 **资料 1-1**

果汁软糖实验

美国心理学家沃尔特·米切尔,从20世纪60年代开始进行了一项研究,对象是斯坦福大学附属幼儿园的孩子。该项课题是从这些孩子4岁开始跟踪研究,一直持续到他们高中毕业。

研究一开始他们首先做了一个实验:研究人员告诉孩子,如果你能坚持等到我办完事回来,你就可以得到两块果汁软糖吃;如果你等不了那么久,你就只能吃一块,而且马上就可以得到。在实验中有部分孩子能够熬过那没完了的20分钟的时间,一直等到实验员回来。为了抵御诱惑,他们或是闭上眼睛,或是把头埋在胳膊里休息,或者喃喃自语,或是哼哼唧唧地唱歌,或是动手做游戏,有的则干脆睡觉。最后,这些有耐心的小家伙得到了两块果汁软糖作为回报。但那些较冲动的小孩几乎是在实验员走出去"办事"的那一瞬间,就立刻去抓取并开始享用那一块糖了。

这是一项追踪研究,大约在12年至14年后,也就是这些孩子进入青春期时,他们的差异显露出来了。孩子们在情感和社交方面的差异非常明显。那些在4岁就能抵御诱惑的孩子长大后有较强的社会竞争性、较高的效率、较强的自尊心,能较好地应付生活中的挫折。在压力之下他们不轻易崩溃,没有手足无措和退缩,也没有惶惶不安、自乱方寸。面对困难他们勇敢地迎接挑战,他们独立自主,充满自信,值得信任,办事可靠;他们做事主动积极,参加各种活动。10年后追

[①]郑三元,庞丽娟.论社会性课程的功能、价值和目的.载于http://www.pep.com.cn/200406/ca440092.htm2005516.

求其目标时,仍然能抵制住即刻满足的诱惑。在那些经不住诱惑的孩子中,有1/3左右的人缺乏上述这些品质,而且出现心理问题的人较多。进入青春期后,他们在社交中羞怯退缩,固执且优柔寡断,一遇挫折就心烦意乱。遇到压力就退缩不前,或者不知所措。他们疑心重而不知足,而且好嫉妒,爱猜疑,脾气暴躁,动辄与人争吵、斗殴。10年过去了,他们仍然像以前一样经不起诱惑,不愿推迟眼前的满足。

到这些被测孩子高中毕业时,研究人员再次对他们进行了评估,并惊奇地发现,在4岁时就能忍耐等待的孩子,学业成绩远远好于冲动行事的孩子。据那些孩子的父母说,他们的学习成绩优异,语言表达能力和推理能力强,学习专心致志,能制订计划并贯彻到底。求知欲旺盛,在其SAT学业能力倾向测试中,这些孩子得分明显较高。在那些不能抵抗诱惑而去拿糖的孩子中,最早拿糖的那1/3孩子语文和数学平均得分分别是524分与528分,而最能等待的那1/3孩子语文和数学平均得分为610分和625分,差距很大。

研究人员用孩子在4岁时抵抗诱惑的表现来预测其后来的学业能力倾向得分,结果比他们的智商预测准确性高两倍,这表明,除智商外,抵御满足诱惑的能力对智力的发展也有重要影响。孩提时控制冲动的能力差,也是预测少年犯罪倾向的一项可靠指标。有观点认为智商高低是无法改变的,这表明了天生潜力无法改善的局限性,但有证据显示,情感智能,如控制冲动、识时务等是可以后天习得的。

从事这项研究的沃尔特·米切尔还说过这样一句话:"认准目标,自我延缓满足。"这话虽不太贴切,但大致说出了情绪自我调节的精髓:要实现目标,应具备控制冲动的能力,无论是为了追求商业利益,还是用于解决一道几何题,或是成为运动明星,莫不如此。沃尔特的发现强调了情感智能作为一种超能力的作用,它决定着人们是否能充分运用自己其他的智能。

第二节 学前儿童社会性的内容和发展特点

学前儿童社会性的内容包含哪些方面?对于这个问题,不同的学者有不同的看法。

美国的心理学家墨森认为,学前儿童的社会性内容包括学习社会性情绪、对父母亲人的依恋、气质、道德感和道德标准、自我意识、性别角色、亲善行为、对自我和攻击性的控制、同伴关系等等。

澳大利亚萨恩森博士认为,学前儿童的社会性内容包括学会怎样生活、怎样工作、怎样爱别人、怎样接受别人的爱。

我国学者1994年的一项研究表明,我国儿童的社会性是由以下七个因素组成的,即社会技能、自我概念、意志品质、道德品质、社会认知、社会适应、社会情绪。

在《指南》中明确指出,人际交往和社会适应是幼儿社会学习的主要内容,也是其社会性发展的基本途径。"人际交往"包括"愿意与人交往,能与同伴友好相处,具有自尊、自信、自主的表现,关心尊重他人";"社会适应"包括"喜欢并适应群体生活,遵守基本的行为规范,具有初步的归属感"。根据《指南》的精神,幼儿在与成人和同伴交往的过程中,不仅学习如何与人友好相处,也在学习如何看待自己、对待他人,不断发展适应社会生活的能力。

下面,我们遵循《指南》基本理念,尊重幼儿生命个体,尊重幼儿发展差异,从心理学角度,结合学前儿童的年龄特征、心理特征,对幼儿社会性教育的内容做出界定与阐释。我们尝试抽取学前阶段儿童社会性构成的最基本因素,即自我意识、情绪情感、个性、社会性行为、道德共五个方面作为学前儿童社会性的内容,并对每一方面的具体内容和发展特点展开具体论述。

一、学前儿童自我意识的发展

自我意识指主体对其自身的意识，即主体对自己和自己心理的认识。人由于自我意识的发展，才能进行自我观察、自我分析、自我体验、自我控制以及自我教育等。自我意识是人的意识的一种表现形式，动物没有自我意识，只有人类才有自我意识。自我意识是儿童社会性的重要组成部分，也是其社会性发展的基础。

关于自我意识的内容有不同的看法，有人将自我意识分为自我认识、自我评价、自尊心和自我价值感、自信心、主动性、独立性、自制力与坚持性等；我国学者从知、情、意这一角度出发，认为自我意识包括自我评价、自我体验、自我控制三个方面。

自我评价包括自我感觉、自我概念等。首先，幼儿自我评价表现在对自己性别的认识，还有自己的名字、年龄等；其次，自我观察到身体特征、动作、能力、爱好、所有物等；最后涉及自己与父母及同伴的关系。儿童进行自我评价的途径有三种：掌握别人对自己的评价；社会性比较，即从与别人比较中对自己做出评价；自我检验，或狭义的自我评价。

自我体验包括自我感受、自尊、自爱等，其中自尊是自我体验的核心内容。自尊是自我概念的一种形式，是一种胜任、愉快、值得敬重的自我体验。自尊是个体对自我价值的一种积极的评价和体验，它是在社会化比较过程中实现的。

自我控制是指在目标受阻时，个体抑制其行为或改变行为的能力。根据科普（Kopp，1982）的观点，学前儿童的自我控制分为五个阶段：2岁前分别为神经生理调节阶段、知觉运动调节阶段、外部控制阶段（即服从控制者的命令）；2岁左右自我控制能力逐渐发展起来，即利用表征能力阶段，以符号代替物体，在没有外界监控的情况下服从控制者要求、延缓自己要求的行为；4岁以后儿童开始运用语言进行自我调节和控制，即运用语言阶段。学前儿童自我意识的发展特点主要如下。

（一）0～3岁儿童自我意识的产生和发展

婴儿期是自我意识发生的时期。刚出生的婴儿是没有自我意识的，甚至到了四五个月还是物我不分，还不能把自己和周围世界区分开来，往往把自身和周围的东西看作是同样的物体，像玩弄其他物体一样玩弄自己的脚、手指等，甚至啃自己的脚趾，扯自己的头发，狠咬自己的手指。一般要到婴儿期末，才开始把自己的身体与其他物体区分开来，才能意识到自己的存在，才能把自己和周围存在的"物"区分开来。

幼儿前期是自我意识形成的时期。进入幼儿前期后，儿童开始了与周围人的交往，能进一步地把自己和"别人"区分开来，于是开始了自我意识的发展。幼儿前期儿童的自我意识虽然开始发展，但最初儿童提到自己时，还往往像谈论别人那样，如说"红红要喝水""明明不哭"等，用自己具体的名字称呼"我"。在成人指导下，才逐渐学会用人称代词的第一人称，说"我要喝水""我不哭"等，如听到别人呼唤自己的名字时会产生明显的反应，即知道是叫自己，而不是叫别人。这说明此时的儿童已经能明确地把自己和别人区分开来。

所以，幼儿前期的儿童自我意识的发展有三方面的表现：首先，表现在能把自己和"别人"明显地区分开来，能够在镜中识别自我；其次，语言的发展为这一时期儿童自我意识的发展创造了条件，能够准确地使用代词"我"，是儿童自我意识真正形成的标志，这时儿童已将自己完全从环境中分离出来；最后，表现在他们开始出现了"自尊心"。当儿童受到戏弄、嘲笑、不公正的待遇，或在别的儿童面前受到责骂等，往往引起愤怒、哭闹或反抗行为。

（二）幼儿期自我意识的发展

幼儿期是自我意识进一步形成和发展的时期。

1. 幼儿自我意识的形成

幼儿自我意识的形成主要表现在对自己性别的认识，知道我是谁、我几岁、我是男孩还是女孩，可自我观察到身体特征、动作、能力、爱好,能分辨自己的所有物。这些都可以在游戏活动中自选或分配角色时表现出来,在日常与别人的交往中表现出来。在游戏中,选女孩当妈妈,体现出幼儿对性别标准的认识;选大个子当警察,则体现出幼儿对能力的认识。

2. 自我评价进一步发展

自我评价从2～3岁开始出现。幼儿自我评价的发展和幼儿认知及情感的发展有密切联系。其特点有如下两点。

(1) 主要依赖成人的评价

幼儿还没有独立的自我评价能力。年龄较小的幼儿,在自我评价时,往往不加考虑地轻信成人对自己的评价,自我评价只是成人评价的简单重复。例如,问幼儿"为什么说自己是好孩子"时,幼儿会说"老师说我是好孩子",或者说"妈妈说我是好孩子"。一直到幼儿晚期,幼儿才开始出现独立的评价。而且,幼儿的自我评价往往非常简单,他们一般把自己看成"好"或"不好","聪明"或"愚笨","强壮"或"弱小",很难像成人一样做出全面细致的区分。

所以,教师对幼儿的评价必须客观、公正,不可褒扬过高,也不可随意贬损,要注意自己的评价对幼儿的影响。

(2) 常常带有主观情绪性

幼儿往往不从具体事实出发,而从自己的情绪出发进行评价。例如,评价班上哪个小朋友是最好的值日生时,有个幼儿说:"我和××是最好的值日生。他值日就给我发带金边的碗,我值日也发给他带金边的碗。"

幼儿一般都过高评价自己。随着年龄增长,自我评价才逐渐能从主观情绪性趋向于比较客观。例如,有的大班幼儿想说自己好又不好意思,于是说"我不知道我做得怎么样"或说"我不说"。

3. 幼儿活动的独立性逐渐加强

2～3岁的儿童已有了独立的愿望,常常喜欢自己做事、自己行动,常常说"自己来"。例如,儿童抢着自己用勺子吃饭,即使泼洒满桌,也不要成人帮助。2～3岁的儿童往往开始表示自己的主张,当成人提出要求时儿童并不听从,爱说"不""偏不""就不"等。真正的独立性就是这样在幼儿期明显发展起来的。6～7岁的幼儿在很多方面能够独立进行,如生活中可进行自我服务,可以帮助成人做一些力所能及的事情。独立性发展还表现在幼儿开始独立地探索周围的世界,并能提出自己的一些看法,开始独立地解决一些简单问题。此时,大部分幼儿可以较长时间自己单独玩耍、看画书,在活动中克服一些困难等。

活动设计 1-1

"自我意识"教学活动——《独特的我》(小班)[①]

设计思路

这是台湾省台北市福星小学附设幼稚园第100学年度第一学期的一个教学案例,即2011年下半年的一个教学案例。为增进我们对台湾幼儿园教育的了解,特别在这里介绍一下。

在"我是独特的"这一个主题网络里,有"我是谁""我的朋友""我的学校"等分主题教育,其中"独特的我"是"我是谁"里面的第一个教学活动。

活动目标

幼儿观察绘本,找出大头弟的独特之处;

幼儿通过自画像、讨论、比较等方式,了解自己的独特性,更加喜欢和接纳自己。

---

① 李焕稳.幼儿社会教育[M].北京:北京师范大学出版社,2012.

教学资源（即活动准备）：

绘本、粉蜡笔、8开图画纸、学习单、幼儿照片

教学过程

教师讲述绘本《我是独特的》。

与幼儿进行绘本讨论，问题包括：

（1）大头弟有哪些特别的地方？

（2）"特别""独特"是什么？每个人都有吗？

（3）你喜欢自己哪些"特别""独特"的地方呢？让幼儿从自己的观点来认识自己，讨论中幼儿提到的特点不仅包含优点，也包含缺点。

讨论后进行"可爱的我"自画像创作，完成后请幼儿介绍自己及喜欢自己什么地方。

周末时让幼儿捎回"我是谁"学习单，亲子共同完成。隔周一幼儿交回后，在班上分享以前和现在的自己。

生成概念："独特"包括优点和缺点。

评量［口头评量］能完整介绍自己的名字和喜欢自己的地方。

　　　　［观察评量］能专心聆听故事，会正确使用蜡笔。

　　　　［操作评量］能画出自己的画像。

教学片段回顾记录

T：大头弟有哪些特别的地方？

S12：有酒窝。

S3：有两个大头弟。

S17：爱吃咖喱。

S14：最怕被蚊子叮。

S20：没有得到签名。

T：你觉得独特、特别好不好？

（有幼儿说好，有幼儿说不好。）

T：你觉得自己哪里很特别？

S7：我会气喘。

S11：我的大眼睛很特别！

活动评析

本活动在内容上，从幼儿的实际水平出发，注重对概念的全面理解，老师在强调"独特"时，不仅包括优点，还包括缺点，这样就让幼儿懂得全面接纳自己，从而更加喜欢自己，很好地促进了幼儿自我意识的发展。

同时，我们从幼儿的回答中，也看到了3岁左右幼儿自我意识发展水平还是比较低的。他们的自我评价更多地限于表面化，比如"有酒窝""爱吃咖喱"等；他们的自我评价还有明显的情绪化，比如"最怕被蚊子叮"，就是自己情绪体验后的记忆。

本案例最大的优点是，老师在组织幼儿讨论问题时，采取完全开放式的态度，允许幼儿的回答中出现大量不成熟的理解与概念，比如有一个幼儿在回答自己的独特性时说"没有得到签名"，老师也不做批评，而是让谈话继续进行下去，不仅很好地保护了谈话气氛，更尊重了幼儿的个体发展差异。

二、学前儿童情感社会化的发展特点

情绪和情感是人的需要得到满足或得不到满足时产生的主观反应。众所周知，除了语言，情绪和情感已成为人类十分重要的交际工具。比如，人们运用表情作为交往的手段，要比语言运用得早，学前儿

童的表情更是具有丰富的表现力和交往能力。情绪、情感的信号功能使人类具有丰富的表现能力,人们可以通过表情表达自己的思想、愿望,同时又可以通过对方的表情了解、领会、感受对方的思想,从而达到交往的目的。情绪、情感是历史和社会的产物,具有很强的现实性和能动性。

情绪、情感的社会化主要包括情绪的表达与控制,例如对摔倒后哭泣的小朋友表示关心和同情,在活动中表现出责任心等,其中很重要的一点是情绪的控制能力。幼儿的初步情绪调控能力主要表现在两个方面:一方面表现为幼儿能对自己情绪中那部分对人对己可能产生不良影响的情绪冲动加以适当调控,如孩子对任性、执拗、侵略性、攻击性等偏颇情绪的适当调控;另一方面表现为幼儿能适当地调节情绪,并常常鼓励自己保持高兴愉快的心境。概括来说,就是既有控制,又有宣泄,把情绪调控在一个与年龄相称的范围内,以促进情感的健康发展。

关于学前儿童情绪、情感发展特点,在儿童心理学中已有详细的介绍,本节着重阐述学前儿童情绪、情感的发展在学前儿童社会性发展中的重大作用及其特点。

(一)0~3岁儿童情绪、情感的产生和发展

新生儿已有明显的情绪反应,"落地哭"就是由于身体不舒适而引起的消极情绪;2~3个月时,经常对人发出的微笑则是婴儿第一个社会性行为,以后,表达情感的表情日益复杂起来,同语言一样成为婴儿与成人交往的重要手段。尤其是在母亲和婴儿之间,他们相互交际的最初的工具不是语言而是表情,因此有人把表情称为"情绪的语言"。我们可以很容易地观察到婴儿怎样运用表情与别人进行交往。而2~3岁的儿童在讲述一个故事或一件事情时,总是一边说一边做出表情和动作,尤其当语言表达发生困难时,儿童往往采用表情和动作来补充。

到3岁时,儿童已经具备了各种基本的情绪体验,并在社会交往中发挥着更大的作用。在社会交往的过程中,儿童能比较准确地表达出自己的感情,也能正确地领会别人表露的情感,并做出相应的反应。

(二)幼儿期情绪、情感的发展

情绪、情感的社会化是幼儿情绪、情感发展的主要趋势,表现在以下三个方面。

1. 情感中社会性交往的成分不断增加

幼儿的情感,越来越多地与社会交往密切联系在一起。在幼儿情感中,社会性交往的内容随着年龄增长而增加。

一个研究发现,学前儿童交往中的微笑可以分为三类:(1)儿童自己玩得高兴时微笑;(2)儿童对教师微笑;(3)儿童对小朋友微笑。在这三类微笑中,第一类不是社会性情感的表现,后两类则是社会性的。

从表1-1可见,3岁儿童比1岁半儿童微笑的总次数和各类微笑的次数都有所增加,其中,自己笑,在年幼儿童中占最大比例,但这类微笑增长比例不大,到3岁时,在各类微笑中所占比例最小。对小朋友的微笑,在1岁半时占比例最小,而增长的比例最大,在3岁儿童微笑中约占40%。在3岁儿童微笑中,占比例最大的是对教师的微笑,它比其他两类微笑都多。综观而言,从1岁半到3岁,儿童非社会交往微笑的比例下降,社交性微笑的比例则不断增长。

表1-1 学前儿童不同类微笑比例

年 龄	自 己 笑		对 教 师 笑		对小朋友笑		总 数	
	次数	%	次数	%	次数	%	次数	%
1岁半	67	55.37	47	38.84	7	5.79	121	100
3岁	117	15.62	334	44.59	298	39.79	749	100

2. 引起情绪反应的社会性动因不断增加

婴儿的情绪反应，主要是与个体的基本生活需要是否得到满足相联系的。例如，温暖的环境、吃饱、睡足、尿布干净、身体舒适等，都常常是引起愉快情绪的动因。婴儿都喜欢被人抱。抱，使他身体舒适，是对他的生理需要的一种满足。同时，抱，又使婴儿直接和成人接触，因而也是对他的社会性需要的满足。当婴儿饥饿时，成人把他抱起来，也能使他安静一会儿，这主要是满足了婴儿的社会性需要的表现。但总的来说，在3岁前情绪反应动因中生理需要是否满足是其主要动因。

3~4岁幼儿，情绪的动因处于从主要为满足生理需要，向主要为满足社会性需要的过渡阶段。比如，刚刚进入幼儿园的小班儿童非常喜欢身体接触，愿意老师牵着他的手，甚至喜欢搂着老师，让老师摸一摸、亲一亲，这些事例都表明了这一点。

在中、大班幼儿中，社会性需要的比例越来越大。幼儿非常希望被人注意，被人重视、关爱，要求与别人交往。与人交往的社会性需要是否得到满足，人际关系状况如何，直接影响着幼儿情绪的产生。成人对幼儿不理睬，之所以可以成为一种惩罚手段，原因即在于此。当然，成人对幼儿的关爱、表扬，则可以使幼儿信心百倍，情绪活泼、愉快。同时，同伴之间交往的状况也日益成为影响幼儿情绪的重要原因。有一名幼儿，父母、老师都挺喜爱他，但他在幼儿园就是不高兴，也不愿上幼儿园。通过观察、谈话发现，原因在于同伴不理他。小朋友的排斥、拒绝，或者忽视、冷落，没有同伴一起玩，对幼儿来说是一种痛苦。

📖 **资料 1-2**

有人在幼儿园做过幼儿情绪动因研究，方法是与幼儿直接访谈，结果表明，使幼儿高兴的动因主要有：（1）因受到成人夸奖、表扬；（2）家长、老师喜欢我；（3）小朋友喜欢我，或者愿意和我一起玩，我和小朋友玩得好；（4）父母带我出去玩，或者陪我一起玩了；（5）和别人比赛赢了，如拍球、下棋赢了小朋友；（6）自己的活动取得了成功，如搭成了一样东西或解决了某个问题；（7）父母给买了好吃的东西。

使幼儿难过、不高兴的主要动因有：（1）受老师、家长批评、惩罚了，如遭训斥、挨打了；（2）老师、家长不喜欢我了，或者自己惹老师、家长生气了；（3）家长、老师不允许做喜欢做的事，如不让我出去游戏；（4）父母不守信用，不给买答应过的东西，或没办到答应过的事，如原说好周日带我到公园玩，但后来又不去了；（5）受到老师的误解，或者不公正的批评、对待；（6）小朋友不喜欢我，不和我玩，或者和小朋友发生争吵、矛盾；（7）父母吵架，关系不和；（8）亲人生病。

我们也曾询问过孩子最怕什么？中、大班的幼儿普遍告诉我们，"最害怕老师不理我（或不喜欢我）""最怕没人和我玩""小朋友不跟我好""最怕爸爸妈妈不高兴，不喜欢我"，有的孩子则告诉我们"我最怕爸爸妈妈吵架""爸爸妈妈吵架时，我最害怕"。

因此，在日常幼儿教育工作中，我们要十分重视自己与幼儿的交往，注意自己对幼儿的态度、行为；并且注意观察幼儿的交往，及时发现问题，引导其展开积极的交往。

3. 表情日渐社会化

日常观察可以发现，3岁前儿童一般毫不保留地表露自己的情绪，3岁后则会根据社会的要求调节情绪表现方式，并学会在不同场合下用不同方式表达同一种情感。比如，幼儿在路上不小心摔痛了，要是在父母面前，可能"哇"地哭出来，而如果在幼儿园老师、小朋友面前，则能忍住不哭，还会装着没事一样勇敢地从地上爬起来。

研究表明，从4岁到8岁，儿童情绪交往的手段也在发生变化。儿童运用的各种情绪交往手段的比例如表1-2所示。

表 1-2　儿童运用的各种情绪交往手段的比例

年　　龄	语　　言	眼　　色	手　　势
4 岁	19%	79%	2%
8 岁	74%	16%	10%

这个研究说明,4 岁儿童主要依靠眼色作为交往手段,而 8 岁儿童则以语言为主要交往手段。

三、学前儿童个性的发展

个性是指一个人的整体心理面貌,即具有一定倾向性的各种心理特征的总和。一般而言,个性包括能力、气质、性格三部分,还包括兴趣、爱好、需要等。学前期是个性开始形成的时期,关于个性形成的年龄划分,目前还没有达成一致的看法。这一阶段只能说是幼儿个性的萌芽时期,还没有形成稳固的个性倾向性。

针对学前儿童的年龄特点和心理特点,我们所说的个性主要是指学前儿童的兴趣、需要、气质、性格等方面。这些内容大多在《学前心理学》①的课程中论述过,在此不再重复,我们只谈谈兴趣方面的发展特点。

(一) 0~3 岁儿童兴趣的产生和发展

有人认为,兴趣是一种基本的情绪状态,儿童从出生起,兴趣就以机体的功能表现出来,除睡觉和身体不适外,儿童的看、听、发出声音和动作都是由兴趣这种基本情绪激起和指引的。到 2~3 岁,儿童的新异性兴趣会激发他们的模仿行为,如喂小狗吃东西、拍娃娃睡觉等。儿童学会把摆弄玩具和自己经历过的情绪联系起来,这种情况延长了儿童有兴趣地玩耍和操作时间。

资料 1-3

兴趣的早期发展可以分为三个阶段。

先天反射性反应阶段(1~3 个月)。儿童的感觉器官接触外界事物后,持续地维持着反应性。

相似性对象的再认阶段(4~9 个月)。适当的刺激物(如声音、光等)的重复出现能引起儿童的兴趣。

新异性探索阶段(9 个月以后)。这个阶段儿童对持续存在的刺激产生习惯性反应,不再注意它。当新异性刺激出现时,儿童主动做出重复性动作去认识它,以后又试图以不同的方式影响客观事物,这能引起儿童极大的兴趣。

(二) 幼儿期兴趣的发展特点

1. 兴趣比较广泛,但缺乏中心

世界对于幼儿来说,可谓丰富多彩,千变万化,什么都是全新的,幼儿渴望认识世界,喜欢和周围的人们交流,对周围的一切事物和事件活动都表现出同样广泛的兴趣。例如,大多数幼儿非常喜欢小动物,对花草树木、雨露雾雪、日月星辰等自然万象很有兴趣,有时甚至是一缕阳光、一滴小水珠都可以引发孩子的探索愿望。幼儿对成人的劳动和交往等社会活动也非常向往,并渴望成为其中的一分子。当然,玩具、游戏、唱歌等活动,更是幼儿生活中不可缺少的。一般来说,幼儿还没有形成一个比较稳固的中心兴趣,这是幼儿各方面发展还不成熟的缘故,我们不提倡过早地发展幼儿形成稳固的中心兴趣。

---

①汪乃铭,钱锋.学前心理学[M].上海:复旦大学出版社,2005.

2. 直接兴趣较多

由于幼儿年龄较小,多数幼儿不会对比较遥远的事物或活动的结果发生间接的兴趣,幼儿的兴趣绝大多数属于直接兴趣,即直接对当前的事物或活动过程感兴趣。例如,上课不讲话、坐得好,是为了得到老师的及时表扬或下课时的奖励;喜欢上课,是因为老师讲故事、做游戏吸引他,一般不会想到学习的目的和活动的结果怎样,更不会与自己将来的发展联系起来。

3. 兴趣表现出年龄差异和个别差异

由于多方面因素的影响,幼儿期儿童的兴趣已经表现出明显的年龄差异和个别差异,如性别不同,幼儿感兴趣的事物就不同。对幼儿都很喜欢的玩具来说,就表现出明显的年龄差异和性别差异(见表1－3)。

📖 资料 1-4

表1－3　各年龄班幼儿喜爱不同特性玩具的人数统计

年龄班	参加人数	鸡		娃娃		鹿		猫		娃娃		积塑片	
		自动的	不能动	鲜艳的	不鲜艳的	逼真的	夸张的	带响的	不带响	立体的	平面的	自己操作	插好的
小班	20	19	1	20	0	13	7	20	0	16	4	5	15
中班	20	20	0	20	0	16	4	20	0	18	2	11	9
大班	20	20	0	20	0	19	1	20	0	20	0	18	2

研究结果表明:

(1) 幼儿比较喜欢既能动又能响的且色彩鲜艳的玩具;

(2) 幼儿对没见过的玩具感兴趣;

(3) 幼儿普遍喜欢形象逼真的玩具,但年龄较小的幼儿中约有1/3的人选择了形象夸张的;

(4) 年幼的儿童喜欢现成的玩具,年长的儿童喜欢自己操作的玩具。

4. 兴趣比较肤浅,容易变化

受幼儿知识经验以及智力水平所限,多数幼儿不会深入了解事物的本质,而往往被事物的表面特征所吸引,如鲜艳悦目的颜色,新颖奇特、声光多变的外形等。但是,时间稍长一点,这些外部特征也就失去了吸引力,幼儿对它们的兴趣也随之失去或降低。总之,幼儿的兴趣很不稳定。

5. 兴趣有不良倾向

由于幼儿对一切事物都抱有同样的兴趣,再加上幼儿辨别是非的能力差,这使幼儿很容易产生不良的兴趣,如受到武打片中暴力镜头的影响,很多孩子爱模仿片中一些人物的不良行为举止。

四、学前儿童社会性行为的发展

社会性行为是人们在交往活动中对他人或某一事件表现出的态度、语言和行为反应。它在交往中产生,并指向交往中的另一方,因此从某种意义上讲,社会性行为也就是具体的交往行为,人们通过社会性行为来实现与他人的互相交往。

社会性行为,根据其动机和目的,可以分为亲社会行为和反社会行为两大类。

亲社会行为又叫作积极的社会行为,或亲善行为。它是指一个人帮助或者打算帮助他人,做有益于他人的事的行为和倾向。儿童的亲社会行为主要有同情、关心、分享、合作、谦让、帮助、抚慰、援助、捐献等。亲社会行为是人与人之间形成和维持良好关系的重要基础,受到人类社会的积极肯定和鼓励。

反社会行为也叫作消极的社会行为,是指可能对他人或群体造成损害的行为和倾向。其中最具代表性、在幼儿中最突出的是攻击性行为,也称侵犯性行为,如推人、打人、抓人、骂人、破坏他人物品等等。这些行为不利于形成人际的良好关系,往往造成人与人之间的矛盾、冲突,其极端后果是伤亡、犯罪,甚至战争,因此被人类社会所反对和抵制。

学前儿童社会性行为主要是指在社会交往中的具体行为。一般来说,学前儿童的社会交往,从交往的对象看,可概括为两大方面:一方面是与成人的交往,主要包括与父母和老师的交往;另一方面是与儿童的交往,主要指同龄伙伴之间的交往。社会性刚开始发展的儿童,很难与低龄儿童以及其他成人进行交往。关于学前儿童社会性行为发展的主要特点如下。

(一) 0~3 岁儿童社会性行为的产生和发展

婴儿的社会性行为最初发生在与父母的交往中。婴儿一出生就开始了与其他人的交往,主要的交往对象是父母或其他养育者,婴儿以啼哭、微笑、皱眉等行为表明他们与其他人交往的需要。父母经常做出呼唤、拥抱、抚摸、微笑等行为,婴儿也报以相应的反应,表明他们与其他人交往的能力。因而,婴儿形成的最初人际关系是婴儿与父母之间建立起来的依恋关系,即亲子关系。

到了 2~3 岁,儿童越来越多地表现出同情、分享和助人等有益于他人的行为,如可以把自己的玩具分给别的小朋友,还能与他人产生"情感共鸣"。

(二) 幼儿期儿童社会性行为的发展

到了 3 岁,大多数幼儿会进入幼儿园接受教育,幼儿的交往范围逐渐扩大,幼儿交往的对象除父母和亲人之外,增加了与老师和同伴的交往。

1. 幼儿与教师的交往

教师对幼儿的关系是一种"权威"的关系,在与教师的交往中,幼儿对老师的态度和行为多数是顺从的,因为幼儿已经初步认识到"服从→好结果,不服从→坏结果",所以必须服从权威。事实是幼儿开始从尊重服从父母到尊重服从教师的权威,又建立了一种新的人际关系,这是幼儿社会性发展的一大进步。

《指南》中明确指出,家庭、幼儿园和社会应共同努力,为幼儿创设温暖、关爱、平等的家庭和集体生活氛围,建立良好的亲子关系、师生关系和同伴关系,让幼儿在积极健康的人际关系中获得安全感和信任感,发展自信和自尊,在良好的社会环境及文化的熏陶中学会遵守规则,形成基本的认同感和归属感。

所以,如何建立起幼儿与教师之间、幼儿与家长之间的良好关系,既保持师长的权威,又包含平等的理念,成为一个新时代的新课题。这个既矛盾又统一的关系的建立,绝不是依靠幼儿学习和背诵《三字经》《弟子规》等国学经典就可以解决的,要求教师和家长必须与时俱进,在尊重幼儿人格的前提下,以身作则,严于律己,通过榜样的力量,建立自己作为师长的权威,而不是依靠发号施令,甚至以更粗鲁的行为来强制幼儿服从自己的权威。

📖 **资料 1-5**

红五星不见了

又到了周末,与往常一样,一周一次的五角星评比开始了。孩子们个个坐得端端正正,听着老师报名字"佳佳发言积极,声音响亮,应该得五角星""还有莎莎、璐璐……",老师报出一长串孩子的名字,就是没有阳阳。

阳阳有些坐不住了,小心翼翼地说:"老师,我也要五角星。""你,"老师先是怔了一下,然后十分严肃地说:"你能和他们比吗?老师要求大家做的你都做到了吗?"阳阳听了低下头不吭声了。接着,老师问大家:"你们说阳阳能得五角星吗?""不能!"大家异口同声地说。

阳阳失望极了。"老师，我现在不打人了。"他还在努力着。此时老师已经岔开了话题："下周五你们的爸爸妈妈要到幼儿园来看半日活动，希望大家能在这之前多得几颗五角星，让你们的爸爸妈妈高兴高兴，大家说好吗？""好！"孩子回答得十分响亮。

早上，孩子们玩得热闹。突然，璐璐跑来对老师说："老师，我的五角星不见了。"接着，成成也跑来说："老师，我也少了一颗。"这是怎么回事？

老师走到墙边一看，果然如此。不过，事情很快就弄清楚了。原来阳阳的五角星一下子从一颗增加到了六颗。"阳阳，这是你干的吗？"老师问阳阳。"老师总不给我加，我自己加不行吗？"阳阳倔强得似乎还很有道理。这下可激怒了老师。"你小小年纪，自己不努力，倒想出这种馊主意来。"说着气呼呼地把阳阳自己加的五角星连同原来的一颗来之不易的五角星一齐撕了下来。阳阳在墙上只剩下光秃秃的名字了。

离园时间到了。阳阳妈妈已经站在了门口，当阳阳的目光与妈妈相遇的那一刹那，阳阳"哇"地哭了……

第二天，阳阳早早来到幼儿园了。老师走到他身旁说："阳阳，昨天的事你还没有认错呢！昨天你撕了别人的五角星，妈妈批评你了吧？""不，妈妈说，这是老师骗人的东西！"老师气得几乎喘不过气来，想不到阳阳竟然这么回答……

这是在幼儿园发生的一个真实案例。这个案例中，幼儿园的这位老师和家长都没有处理好自己和幼儿的关系。

第一，这位幼儿园老师与幼儿之间没有平等，只有服从。老师不仅没有尊重幼儿的个体差异，用"红五星"评比来刺激幼儿的自尊，而且教育方法简单粗暴，极大地贬损了幼儿的自我评价。这位老师应该从师生平等的意识出发，运用教学智慧，给每一个孩子以肯定和鼓励，与时俱进，抛弃五角星评比这种早就应该被淘汰的评优模式，重新建立一套科学合理的全面鼓励模式。

第二，这位幼儿的家长教育方法也过于功利性。这位妈妈为了安慰自己的孩子，也为了保护孩子自尊不再受到老师的伤害，她选择了急功近利的方式，把自己的观点强加给年幼无知的孩子，全盘否定老师的教育措施，给孩子和老师的关系造成更大隔阂。这其实也是一种藐视平等的权威意识所导致的行为。

老师和家长都应当遵循《指南》中提出的基本教育理念，尊重幼儿，家园共育，共同建立新型的幼儿与教师、幼儿与家长的平等关系。

2. 幼儿同伴间的交往

学前儿童同伴交往在出生后的第一年末就明显发展，如一个 1 岁多的儿童，冲着另一个儿童微笑，像说话一样发出声音，拿走或者递给对方玩具或轻拍对方，希望通过这些行为达到与对方的一种交流。而从出生第二年开始，其交往的能力更是迅速发展，比如，儿童一起游戏时，你追我赶，你藏我找，还能互相模仿某些动作，一起有组织地玩一个简单的游戏，如过家家。特别是在幼儿园接受教育的儿童有了更多与同伴交往的机会，他们可以互相协商、共同讨论、共同组织一项活动或游戏，可以互相提出请求，互相帮助，可以一起分享、交流各自的情绪体验，交往的能力及水平不断地提高。

在儿童心理发展的历程中，同伴之间的交往比儿童与成人间的交往更具有特殊的重大意义，只有在幼儿之间的互相交往中，儿童才能学会在平等的基础上协调各种关系；只有在与同伴的交往中，才能充分发挥他们之间的相互作用，充分发挥各自的活动积极性，有助于自我意识的形成；这种交往也有助于幼儿重新协调他们与成人的关系，儿童在活动中对同伴的依从性增强，就必然减弱他们对成人的依从性，这样也就促进了幼儿与成人，尤其与父母之间的相互作用，逐步改变幼儿对父母的单方面的顺从态度。但是，就整个发展过程看，儿童对同伴依从性的发展的高潮不在幼儿期，而在 7～10 岁，以后又会表现出减弱的趋向。

资料 1-6

同伴交往的类型

幼儿同伴交往的类型是不同的。庞丽娟对4～6岁儿童同伴社交类型进行了研究,结果表明,幼儿的社交地位已经分化,主要有受欢迎型、被拒绝型、被忽视型和一般型四种基本类型。她还对各类型的基本特征作了比较详细的描述,这为我们提供了重要的心理学依据,以便对各类型采取有针对性的教育培养。

(1)受欢迎型:受欢迎型幼儿喜欢与人交往,在交往中积极主动,且常常表现出友好、积极的交往行为,因而受到大多数同伴的接纳、喜爱,在同伴中享有较高的地位,具有较强的影响力。

(2)被拒绝型:被拒绝型幼儿和受欢迎型幼儿一样,喜欢交往,在交往中活跃、主动,但常常采取不友好的交往方式,如强行加入其他小朋友的活动、抢夺玩具、大声叫喊、推打小朋友等等。攻击性行为较多,友好行为较少,因而常常被多数幼儿排斥、拒绝,在同伴中地位低,关系紧张。

(3)被忽视型:与前两类幼儿不同的是,这类幼儿不喜欢交往,他们常常独处或一人活动,在交往中表现得很退缩或畏缩,他们既很少对同伴做出友好、合作的行为,也很少表现出不友好、侵犯性行为,因此既没有多少同伴主动喜欢他们,也没有多少同伴主动排斥他们,他们在同伴心目中似乎是不存在的,被大多数同伴所忽视和冷落。

(4)一般型:这类幼儿在同伴交往中行为表现一般,既不是特别主动、友好,也不是特别不主动或不友好;同伴有的喜爱、接纳,也非特别地忽视、拒绝,因而在同伴心目中的地位一般。

上述四种同伴交往类型,在幼儿群体中的分布是各不相同的。其中,受欢迎型幼儿约占13.33%,被拒绝型约占14.31%,被忽视型幼儿约占19.41%,一般型幼儿约占52.94%。

资料 1-7

美国心理学家帕顿(M.B.Parten)根据儿童在自由游戏中的社会交往关系和协同程度,把幼儿的社会性行为分为六种不同的水平。

(1)无所用心的行为。这是一种无目的的活动,如儿童在一旁发呆或乱跑、闲荡,只在房间里走动、张望而不参加游戏等。

(2)旁观的行为。儿童长久地站在"游戏圈"外看别人活动,关注着他人的游戏,但自己不参加。虽然偶尔也发表一些口头意见,但是总不加入游戏中。

(3)独自游戏。儿童不与旁人发生关系,不参加别人的游戏,专心于自己的活动,独自一人玩。

(4)平行游戏。儿童在一起玩,所用玩具和游戏方式大体相同,但相互间不交往,彼此互不联系,不设法影响或改变同伴的活动,各自的游戏内容间也没有什么联系,形成各种游戏同时并存的状态。有时儿童互相模仿,但无意支配别人的活动。

(5)结伙游戏。这是一种没有组织的共同游戏,游戏在儿童间发生交往,互相借用玩具,有说有笑,从事类似的活动,但游戏者之间没有为同一目标而分工合作,各自根据自己的愿望做游戏。

(6)合作游戏。这是一种有组织、有规则,甚至有首领的共同活动。儿童在一个组织起来的小组里游戏,服从首领的指挥,为了共同的目标而分工合作,有共同计划的活动和达到目的的方法。

根据帕顿的研究（见表1-4），2岁儿童一般只是从事独自游戏或平行游戏，或站在一旁观看；4岁儿童一般从事互相平行的游戏，但与2岁儿童相比，在相互作用和从事合作游戏的方面表现得更加多一些。

表1-4　幼儿自由游戏中社会行为的出现率（帕顿，1943年）

社会行为	年龄（岁）			
	1	2	3	4
无所用心的行为	1.7	2.1		
旁观的行为	2.6	11.6	3.7	8.8
独自游戏	20.3	23.0	3.5	9.5
平行游戏	54.5	35.7	29.5	30.1
结伴游戏	13.5	21.3	28.6	32.1
合作游戏	3.6	7.0	23.5	19.6

3. 学前儿童亲社会行为

儿童从很小的时候就通过多种方式表现出亲社会行为，尤其是同情和帮助、分享、谦让等利他行为。

观察发现，1岁之前，儿童已经能够对别人微笑或发声，这种积极性反应表达了最初的友好倾向。当这些儿童看到别人处于困境，如摔倒、受伤、哭泣时，他们会加以关注，并出现皱眉、伤心的表情。到1岁左右儿童还会对困境中的人做出积极的抚慰动作，如轻拍或抚摸等。在婴儿与成人共同游戏的过程中，他们会用自己的手指指点某些物品，并尽量使成人跟随手指注意到被指物品，这种指点动作反映着儿童最初的分享行为。

在人生的第二年，儿童的亲社会行为会越来越明显地表现出来。他们常常把自己的玩具拿给别人看，或者送给别人玩，有时候拿着自己的玩具加入他人的活动中，有时候帮助妈妈做一些简单的事情。尽管这个年龄的孩子很难弄清别人遭受困境的原因，但他们却明显地表现出对处于困境的人们的关注，有时候是慢慢地走近哭泣着的同伴，轻轻地拍拍他（她），有时候是想为一位掉了玩具的儿童提供另一件玩具，有时候是给弄伤手指的母亲拿来"创可贴"……

2岁以后，随着生活范围和交往经验的增多，儿童的亲社会行为进一步发展，他们逐渐能够根据一些不太明显的细微变化来识别他人的情绪体验，推断他人的处境并做出相应的抚慰或帮助行为。例如，当一儿童入园时因为父亲生病住院而心情不高兴，很少言语，也不像往常一样积极地参与小朋友的游戏，幼儿能马上发现，并关切地询问："你怎么了？""你为什么不高兴？"当得知其父亲生病时，能劝慰他"别着急，你爸爸会马上好起来的""医生会给他治好的"，有的幼儿还马上把自己手中最喜欢的玩具让给他玩，或邀请他参加自己的游戏。

📖 资料 1-8

研究发现，不同儿童表达同情或提供帮助的具体做法存在着明显的个别差异。例如，当母亲因读报上的悲剧故事而哭泣时，孩子甲、乙、丙、丁可能有四种完全不一样的反应。甲可能因母亲的眼泪而紧张、伤心，走上前用手指给母亲抹眼泪，请母亲别哭；乙几乎不动声色，但他回头询问了一声"妈妈，怎么了"；丙则冲过来，拿起登载这个故事的报纸，将它撕掉扔在地上；丁则没有任何表示，充耳不闻地走到一边去。四个孩子对母亲的悲伤情绪的反应完全不同：甲很富于情感，表现出同情、伤心;乙则表现出冷静的反应,好像要从"理智上"探究问题的原因;丙表现出一种攻击性、防御性的亲社会类型,他们经常说的一种话是"谁把他弄哭了就去打谁";丁是一种逃避型的反应,试图排斥这些困境信号,并予以回避。而且,各个儿童的亲社会反应特点具有一定的稳定性,即他们表达同情或提供帮助的行为性质很少随年龄增长而改变。

近年来,一些关于同情和利他行为发展的研究表明,这些行为并非一定随着儿童年龄的增长而增多,有些不仅不增多,还可能出现减少的趋势。比如分享,在4~16岁之间没有发现连续增多的变化趋势;再如,面对一个摔倒在地的小朋友,较小的幼儿比较大的儿童更多地表现出同情的行为反应,面对一个受伤流血的成人也是如此。可见,同情及其他利他行为并非自然随年龄增长而增多,需要借助于教育,儿童不可能离开教育而自发成长为符合社会要求的、品德高尚的社会成员。

4. 学前儿童的问题行为

了解学前儿童问题行为的主要表现,有利于我们及早采取预防与矫治措施,对症下药,防微杜渐,使幼儿身心健康、正常地成长。以下是学前儿童常见的一些问题行为。

(1) 攻击性行为

每个孩子在发展过程中都有不同程度的攻击性行为,主要表现在对别人身体上的伤害,如打人、推人、踢人,甚至咬人等都属于攻击性行为。例如,2~5岁的孩子看到自己的食物或玩具被别人拿走时,会生气地恐吓对方,表现出愤怒的表情和挑战的姿势,如对方不理会,他接着就会冲过去攻击对方;学龄儿童在听到别人骂他时,会气得和对方打架;等等。

(2) 嫉妒行为

嫉妒行为是学前儿童嫉妒心理明显而具体的表现,是对别人在品德、能力方面胜过自己而产生不满和怨恨情绪时表现出的一种消极行为。例如,当母亲去抱别家的孩子时,孩子就会很快地跑过去,拍拍他的头或抓抓他的脚,想把那个孩子支开,甚至骑在他的身上。在幼儿园里,幼儿相互比较的机会相对增加,嫉妒的行为也会随之发生变化,如有的幼儿常常偷偷地把老师喜欢的孩子的东西藏起来或破坏,有的幼儿特别喜欢告状,通常也是嫉妒心理在作怪。

(3) 退缩行为

方方健康聪明,学习成绩也不错,唯一让父母担心的是他太畏缩,在人多的场合,他总是静坐一旁,对别人似乎没有什么兴趣。像方方这种情形,一般称为"退缩行为"。有这样行为的孩子在团体中很容易被别人忽略。

(4) 破坏行为

要分清什么是破坏行为。孩子的某些行为从表面上看是破坏性的,但经过分析,其目的很多却是建设性的。例如,孩子把闹钟拆开,想了解它怎么会响的;把彩色的玻璃镜砸开,想看看里面有没有花;等等。其实,孩子是通过这种貌似破坏的行为来探究和认识事物的,这类行为是健康的行为。但是,有少部分孩子经常故意打破物品,以损坏他人的财物为乐,那就是破坏性行为了,必须及时加以教育和制止。

(5) 残忍行为

一般来说,孩子都是富于同情心的。但是,有时也可见到有些孩子残酷地对待小动物,例如,有的孩子逮到小昆虫,不是把它的翅膀揪掉,就是把眼睛捅瞎;有的孩子用手指掐猫、狗的脖子,或把打断腿的猫、狗扔入水中。孩子产生类似的残忍行为若不纠正,长大以后就会缺乏同情心,不关心自己的父母、长辈、同事,对社会缺乏责任感。据国内外资料介绍,不少罪犯在幼年、青少年时都有过不同程度的残忍行为,所以这个问题必须引起我们足够的重视。

（6）欺骗行为

学前儿童的欺骗行为大多表现在偷拿别人的物品和说谎。例如，有的孩子到亲戚、朋友家里去玩，回家时总爱悄悄把自己喜欢的东西藏到口袋里，或者从幼儿园把自己喜欢的玩具带回家。学前儿童的说谎，往往是由两种情况造成的。一种是由于学前儿童的心理发展特点造成的。小年龄的孩子记忆力极不精确，在回忆时往往歪曲事实，还经常把想象和现实混淆起来，容易把想象的东西当作现实中已经发生的事进行描述，一般来说，随着孩子年龄的增长，记忆、思维等能力的增强，这种"说谎"现象是会逐步消失的。另一种是孩子为了达到个人的某种愿望而有意识地说谎、欺骗成人和隐瞒事实或嫁祸于人，这就是行为问题了。对于学前儿童的欺骗行为，特别是带有故意成分的欺骗行为，成人应予以充分的注意，这种行为幼时不教育，长大后养成习惯就难以纠正了。

⭐ 案例1-1

幼儿园老师请小强把新买的"变形金刚"玩具带来给大家看看，同时又叮嘱小强记得带手帕。可小强回家却非要妈妈再给他买一个"变形金刚"带到幼儿园，还说是老师说的，其实是小强把老师的话记错了。小年龄的孩子知识贫乏，认识能力低下，也可以造成"瞎说"。比如，3岁的红红对妈妈说："我今天在幼儿园吃了5碗馄饨。"妈妈大吃一惊。实际上红红只吃了2碗，她还未能正确地数数。再如，4岁的小亮在电视上看到小哥哥在大海里游泳很羡慕，第二天就告诉老师说他去大海里玩了。这种情况从现象上看，孩子在"说谎"，但实际上孩子并不是有意不说真话，而是孩子心理发展尚未成熟的表现。为此，成人不要轻易指责孩子"不诚实"，而是要帮助孩子把事实弄清楚，告诉孩子不要把想象的事当作真事。例如，可以对小亮说："你很想到大海里去玩，可是现在还没去过，是吗？"

除了上述的问题行为之外，学前儿童还可能出现更严重的一些行为，需要老师和家长多加注意。

（1）自闭症

自闭症，又称孤独症，是一种发生在3岁以前的广泛性发育障碍，主要表现为语言障碍、行为异常、社交困难。

⭐ 案例1-2

小宾宾的爸妈说，小宾宾四五个月大时就常拒绝妈妈的亲吻；1岁以后他常常喜欢独自一个人玩玩具，有时玩一整天还乐此不疲；二三岁以后就很少见他笑过，常常坐着不动，久久凝视空间，不爱和人交谈，总是自言自语，有时爬得很高后一跃而下，一点不知道危险，摔破手脚也不知道疼，但假如有人稍稍移动一下他摆放的东西，他会马上发现，大发脾气。总之，小宾宾对人、对一般孩子的活动不感兴趣，我行我素，就像成天生活在一个封闭的世界里。经过医生的检查诊断，小宾宾得了"自闭症"。

（2）性别倒错

"性别倒错"是指一个人的心理上的性别认同与生物学上的性别不吻合，即生物学上确定性别是男性或女性，却强烈地认为自己是异性。具体来说，有这样一些表现：持续地向往穿着异性的服装；对异性感兴趣，不喜欢和同性在一起；长期认同异性，比如小男孩常告诉别人"我是小姑娘"；经常表现出异性的仪态、声调、姿势等，而且在外界压力下仍无法克服；经常不被同伴接受；等等。

案例1-3

> 天天从小就长着甜甜的娃娃脸,他的爸爸妈妈又特别喜欢女孩,就给他留起长长的卷发,穿上花衣裙,不知内情的人还以为天天是个漂亮的"小姑娘"呢。爸爸妈妈以为他上了小学,不再给他穿女孩的衣服就是了,没想到天天已经小学二年级了,却还老是涂妈妈的口红,围妈妈的围巾,把自己打扮成女孩。天天这种男孩偏好女性打扮的现象,就是"性别倒错"的典型表现。

五、学前儿童道德的发展

道德是人在社会中必须遵守的一系列行为准则,儿童道德的发展,是社会性发展的一个重要方面。学前儿童就处在道德发展的第一个阶段,幼儿最初的道德意识很淡薄,只是有道德感。道德感是因自己或别人的言谈举止是否符合社会道德标准而引起的情绪体验。最基本道德感的形成,是幼儿期情绪发展的一个重要特点。

学前儿童的道德内容主要包括移情、利他心、同情和怜悯、互惠和分享、遵守社会规则、同情和依恋父母等。表现在教育目标上就是爱周围人、爱集体、爱祖国、礼貌、诚实、爱劳动等。

儿童道德的发展,是社会性发展的一个重要方面。总的来说,儿童道德有一个发展的过程,这个过程是从按照外在的道德标准进行判断和行动,发展到按照内在的道德标准进行判断和行动,这一发展阶段与儿童认识发展的阶段是相对应的,道德的发展有赖于儿童对行为准则的了解,有赖于儿童对客观事实的判断,由于儿童认知水平所限,当儿童不能认识某种行为准则的内容和意义,不能正确判断行为的真正价值时,他就不可能有真正自觉的道德行为。学前儿童就处在道德发展的第一个阶段。下面我们就来看看学前儿童道德发展的主要特征。

(一) 0～3岁儿童道德和道德感的产生和发展

3岁前是儿童道德和道德感萌芽的时期。1岁儿童并没有真正意义的道德感,到了2～3岁,儿童才出现道德感的萌芽。例如,完成了成人简单的委托,受到表扬后体验到"尽了责任"的愉悦情感,与其他小朋友友好相处,会引起友爱、互助、同情等情感体验。但这些体验还是非常肤浅的。

(二) 幼儿期道德和道德感的发展

1. 服从是幼儿道德发展的第一个特点

这一特点,在幼儿对道德规则的认识和实践两方面都表现出来。

在道德规则的认识方面,幼儿并不理解道德规则的实质。幼儿认为:第一,一切规则的来源是成人,即由成人制定;第二,一切规则是不能变更的。这种认识反映了幼儿对成人单方面尊敬的心理状态。

在道德规则的实践方面,儿童表现出另一种矛盾现象,由于他们并不真正理解规则的意义,因而在规则的实践中,只是对成人或年长儿童的言行进行模仿。这种简单的模仿是难以持久的,结果,幼儿在言行上常常出现不一致的情况。例如,幼儿有时嘴上说应该这样做,可实际上并不去做;有时嘴上说不应该这样做,但事实上他却忍不住做了,表现出幼儿在道德认识与实际行动间的不一致。

2. 道德感的发展

道德感的形成是一个复杂的过程。3岁前只有某些道德感的萌芽。3岁后的幼儿在集体中生活,随着各种行为规范的掌握和成人的道德评价的影响,儿童的道德感逐步发展起来。开始,他们只知道哪些是好,哪些是不好;以后,逐渐知道为什么好,为什么不好。如3岁左右的幼儿对成人的赞扬会表示满意,听到批评就会不高兴或难为情。这就说明他们已经知道什么是好,什么是不好。再大一点,他们能进一步认识到为什么这样好,而那样不好。就这样,幼儿在初步明辨是非的基础上,产生了爱老师、爱小朋友、爱幼儿园等道德感。一般来说，小班幼儿的道德感主要是指向个别行为的，往往是由成人的评价而引起。中班幼儿比较明显地掌握了一些概括化的道德标准，他们可以因为自己在行动中遵守了老师的要求而感到快乐。中班幼儿不但关心自己的行为是否符合道德标准，而且开始关心别人的行为是否符合道德标准，由此产生相应的情感。例如，他们看见小朋友违反规则，会产生极大的不满。中班幼儿常常"告状"，就是由道德感激发起来的一种行为。大班幼儿的道德感进一步发展和复杂化。他们对好与坏、好人与坏人，有鲜明的不同情感表现。在这个年龄，分清好与坏，爱小朋友、爱集体等情感，已经有了一定的稳定性。

📖 **资料 1-9**

> 随着社会交往增多和自我意识的发展，幼儿的自豪感、羞愧感、友谊感、同情感、妒忌等都已开始发展。1986 年，库尔奇茨卡娅对幼儿羞愧感的发展进行了实验研究。结果发现，3 岁前儿童具有接近于羞愧感的情绪反应，在与陌生人接近时，表现为窘迫和难为情，这是接近于害怕的一种反应。3 岁前儿童只是在成人直接指出他的行为可耻时，才会出现羞愧。幼儿期则能对自己的错误行为感到羞愧，并且这种羞愧已经不包含恐惧成分。随着年龄增长，羞愧感表现为越来越多地和他人交往相联系。

由于幼儿的思维水平有限，难以掌握抽象的道德概念。幼儿对道德标准的理解是与具体的人物相联系的。因此，幼儿期的道德感是不深刻的，大多是在模仿成人，执行成人的口头要求。

3. 幼儿道德评价的发展

幼儿道德的发展更多地可以从幼儿道德评价发展方面表现出来。

我国对 3～5 岁幼儿道德评价的研究发现以下三点：

第一，幼儿道德评价的正确性随年龄的增长而增长，尤其对他们生活中接近的具体形象的人物行动评价的正确率比较高。

第二，幼儿评价的独立性在 5 岁左右显著提高。

第三，幼儿道德评价的发展趋势是从具体形象性评价到比较抽象性的、带有社会意识的评价；从带有情绪性的评价到比较客观性的评价；从复述成人的评价到提出自己的评价见解；从根据行为的效果评论到根据行为动机评论。

⭐ **案例 1-4**

> 幼儿在道德判断方面表现的特点是注重行动的实际"效果"，而不考虑行动的"动机"，更不会把动机与效果结合起来。在一个有趣的实验中，要求儿童在两个故事所讲的两个行为中判断哪个行为更坏些。
>
> 故事（一）：一个儿童不知道门后有一把椅子，椅子上有一个盘子，盘子里有 15 只杯子。他推门进去，门碰倒盘子，无意中把 15 只杯子打碎了。
>
> 故事（二）：一个儿童的妈妈外出，他想从碗柜里私自拿些点心吃，他爬上椅子去拿时，把一只杯子碰落到地上跌碎了。
>
> 研究结果发现，幼儿期的儿童是从"客观效果"方面去判断好坏，认为造成损害程度大的是坏行为，所以认为无意中打碎 15 只杯子的行为比做坏事时打碎一只杯子的行为更坏。可见，幼儿的道德判断具有很大的直观性。幼儿期以后，年龄较大的儿童逐渐从行为的"主观动机"去判断道德是非，因而能够认为故事（二）中的行为更坏。

由此可见,幼儿期的孩子是没有道德意义上的是非观念的,他们对某一行为的道德判断只是依据行为的结果而不去考虑行为的意向和动机,而且,这一阶段的儿童对事物的判断通常是全对与全错的"对立的道德观",行为的规则往往来源于自动的行为而非理性,对事情的判断也通常是凭直觉而非推理。所以,教育者在这时候不要希望通过口头教育来使幼儿社会化,而应当通过幼儿自身行动使他知道应该怎样做、不应该怎样做,从而明白道理,养成良好行为习惯。也就是说,幼儿社会化过程是需要他们在实际的、切身的经验活动中形成的。

第三节　学前儿童社会性发展的理论和影响因素

一、学前儿童社会性发展的主要理论

儿童的社会性不是自然而然发展的,生物因素和社会性因素都影响着儿童社会性的发展。儿童的社会性学习过程是怎样的呢? 行为主义学派或研究条件作用的理论家认为,儿童的社会性学习过程是条件作用的过程,儿童被动的或攻击的倾向、冲动的或有控制的行为、依赖的或独立的反应、高度的或很低的自信,应追溯到父母的养育方法和惩罚技术。社会学研究者则认为,儿童的社会性学习过程是角色榜样作用的过程,儿童的上述特点,则归于父母或其他重要人物等榜样在表现这些反应时,儿童对他们的模仿。精神分析学派的理论学家则认为,儿童的社会性学习过程是自居(或称认同)作用的过程,儿童的上述特点是由于儿童以表现这些行为并且鼓励儿童形成这样的行为的父母自居。这些不同学说都从某一方面揭示了儿童社会性发展的客观规律。

儿童社会性发展的研究起源于 20 世纪初期,到 20 世纪 70 年代末期,心理学家提出关于儿童社会性发展的理论学说主要有三种: 精神分析理论、社会学习理论和认知发展理论。

(一) 精神分析理论

弗洛伊德创始的精神分析理论是儿童心理发展史上第一个关于个体发展的理论学派。精神分析理论认为,人格是由本我、自我和超我三部分组成。新生儿人格结构中的唯一成分是本我。弗洛伊德在对他的患者的治疗过程中发现,这些成年病人都不可避免地回忆起童年期发生的一些事件。这一现象使弗洛伊德确信,个体童年期的生活事件在成年期的人格发展中起着十分重要的作用。

在儿童心理发展的连续性与阶段性问题上,弗洛伊德是一位阶段论者。他认为,儿童情绪与动机的发展具有阶段性。他把这些阶段称之为"性心理发展阶段"或"心理性欲发展阶段"。这些阶段是根据儿童在发展过程中身体的哪些器官为儿童提供"力比多"的满足来划分的。由此,他把儿童心理发展划分为四个阶段:口唇期、肛门期、潜伏期和生殖早期。在上述每一个阶段中,儿童都面临着一个满足自我身体需要与服从社会需要之间的冲突。当社会允许适当的满足时,这种冲突便可以获得满意的解决。但是,如果这种需要得不到满足或满足过度时,个体就会在以后的成人生活中反映出这种遗留行为。例如,如果一个儿童在口唇期(0~1 岁)有过严重断奶的经历,那么,他长大之后就有可能具有固执和坚决的性格特点;而一个幼时得不到足够食物的儿童,长大后就可能会有贪婪追求知识和权力的特点。在儿童心理发展的第二个阶段——肛门期,父母对儿童的大小便训练,如果这方面出了问题,儿童成人后容易具有固执的特点,并且会特别爱整洁。

新精神分析主义者埃里克森,一方面继承了弗洛伊德的人格结构理论,但又认为,在考察儿童发展时既要考虑到生物因素,还要考虑到社会性因素在儿童心理发展中的作用。埃里克森认为,儿童的自我是一种独立的力量,其作用在于帮助个体适应社会。儿童逐渐形成的自我,在儿童与周围环境的相互作用中起着一种整合作用。儿童在不同的发展阶段中面临着不同的发展任务或危机,即儿童心理与社会

的矛盾、儿童在每一个阶段中所形成的与环境之间发生作用的模式。或者具体地说，儿童教养者的行为决定着该阶段心理发展的成败，并构成儿童日后社会行为的原型。例如，在人生的第一年中，当儿童在获得他们需要的食物时，他们就要与教养者发生相互作用。在这种相互作用过程中，儿童会逐渐发现父母行为中的某种一贯性和连续性。如果他们发现父母的态度是一致的并且是可信赖的，那么，他们就会对父母产生一种基本的信任感。因此，当他们感到饥饿、寒冷时，就会指望被人来解除自己的痛苦；反之，如果儿童觉得父母的行为与态度是不可预测、不能信赖的，于是就会产生一种对父母的不信任感。当儿童对护理他们的人形成了信任感时，这种情感便会在儿童的行动中表露出来。埃里克森认为，婴儿对母亲的信任感的最初征兆表现在婴儿可以让她脱离自己的视线而不过分地感到焦虑和愤怒。

埃里克森根据个体在社会化历程的不同时期中所经历的自我与社会环境之间的冲突，把个体人格和社会性发展划分为8个阶段：基本的信任对不信任，自我对羞怯、疑虑，主动性对内疚，勤奋对自卑，统一性对角色混乱，亲密对孤独，生殖与停滞，自我整合对绝望。

（二）社会学习理论

社会学习理论主要代表人物是班杜拉和沃尔特斯。班杜拉在建构其社会学习理论内部事件的重视时对他产生了很大的影响，他试图在社会学习理论中把个体生物因素和环境因素两者结合起来。社会学习理论区别于行为主义之处在于：它并不反对对个体内部因素如认知因素的研究，认为个体行为的变化是由个体的内在因素和环境因素相互作用所决定的。社会学习理论关于儿童人格和社会性发展的主要观点可以从以下两个方面来介绍。

1. 关于儿童行为的起源

班杜拉认为，个体社会性起源于以偶然强化为中介的直接学习和模仿。儿童的社会行为，如对他人的信任、对自己的攻击冲动抑制、道德行为以及性别化行为等不是性本能发展的产物，而是直接学习的、模仿和强化的结果。例如，在班杜拉和沃尔特斯对青少年攻击性行为的研究中，他们发现，攻击性行为之所以发生，是因为这些行为受到了强化。过失青少年的父亲与非过失青少年的父亲相比，前者更倾向于对其子女的打架行为给予言语的或物质的强化。此外，他们还发现，当儿童接触攻击榜样时，他们的攻击性会增强。

（1）直接学习

直接学习是一种通过直接经验获得行为反应模式的过程，班杜拉把这种行为习得过程称为"通过反应的结果所进行的学习"，即我们所说的直接经验的学习。

班杜拉认为，对于个体社会行为的掌握而言，与模仿相比，直接学习是一种更基本的途径。在直接学习中，儿童的某种行为所产生积极的或消极的结果直接决定着儿童是否重复这些行为。也就是说，儿童通过观察自己的某一行为所产生的后果，就会逐渐形成"何种行为在何种场合下是适宜的"假设。这些假设指导着儿童日后的行为或行动。在通常情况下，儿童根据这些假设做出相应的行为时，又会得到肯定或否定的结果。肯定是一种强化，会激发儿童继续从事这类行为；反之，如果行为的结果是否定的，儿童就会设法抑制这类行为的发生或设法逃避这种否定的结果。

（2）模仿

模仿是通过观察示范者的行为而习得行为的过程，班杜拉称之为"通过示范所进行的学习"，即我们所说的间接经验的学习。

班杜拉认为，模仿在儿童行为的习得中是一种更重要的途径或机制，因为人类社会的一些行为是无法直接学习的，而必须依靠模仿。例如，随着儿童年龄的增长，儿童必须学会怎样既坚持自己的权利，同时又服从社会要求。如果仅靠直接学习，那么可以想象，儿童在最终掌握这些社会规范之前不知要受多少惩罚。因此，儿童的许多行为是通过对现实的或象征性榜样行为的模仿而获得的。社会学习理论中的模仿概念与精神分析理论中的"自居作用"的含义有许多相似之处。精神分析理论所谓的"自居作用"是一种自我防御机制或适应性行为。弗洛伊德认为，儿童最初不懂社会规范，在与父母的交往中，由于害怕受到惩罚或失去父母的宠爱，就对父母的行为、态度产生一种认同的心理倾向。但是，在社会学习理论中，模仿作为儿童掌握社会行为的一种主要机制或途径，则是一个复杂的过程，它是由四个子过程组成被模仿事件，即注意过程、保持过程、动作表征过程、动机过程。

第一个子过程是注意过程，即儿童对模仿行为的注意。注意的产生是由一系列的变量决定的，其中包括榜样的吸引力、普遍性以及行为发生的环境等。例如，电视呈现给儿童的榜样之所以对儿童有很强的影响力，其原因就在于这种媒体能够有效地唤起和保持儿童的注意。所以，心理学家认为，电视暴力具有增强儿童攻击性的作用。

第二个子过程是保持过程。注意过的榜样事件必须被儿童记住，通过想象或言语表象使观察过的行为在记忆中得以重现。

第三个子过程是动作表征过程。儿童在准确重现榜样行为之前，经常要进行一些尝试错误性的行为。

第四个子过程是动机过程。这一子过程包括相应刺激的出现，以引发儿童观察过的榜样行为。

（3）强化

在社会学习理论中，强化是儿童习得行为的又一重要机制。强化包括直接强化、自我强化和替代性强化。直接强化是儿童自己行为所产生的结果对该行为以后重复发生的可能性的影响。在直接学习中，儿童行为的结果构成了对该行为的直接强化。替代性强化则是指榜样行为的结果对学习者的学习所起的强化作用，也就是说，学习者看到榜样或他人受到强化，从而使自己也倾向于做出榜样的行为。学习者观察到的结果既可能促进某种行为反应，也可能抑制某种行为。自我强化是指儿童根据社会对他所传递的行为判断标准，结合个人的理解，对自己的行为表现进行正或负的强化的过程。即，儿童观察自己的行为，并根据自己的标准进行判断，当达到了自己制定的标准时，他们就会以自己能够控制的奖赏来强化自己的行动。自我强化是儿童自己对自己行为的一种肯定和否定，参照的是自己的期望和目标，并根据自我确定的行为标准对自己的行为进行奖赏和调节。

班杜拉把这三种强化作用看成是学习者再现示范行为的动机力量。

2. 自我与社会学习

20世纪70年代末期以后，班杜拉的研究兴趣开始转移到个体自我效能感上来。所谓自我效能感，是指个人对影响其生活的事件能够施加控制的信念。自我效能感与人的行为动机之间有着密切的联系，这是因为人们对自己能力的判断影响着其对自己将来行为的期望。因此，自我效能感通过决定着人试图去做什么以及在做的过程中要付出多大的努力的预期，而对个体行为起着重要的引导作用。尤其是个体自己的行为与榜样行为之间存在差距时，其自我效能感就会对差距产生影响。譬如，如果一个人觉得榜样的行为在自己的能力之内，那么，他就会设法去模仿这一行为；反之，如果他的自我效能感很低，觉得榜样行为超乎其能力之外，自己不具备出色完成活动的能力，就会产生消极的情绪，进而妨碍其采取积极的行动。因此，从自我效能感的功能来看，两个具有同样数学能力的人，如果其中一个具有较高的自我效能感，而另一个自我效能感较低，那么，在实际学习中，前者的学习效果要好于后者。

个体的自我效能感来源于两个方面。第一个来源是迄今在某一领域他所取得的成就。班杜拉认为，即使儿童也会形成关于自己能力的知觉。如果他能够成功地作用于环境，那么，这些成功便会导致他更加密切地关注自己的行为及其效果。因此，父母过分的保护会损害儿童的自我效能感，因为父母的这些行为会剥夺儿童的成功机会，从而也剥夺了儿童体验成功的机会。自我效能感的第二个来源是对他人活动效能的观察。在这方面，儿童同伴间比较对儿童自我效能感的发展有着重要的影响。儿童通过对同伴所能够完成的活动的观察，可以为自我评价提供参照。

（三）认知发展理论

认知发展理论关于儿童社会性发展的观点，主要体现在皮亚杰和柯尔伯格等人关于儿童道德认知发展和性别认知发展的论述中。众所周知，作为发生认识论领域的专家，皮亚杰主要关心的是儿童认知的发生问题，即个体如何从包括社会世界和物理世界在内的现实世界中获取知识以及如何对这些知识做出解释。虽然皮亚杰理论是以儿童认知尤其是思维发展为核心的，但是他在儿童社会性发展领域同样取得了令人瞩目的成就，对后来儿童社会性发展研究产生了极大影响。

1. 皮亚杰认知发展理论对儿童社会性发展研究的影响

这种影响首先在于它改变了人们对儿童的看法。行为主义把人看作环境的消极适应者，认为儿童的发展完全是由环境决定的；精神分析主义则把儿童发展看作性本能的生物成熟的过程。对此，皮亚杰均持反对态度。皮亚杰认为，儿童从一出生就是其自身发展的积极的动因。他积极地从环境中寻找、选择适宜自己的刺激，积极主动地与环境发生交互作用。儿童在这种交互作用中，不断地建构着自己的经验系统（认知结构），形成和改变着自己的知识体系。皮亚杰十分重视主体在认识中的作用，他把儿童看成是一个"独立的变量"，而不是一个"依赖的变量"。皮亚杰认为，儿童是主动的学习者，真正的学习并不是由教师传授给儿童的，而是出自儿童本身。儿童主动学习的前提条件是其内部动机，任何外界的、奖惩类的强化并不起主要的作用。教师是幼儿学习的促进者、支持者，教师的教育不能强硬灌输、强加说教。皮亚杰的理论和观点对于我们改变传统的儿童观、教育观，发展儿童的主动性，进而理解学前儿童社会教育的实质以及幼儿社会教育的原则与方法具有十分重要的启示和意义。

2. 皮亚杰关于儿童社会性发展的主要观点

皮亚杰的认知发展理论认为，儿童的认知发展是有一定阶段顺序的，认知发展与社会性发展相互依存，社会交往以及教育活动在儿童发展中具有重要的作用。

（1）儿童的认知发展是有一定阶段顺序的

皮亚杰用大量实验材料证明了儿童和成人在认知方面的不同，并且儿童在不同的阶段，其认知结构也是完全不一样的，表现出与前后各阶段不同的认知能力。皮亚杰认为，"教育是从属于受教育者的发展水平的，儿童的水平决定着教育的步调"。超越阶段的学习，儿童不具备必需的认知能力，只能是口头的重复，不可能真正地理解，因而教材的结构和顺序、课程的编制和安排应符合儿童发展阶段的先后顺序，这样才有利于儿童的学习。

（2）认知发展与社会性发展是相互依存的

关于认知发展与社会性发展之间的关系，儿童的社会性发展和认知发展不是彼此分离的过程，而是相互依存的。相对而言，认知发展是一个更为基本的过程。儿童的某些特定社会机能只有在相应的认知机能形成之后才能出现，某一年龄阶段儿童社会性发展的特点都可以从相应的认知发展阶段中找到根源。例如，亲子关系发展中儿童的"分离焦虑"的产生，是以认知发展中的"客体永久性"的形成为基础的；儿童道德判断中的他律特征和自律特征，分别与认知发展中的前运算阶段和形式运算阶段的思维发展水平直接相联系。同样，儿童在自我—他人关系方面的发展也是与认知发展相平行的。在学前期由于"中心化"的存在，儿童在对物理客体的认知中只能注意物体最显著的一些特征或主要的维度，而不能协调不同维度之间的关系，因而在认知发展中表现为无法达到"守恒"。同样，在社会性发展领域由于"中心化"的存在，儿童在自我—他人认知中往往只能注意自己的观点，而不能理解他人与自己不同的观点，表现为自我—他人关系认知过程中的"自我中心主义"。只有在儿童获得了"去中心化"机能之后，儿童才能克服社会认知中的"自我中心主义"，达到对他人观点的采纳。

（3）社会交往在儿童心理发展中具有重要作用

皮亚杰在早期研究儿童的语言、思维的发展和儿童的道德发展时，很重视社会交往在儿童心理发展中的作用。他认为，与他人交往和活动教学法，在儿童认知发展中的作用同样重要，儿童智力的发展需要与他人相互刺激。这种交往不仅指儿童之间的交往,也应存在于师生之间。通过交往,可以帮助儿童摆脱自我中心状态,从而使思维精细化,从别人那里获得更丰富的信息。而同伴共同合作,能集思广益,相互学习,使学习效果更佳。

柯尔伯格的道德判断研究和性别化研究也继承并发展了皮亚杰的学说。柯尔伯格在其关于儿童性别化发展的研究中强调,儿童性别概念的发展是性别角色发展的前提,在形成性别恒常性之前,儿童是不可能形成稳定的性别化行为的。

皮亚杰及其同事在儿童社会性发展尤其是社会认知(如儿童的道德判断和空间观点采择)等方面的研究,为后来儿童规则意识或者道德判断发展的研究奠定了基础,他的关于儿童自我—他人关系认知发展的趋势的论述和实验研究以及他的结构分析方法则构成了美国心理学家塞尔曼儿童人际认知研究的基础。

二、影响儿童社会性发展的因素

儿童的社会化是个体在一定的社会环境中,通过与环境的相互作用,不断地由一个自然人发展为一个社会人的过程。儿童从一个生物个体到一个社会成员的转化,是由多种因素促成的,哪些因素在影响着儿童的发展,哪些因素起着主要的作用,一直是人们关注的问题。一般认为,影响儿童社会化的因素主要有以下三个方面。

(一) 环境

任何人都是在一定的环境中生长的,儿童社会性的发展离不开其所生活的环境,环境不仅影响着儿童社会性发展的各个方面,而且影响着儿童社会性发展的整个过程。自然环境和社会环境都对儿童的社会性发展产生一定的影响,其中,社会环境的影响最为重要。

1. 自然环境

俗话说,一方水土养一方人,人的性格、习惯等,与当地的气候、地理等自然环境有着密切的联系。研究表明,生活在热带的人和生活在寒带的人具有不同的性格特征:北方气候干燥寒冷、土地辽阔、天空高远、植被贫乏,在这种环境中生活的人大都粗犷、豪爽、强悍、敦厚、淳朴;南方气候温暖湿润、江河纵横、山清水秀、植被丰富,人们的性情也多温柔、委婉、细腻、精明、灵巧。

儿童从出生即生活在一定的自然环境中,时时受到大自然的熏陶和影响,在社会性的发展过程中,也就很自然地受到自然环境的影响,形成自己特殊的社会性特征。

2. 社会环境

影响儿童社会性发展的主要因素是社会环境,主要包括家庭环境、幼儿园环境、社区环境和大众传媒等因素。

(1) 家庭环境

家庭是儿童社会化的最初场所,是儿童社会化的起点和途径。家庭对儿童社会化的影响是潜移默化的,就像一个无声的老师,时时刻刻发挥着特殊的影响作用。而且,这种影响是建立在家庭成员之间感情密切联系基础之上的一种社会教育,是其他因素所无可取代的。弗洛姆曾说:"家庭是社会的精神媒介,通过使自己适应家庭,儿童获得了后来在社会生活中适应其所必须履行的职责的性格。"社会和时代的要求,都会通过家庭在儿童的心灵上打下烙印。学前儿童基本上都在家庭中生活,在家长的抚育下长大,家长通过自己的教养行为,把社会的价值观念、行为方式、态度体系及社会道德规范传授给儿童。其中,家庭物质条件、家庭结构、家长的教育观念和教养方式以及亲子关系等都会直接影响儿童社会能力的形成和发展。

① 家庭物质条件的影响

家庭物质条件是满足孩子生存的基本条件,直接影响儿童的社会性发展。家庭尽量为儿童提供整齐清洁的生活环境、充裕的学习用品和社会学习机会，使孩子各方面的兴趣和爱好容易得到满足，产生积极情感，这对儿童的自我意识、独立性以及创造性的发展十分有益。

② 亲子关系的影响

父母和儿童之间的亲子关系是儿童最早建立的人际关系，亲子关系的好坏直接影响到儿童对社会的认知，影响儿童将来的各种人际关系，影响儿童的社会行为。研究表明，亲子关系良好的儿童容易受到同伴的欢迎，而亲子关系不好的儿童常常不受同伴欢迎。

家长和孩子的关系及其所营造的家庭精神环境对儿童的社会性发展影响较大。实践证明，如果孩子生活在和谐、民主、温馨、和睦的家庭环境中，就学会友好、关心、分享、同情、谦让等品行；如果生活在冷漠、仇视、敌对、妒忌等家庭环境中，就学会谴责、撒谎、固执、暴躁、争斗等特点；如果生活在宁静愉快的家庭环境中，孩子就会有安全感，乐观、信心十足、待人友善；如果生活在气氛紧张、冲突不断的家庭环境中，孩子就会缺乏安全感，总是担心家庭纷争的出现，害怕父母迁怒于自己而紧张、焦虑、忧心忡忡，就会对人不信任，和同伴的关系很难协调。

良好的亲子关系是儿童社会性获得良好发展的前提，表现在促进儿童的社会认知、影响儿童态度的形成等方面。儿童的认知水平与父母参与教育机构的程度和水平、父母与儿童的交往质量、父母的期望和观念等存在密切关系。成人与儿童间的交往加快了儿童形成新的认知能力的速度。同时，父母会通过强制、惩罚、帮助儿童分析某种行为的动机以及预见其行为后果、认识其行为可能带来的危害等种种方式改变儿童的态度，使儿童理解行为间的因果关系，接受和内化行为规范。

父母的影响还在于为儿童提供模仿的榜样。模仿父母行为是儿童社会性发展的重要途径之一，儿童的许多行为都是通过对现实的或象征性榜样行为的模仿而获得的。弗洛伊德认为，儿童最初不懂社会规范，在与父母交往的过程中，由于害怕受到惩罚或失去父母的宠爱，就对父母的行为、态度产生认同的心理倾向。通过模仿父母，儿童获得了最初的社会经验。父母的价值观念、文化素养、道德、心理素质、教育素质等因素都直接、间接地影响着儿童的社会化过程。家长的各种行为习惯和处事态度会在平日里潜移默化地为孩子提供模仿的榜样，影响着子女的成长。

在亲子关系中，母亲对孩子的社会性发展会产生特殊的影响，可以说是影响儿童社会性发展的关键因素。母婴关系是儿童社会交往的基础，是儿童接触社会的媒介。苏联教育学家克鲁普斯卡亚指出，母亲是天然的老师，缺乏母爱的儿童容易形成不合群、孤僻、任性、冷漠等特点。日本心理学家也指出，母爱是儿童性格健康发展的必要条件。

资料 1-10

包德温（A. L. Baldwin）等人研究了母亲对孩子的影响，认为母亲的教养态度和孩子的性格形成有密切的关系。如果母亲是专制、冷漠、支配的，孩子则是攻击、情绪不稳定、依赖、顺从的；如果母亲是干涉的，孩子则是幼稚、胆小、神经质、被动的；如果母亲是拒绝的，孩子则是反抗、冷漠、自高自大的；如果母亲是民主的，孩子则是合作、独立、温顺、社交的[1]。

父亲对儿童性别角色的形成起着重要作用。父亲不仅给男孩提供了模仿的榜样，也为女孩提供了与异性交往的机会。缺乏父爱的儿童在性别的社会化方面可能会产生缺陷。同时，父亲把男性的勇敢、豁达、进取等特征传递给孩子，使孩子获得更多的体会。还有研究表明，父亲和孩子的交往质量越高，孩子越聪明。

---

[1]叶奕乾，孔克勤. 个性心理学[M]. 上海：华东师范大学出版社，1998.

📖 **资料** 1-11

西方心理学家研究发现,5岁前就与父亲分离或失去父亲的男孩,由于缺乏适当的性别行为榜样,其行为缺乏男子汉气概,依赖性强,游戏中表现出较多的女子动作模式,吵架时言语攻击较多而身体攻击较少①。

但是,由于生活节奏的加快,家长的工作越来越忙,和孩子在一起的时间也越来越少。传媒与科技的发达,也使得孩子的大部分时间都耗在电视、游戏机、电脑、手机上。从幼儿园回家后,孩子的大部分时间是在家里摆弄这个、摆弄那个,而家长或者还没下班回家,或者忙于家务,无暇顾及与孩子的沟通。吃完饭又得让孩子早点睡觉,以致亲子间互相交流的时间很少,亲子关系受到了一定的影响。

③ 家庭教养方式的影响

家庭对儿童社会性发展的影响主要是通过家庭的教养方式实现的,不同的家庭教养方式,对孩子社会性发展的影响也不同。

教养方式主要有如下四种类型。

第一,民主型。在民主型教养方式下,父母把孩子当成一个独立的个体,尊重他们的意见,允许孩子表达、表现自己,给予孩子充分的交往机会。孩子既得到尊重,又得到保护,正当的需要可以得到满足,不适当的行为会得到抑制和纠正,宽严有度、管放结合。孩子与父母的关系融洽,孩子的人际交往、独立性、主动性、自尊心、自信心等都发展较好。

第二,专制型。在专制型教养方式下,父母不允许孩子违背大人的意志,不容忍孩子有自己的想法,给予孩子的温暖、同情较少。教育孩子的方法简单、粗暴,强行压服,甚至经常打骂。孩子被父母过多地干预和禁止,合理的要求也不容易得到满足,稍有不顺从就会受到呵斥和责备。孩子害怕父母,亲子关系疏远,也容易变得顺从、压抑、退缩、自卑、情绪不安、优柔寡断、喜怒无常、言行不一,其独立性、主动性、自信心、创造性等发展较差。

第三,溺爱型。在溺爱型教养方式下,父母对孩子百依百顺、宠爱娇惯、过度保护。对孩子的不当行为也不加管束,甚至袒护纵容。对孩子的要求一味地满足,无原则地迁就。孩子容易变得依赖性强,且任性蛮横、胆小怯懦、自私自利、为所欲为、意志薄弱,人际关系不佳,独立性、自主性等发展较差。

第四,忽视型。在忽视型教养方式下,父母对孩子不关心、不热情,忽视孩子的需求,和孩子缺乏交流和沟通。不了解孩子的状态,也不愿为孩子操心,采取任其发展的消极态度,致使孩子对父母采取回避或反抗的态度,亲子关系不佳。孩子的独立性、自主性较强,但自信心较差,对人际关系的认知易出现偏差,交往态度也会受到影响。也有的父母对孩子故意冷落、否定过多,言谈举止中表现出对孩子的失望,致使孩子不知所措、无所适从、自信心受挫,甚至产生自卑、孤独、自闭等心理倾向,自主性、创造性等发展较差。

可以看出,家庭教养方式对儿童社会性的影响较大。民主型教养方式是最理想的一种教养方式,可以使儿童较顺利地适应社会生活。专制型教养方式对孩子干预过多,会在一定程度上限制孩子的发展。溺爱型教养方式对孩子过度纵容,易使孩子变得幼稚、不成熟,社会认知、社会行为等都易出现问题。忽视型的教养方式采取听之任之的态度,对孩子缺乏有效的引导,易使孩子出现社会认知、社会适应方面的问题;但也有可能因为对孩子的限制较少、干涉较少,而使孩子比较自立,社会适应能力强。

---

① 韩进之.儿童个性发展与教育[M].北京:人民教育出版社,1994.

📖 **资料 1-12**

　　父母的教养方式影响儿童归因方式的发展。国外研究表明，民主型的父母由于对儿童的要求和反应较多，并且让儿童参与决策，因此，这种家庭中的儿童一般能够正确理解行为和反应的因果关系，形成良好的归因方式。溺爱型的家庭由于父母对儿童的要求较少，对儿童的错误全部接受或忽视，因而这样家庭的儿童自信心较低，成就动机较弱，自控能力较差，容易自我中心。忽视型的父母对儿童的要求和反应都比较少，对儿童也较少提出期望和标准，导致儿童不能正确理解行为的因果关系。专制型的父母对儿童的要求多，反应少或者反应过分强烈，强调儿童对规则的单方面遵守和服从，因而不利于儿童的自我效能感和自控能力的形成。溺爱型、忽视型、专制型的父母往往在儿童的归因方式的形成中起到了反面的作用。

📖 **资料 1-13**

　　家庭结构对幼儿的社会性也有较大的影响。单亲家庭，由于父母离异或者因为丧偶，孩子只能随其中一方生活。在一般的单亲家庭中，父亲或母亲如果不能很好地调节自己的情绪，会对孩子产生不良影响，容易出现悲观、孤僻、冷漠、自卑等心理特征，行为问题也较多。

　　在单亲家庭中，如果父亲或母亲因为生活压力大而无暇教育孩子，会造成对孩子的忽略；如果把全部希望都寄托在孩子身上，则会造成对孩子过分的溺爱或过分的控制。这些都可能会使孩子变得蛮横无理、不懂礼貌、为所欲为，或者幼稚、胆小、神经质，造成社会适应上的困难，或出现学习障碍、社会适应不良等品行问题。

　　在单亲家庭中，也有可能因为缺乏父亲或母亲的影响，在性别行为方面出现问题。男女孩出生后，都会通过对同性别长者的模仿而逐渐形成自己的性别行为模式。而在父亲—女儿、母亲—儿子这样的单亲家庭中，孩子缺乏模仿的对象，如不正确引导，孩子可能形成不正确的性别行为：女孩男性化，男孩女性化。还有一些研究表明，早年丧父的男孩依赖性强，缺乏果断性，语言攻击行为较多；而女孩则主要表现为青春期与异性的交往障碍。

　　再婚家庭对幼儿的社会性也有较大的影响。在这样的家庭结构中，由于只有父亲或母亲一方与孩子有血缘关系，需谨慎处理继父母与继子女的关系。如果相处得好，则对孩子没有什么不利的影响；如果相处得不好，则可能会由于家庭矛盾而影响孩子对人际关系的认识和判断能力，容易使孩子产生暴躁、撒谎、喜怒无常、紧张和焦虑等问题，影响未来的社会生活。

　　（2）幼儿园环境

　　在幼儿园环境中，对儿童社会性发展产生影响的因素是多方面的，既有幼儿园物质环境带给幼儿的影响，也有教师、幼儿同伴等构成的精神环境的影响。

　　① 幼儿园物质环境的影响

　　幼儿园园舍、活动室、儿童活动材料等构成了幼儿园的物质环境，这些物质的选择、安排和布置等对儿童的社会性发展起到了重要的辅助作用。

　　研究表明，整洁、优雅的环境，恰当的空间组织方式会使儿童情绪安定、亲社会行为增多，并有助于儿童积极地认知和探索；而肮脏、无序的环境，则会使儿童浮躁，违规行为、攻击行为增多。活动空间的大小会影响儿童的人际交往，如果活动空间过小，则儿童发生争执、打闹的机会就多；活动空间过大，则儿童的交往机会就会减少，不利于相互合作与交流。活动材料的性质和数量对儿童的社会性行为也具有很大影响。例如，类似于枪、炮、棍状的玩具容易使儿童的攻击行为增多，而积木、积塑等玩具则有利于儿童的交流、合作、协商等行为的产生。

② 幼儿园精神环境的影响

幼儿园的精神环境主要是指幼儿园的人际关系以及由此带来的心理气氛等,具体体现在教师与儿童、儿童与儿童之间、教师与教师之间的相互关系等。对于儿童的社会性发展而言,精神环境的影响更为重要,儿童只有在支持性强、控制适度、温暖和睦、宽容友好的精神环境中,才能放松精神、心情愉快、交往积极、主动,容易产生合作、帮助等良好行为。缺乏支持和关怀、苛刻、冷漠的精神环境则不仅抑制儿童的主动认知,而且可能引发更多的人际冲突和不良的行为,如胆小、怯懦、缺乏同情心、缺乏交流与合作等。因此,幼儿园的精神环境是影响儿童社会性发展的主要因素。

教师对儿童社会性发展的影响很大。教师是儿童在幼儿园的主要交往者,而且每天照顾和管理儿童的生活,给他们传授知识、技能,等等,使得儿童把教师当成心目中的权威。他们往往把教师当成自己学习的榜样,不知不觉地去模仿教师的言谈举止,通过对教师的观察、模仿等进行着大量的社会学习。教师的言谈举止、情感态度、人生观、价值观等,都会作为直接的示范对儿童的行为、情感、态度等产生潜移默化的、广泛的、深远的影响。儿童年龄越小,受教师的影响越大。

📖 **资料 1-14**

  1966年,美国心理学家罗森塔尔来到一所乡村小学,给各年级的学生做语言能力和推理能力的测验,测完之后,他没有看测验结果,而是随机选出20%的学生,告诉他们的老师说这些孩子很有潜力,将来可能比其他学生更有成就。8个月后,罗森塔尔再次来到这所学校。奇迹出现了,他随机指定的那20%的学生成绩有了显著提高,与老师的感情也更加深厚。罗森塔尔把这种期待和鼓励产生的效应称之为"皮格马利翁效应",后人也称之为"罗森塔尔效应"。

  "皮格马利翁效应"表明,教师对儿童的良好期待会对儿童的成长产生相应的影响,儿童会因此感到老师的关心和爱护,并以教师的期待作为自己行动的动力,因而产生教师所期待的结果。

教师和儿童之间良好、和谐的关系,是幼儿园精神环境的主要内容。良好的师幼关系,能使儿童精神愉快,积极、主动、大胆、自信,自我意识发展良好,而且具有较强的社会适应能力;反之,则会使儿童畏缩、懦弱、害怕,缺乏社交能力。姚铮在《幼儿园人际环境对幼儿社会性发展的影响》一文中指出,和谐、平等、互相依赖的师幼关系,可以帮助幼儿建立起安全感、归属感,促进他们与他人、同伴的交往。

教师对于儿童的影响是通过师幼互动实现的。良好的师幼互动可以增强幼儿的安全感和归属感,更利于儿童的自信心、自尊心的发展。通过师幼之间的积极交往、互动,儿童能够拓展社会认知,学习一定的社会行为规范和价值标准,习得分享、合作、谦让等社会行为。儿童在师幼互动中,获得的知识与技能对儿童适应新环境以及与同伴交往能力的发展等有着积极的意义。研究表明,与教师互动良好的儿童更爱交际,对同伴更为友好,也更为同伴所接受;反之,则容易使儿童胆怯、消极、反抗等。

同伴交往对幼儿社会性发展的影响也很大。随着儿童进入托儿所、幼儿园,他们的交往范围越来越大,与同龄伙伴交往的机会也越来越多。同伴的交往对儿童社会性的影响作用更为重要。曾有实验表明,长大过程中没有同伴交往的灵长类动物往往存在适应能力上的缺陷,如不能摆正与其他动物的关系,对同伴的警觉性和攻击性都很明显,甚至会不顾忌到头领的教训而向头领发起攻击。人类如果没有同伴的交往,其负面影响更大,尤其是独生子女,更容易产生各种社会问题,如缺乏社交意识、缺乏交友能力和技巧、自尊感过强、自我中心比较严重等等。安娜·弗洛伊德和索菲·唐(A. Freud & S. Dan,1951)的研究指出,同伴关系可以弥补亲子关系的缺失。哈里斯(Harris,1990)的群体社会化理论指出,同伴对儿童社会化的影响甚至会大于家庭。可见,同伴交往和良好的同伴关系对儿童的社会性的发展具有重要的影响。

同伴交往对儿童社会化的影响主要表现在以下三个方面。

第一,满足儿童的社会性需要。儿童随着认识能力、语言表达能力的逐渐增强,产生了更高层次的社会性需要,儿童希望得到认可和尊重,获得友谊和情感。同伴交往则为他们提供了满足这些社会性需要的机会。儿童与同伴一起玩耍、互相协商,从而体验友谊、体验尊重。同伴的认可、赞扬,会使儿童感到满足和喜悦;反之,就会失望、恼怒。因此,同伴满足了儿童对于情感、尊重等方面的需要。

第二,同伴交往影响儿童的社会认知和社会行为。在社会化过程中,儿童除从成人那里学习和了解各种社会知识、经验以外,也从同伴那里学习到更多的经验。通过与同伴的交往,儿童可以逐渐了解自己、认识他人,并学习如何与他人相处;逐渐改变自己的"自我中心"意识,克服自己的不当行为,学会自我控制;逐步学会与人合作,并站在他人的角度上思考问题;等等。尤其是独生子女,由于缺少同伴而容易形成"自我中心"倾向,表现为自私、任性、霸道等,社会性发展不佳。但是,同伴的交往可以使儿童的这些行为得到一定的改变。例如,幼儿园的玩具是大家一起玩的,如果哪个儿童还像在家里一样自己独霸玩具,就会招致同伴的反对,失去同伴的交往。在多次失去同伴的经历以后,他就会知道其他孩子也有玩玩具的权利,如果自己不让别人玩,小朋友就不跟自己玩了。于是,为了得到同伴的友谊,他就会把玩具分给大家玩,并逐渐懂得与人分享、互相尊重等社会规则的含义,从而逐渐摆脱自我中心,融入同伴群体中。

儿童在同伴交往中,为了某项活动的顺利进行,为了获得同伴的友谊,会不断地控制、调整自己的不当行为,学着和同伴互相交流、达成共识。如果发生了冲突,儿童会学习自己处理,并不断地积累经验。一些社会规则,通过同伴的影响也会容易接受。在同伴的鼓励下,儿童的积极交往行为会不断增加,关心、合作、分享、协商等友好行为不断出现。

第三,同伴交往有利于儿童重新协调与成人的关系。儿童与成人交往时,总是处于服从地位,在成人面前,他们永远都是"小孩子",事事听从大人的安排,自己很难有独立活动、独立表达的机会。但是,儿童与同伴之间的交往是自由的、平等的,在这样的交往中,儿童能够学会在平等的基础上协调各种关系,并且发挥自己的作用和优势,与同伴齐心协力完成任务。因此,这种交往有助于儿童正确认识自己,提高自信心和自尊心。

儿童与同伴的交往更有助于他们重新协调与成人的关系。一般情况下,父母和教师是儿童心目中的权威,儿童对父母、对教师的依恋、依赖和顺从非常突出。但是,随着与同伴的交往增多,他们对同伴的依从性增强了,他们更喜欢与同伴在一起,而对父母和教师的依赖减少了,对成人单方面的顺从态度也得到了改善。儿童之间甚至会成为彼此的榜样,互相模仿、互相学习。他们对父母和其他成人的情感,也得到了重新的定位。

（3）大众传媒

大众传媒就是传播信息的载体。早在19世纪末,大众传媒对人的社会化的影响就引起了人们的关注。大众传媒给儿童提供了更加丰富、更加快捷、更加全面的认识世界的手段,因而扩大了儿童认识世界的途径。同时,大众传媒缩小了儿童之间的差异,无论是城市儿童还是农村儿童,无论是发达国家的儿童还是发展中国家的儿童,都可以通过卫星电视和网络享有同样的信息,从而缩小了彼此之间由于民族、地域、经济、文化不同所造成的差异。大众媒介的蓬勃发展,给人们的生活带来了诸方面的影响,它逐渐成为影响人社会化的重要因素。

儿童一出生就处在大众传媒的包围之中,它作为一种社会环境,甚至作为生存环境的一部分,对儿童的社会性发展具有独特的重要影响。随着电影、电视、广播、唱片、报纸、杂志、计算机、网络、电子游戏机、激光影碟、卡拉OK等的普及,传媒对儿童的影响越来越大。其中,电视和网络视频重要的传播媒体,也是颇具争论性的。电视节目和网络视频的内容对儿童产生了巨大的影响。

资料 1-15

　　研究人员曾做过这样一个测试,他们让一群10～12个月大的婴儿看录像,录像里的演员在玩弄一些物体,如一个红色的螺旋字母支架、一个蓝色的皮球和一个黄色的橡胶软管配件。录像播完后,研究人员在受测试婴儿面前摆放这些物体,观察婴儿对这些物体的反应。结果显示,10个月大的婴儿对物体的反应并不受录像带的影响,而12个月大的婴儿则受影响。若录像带中的演员对一件物体持中立或积极态度时,婴儿就会很乐意接触这些物体;如果录像带中的演员表现出恐慌或厌恶某个物体,婴儿就会主动回避该物体。

儿童看电视的过程也是认识事物的过程,通过看电视,儿童开阔了视野,认识了社会角色,并学习相应的行为规范,和现代社会产生了更多的联系。良好的电视节目满足了儿童想象和模仿的欲望,使儿童开阔了眼界,也有助于儿童了解社会,吸取间接经验,培养儿童合作、友好、自制的行为,同时,还有利于儿童掌握更多的词汇,提高自己的语言表达能力。

但是,电视给儿童带来正面影响的同时,也给儿童带来了不利的影响。因为学前儿童还不能准确地分辨电视节目中的人和事哪些是正确的,哪些是错误的,因而大多数儿童只会模仿他们所看到的现象和行为,一些暴力的、恐怖的、不适于学前儿童接触的内容,也成为儿童模仿的榜样。因此,电视给儿童的社会化带来了双重的影响。一方面帮助他们更多地认识社会;另一方面则阻碍了儿童社会性的发展。

① 电视有可能使儿童在认识上与现实产生距离

学前儿童心灵单纯、思想简单,对电视节目很容易信以为真,久而久之,他们的生活、思想、行为模式等,就容易不自觉地受到影响。尤其是一些不完整、离奇、曲折而又荒诞的内容和画面,易使儿童分不清戏里、戏外,不清楚什么是真实的、什么是虚假的,以致产生认识上的偏差和误解,加剧不安全感的产生。还有的儿童由于过多地接触成人电视节目而出现"早熟"倾向,过早地失去童年的天真。

② 电视可能使儿童变得孤独、冷漠

孩子花在看电视上的时间越来越多,户外活动则相应减少,亲子间、与同龄人之间的接触也会减少,这样可能会造成"电视孤独症"或成为"电视儿童"等特殊人群。如果儿童长时间坐在电视机前,不串门、不交往、不去参加活动,只从电视中获得依赖和满足,这将极大地妨碍儿童社会性的发展。还有研究表明,儿童看电视时间太久,也会影响情绪和心情,出现情绪不安或心情烦躁等情况,特别是看了恐怖的画面以后,可能会产生恐惧感、白天不敢独自行动、晚上做噩梦等。过多的恐惧反应则会造成儿童社会适应方面的心理障碍。

③ 看电视可能导致儿童攻击行为增加

如果儿童在电视上看到的是友善的、合作的行为,他们就容易学会友善与合作;如果看到的是暴力和血腥,儿童学会的就可能是暴力和争斗。一些凶杀、枪战等成人节目不断地影响儿童,甚至一些儿童电视节目也在不合时宜地宣扬暴力、战争、称霸宇宙等,这些都不利于儿童良好社会性的形成。一些节目内容也可能会刺激儿童已有的内心不良感受,加深不满情绪,使儿童出现憎恨、反叛等心理,出现更多的攻击性行为。

另一种对儿童影响较大的媒体就是计算机和网络。随着科学技术的进步,网络已成为人们获取信息的重要工具,它不仅改变了人们的工作效率,而且也给人们的学习和生活提供了巨大的帮助。互联网以强劲的势头掀起了全球信息革命的狂潮。作为一种极具感染力的信息传播工具,网络的影响力已经远大于任何一种传统教育手段。互联网借助文字、图片、影音、下载传输、游戏、聊天等软件和工具,给人们带来了极大的便利和享受,也提供了更加丰富的感官刺激,使人们获得了视觉、听觉、触觉等多方面的刺激和愉悦的感受,极大地提升了人类生活的品质。作为社会生活的一部分,儿童也在不断地受到网络带给他们的影响。网络对儿童的积极影响,主要表现在开阔视野、获取各种知识和信息、增加游戏方式、拓宽人际交流渠道、提供展现能力和个性的平台等方面。网络上丰富的知识可以使儿童轻松地了解各地的风土人情、民间习俗、地域文化,激发儿童热爱社会文化、参与社会生活的情感。网络也为儿童提供了多媒体学习环境,使儿童在看、听、说、做等方式中接近和了解社会。例如,在教育活动"伟大的宇航员"中，幼儿想了解宇航员在太空的生活状况，就可以通过上网来查找搜索各种文字信息、视频等，这样就可以全面了解宇航员在太空中的生活信息了，这比单纯听成人的讲解更加直观、详细、生动。再如，在认识"春节"的活动中，儿童可以通过下载一些声情并茂的 Flash 动画，了解春节的由来和传说，了解各地的人们怎样过春节，等等。在认识"中国民乐"的活动中，儿童可以从网络上下载著名的民乐曲，以及关于民乐的小知识、小故事、Flash 动画等，更直观、更形象地了解中国民乐的乐曲风格，了解中国的传统文化、人文思想，等等。可以说，网络使儿童进入了一个更新、更有趣的世界，对儿童社会化的影响也在逐渐扩大。

但是网络是一把双刃剑，使用不当也会给儿童带来负面影响。例如，网络成瘾问题、身体和视力伤害问题、人际交流减少问题等。有的儿童沉溺于网络虚拟世界而不能自拔，导致对虚拟世界的依赖性增加，对现实世界的认知和探索兴趣减少。有的儿童沉溺于网络游戏，导致与父母、同伴等周围人的人际互动减少，参与社会生活、实践的机会与时间减少。有的儿童性情变得内向孤僻，甚至出现人格障碍。很多网络游戏内容也不利于儿童的正确认知，对儿童的想象和创造性思维也没有好处。长期面对电脑、手机等电子产品对儿童的视力和身体发育也起到了反面的作用。

面对网络的负面影响，教师和家长不必恐慌，更不要因噎废食，应以正确的态度和方式方法加强儿童上网时间、内容的指导和引导，同时帮助儿童认识到网上垃圾的危害，增强防范意识，使网络真正成为儿童的学习资源，成为儿童社会化的有益补充。

（4）社区环境

民政部关于《在全国推进城市社区建设的意见》中指出：社区是指聚居在一定地域范围内的人们所组成的社会生活共同体。通俗地说，社区就是居住在同一区域，靠一定的规范约束，大家互相联系、互相帮助的共同体。

社区对儿童社会性的发展有着不可忽视的影响。居住在不同社区环境中的儿童，身心发展也有所不同。住在楼房区的儿童与住在平房里的儿童社会性发展也有所不同。住在楼房区的儿童由于楼房的相对封闭性，造成了与同伴或与其他人的交往明显减少，尤其是住在高层楼房的儿童，很少接触外人，这就对儿童的社会交往造成了不利的影响。住在平房区的儿童则有机会与同伴朝夕相处、相互为伴，这样的居住环境比较有利于儿童社会性的发展。例如，居住在学校附近的儿童与居住在商业区附近的儿童对读书、经商的理解不同，居住在火车站附近的儿童对火车的认识就比其他人多，住在医院附近的儿童对于生老病死的认识要比其他儿童早得多。

另外，儿童所在的社区人员素质、社区配套设施、教育资源、商业网络、建筑特色、文化建设、管理特点等等，都对儿童的社会性发展有影响。

（二）儿童自身的因素

环境的各种影响必须通过每个人已有的心理发展水平和心理活动才能发生作用。正如布特曼所说："每一个人都是他自己个性的工程师。"任何环境因素要被个人所接受和理解才能发挥其影响作用，产生效果。在儿童社会性发展的过程中，儿童自身的各种因素，如气质、认知水平、参与的积极性等都会影响其社会化的进程。

1. 儿童气质对社会化的影响

气质是儿童社会性发展的最初基础，儿童自身的气质特征在社会化的过程中起着不可忽视的作用。婴儿刚出生时即表现出了气质上的个体差异，有的属于容易抚育的儿童，有的属于抚育困难的儿童，有的属于发育缓慢的儿童。这些差异会影响到儿童未来社会性的发展。

（1）气质影响儿童的社会认知

容易抚育的儿童喜欢探究新事物，容易适应环境的变化，对成人的反应性较强；抚育困难的儿童对新生活很难适应，在新事物、新环境面前容易退缩；发育缓慢的儿童性情比较温和，适应新环境比较慢。

进入幼儿园后,由于儿童的气质特征更加明显,由此所决定的思维的灵活性、注意的稳定性、情绪和情感的表现等都不同,因而在认识事物的过程中表现出了更加明显的差异:多血质和胆汁质的儿童,对社会知识、社会规则等认识的速度要快得多,但他们的自制力较差,执行规则时不能持久;黏液质和抑郁质的儿童认识速度较慢,但执行规则的效果高于前两种儿童。

（2）气质影响儿童的社会交往

不同气质的儿童在社会交往方面表现出了一定的差异。例如,在亲子交往方面,容易抚育的儿童由于生活有规律、适应环境、哭闹少、易于教养等而容易给父母带来愉悦的情绪,父母也会给予婴儿更多的关爱,因而亲子关系良好,儿童的情绪和行为也更加积极;抚育困难的儿童由于经常哭闹、情绪不稳定、反抗行为较多、不易教养等给父母带来不愉快的时机较多,容易使父母给予更多的禁止和警告,甚至会打骂孩子或者放弃管教,因而亲子之间的冲突也较多。可以说,气质影响了儿童的行为表现,进而影响了亲子关系和父母的教养方式,又通过父母的教养方式影响了儿童自身社会性的发展。

在幼儿园,胆汁质、多血质的儿童更喜欢参加各种活动,在人际交往上也多采取积极主动的态度,人际交往范围广,但交往对象易变,人际关系维持时间较短。胆汁质儿童主动交往多,但脾气急躁,容易出现攻击行为和交往冲突。黏液质儿童沉静、稳重,不善于主动与人交往,但交往中不易与同伴发生冲突,人际关系较好。抑郁质儿童性情孤僻、胆小怯懦,人际交往不易主动,而且交往范围小,也不易出现攻击行为。

2. 儿童的认知水平对社会化的影响

一切外界影响,只有在儿童注意并认识了其意义之后,才有可能转化为自己的观念和行为。儿童的认知水平对于其了解社会知识、社会现象、遵守社会规则、产生相应的社会行为等有着直接的影响。例如,教师对幼儿"与小朋友友好相处"的要求,只有在儿童理解了与小朋友友好相处的意义,并且知道了如何与小朋友友好相处的基础上,才能够逐渐克服自我中心,做到和小朋友友好相处。否则,儿童可能因为对这项要求不理解、不清楚而出现言行不一致的情况。守纪律、有责任心等社会行为也都是儿童接受与领会外部的社会要求,并逐渐转变为自己的内部要求的结果。

3. 儿童参与的积极性对社会化的影响

环境对于儿童的影响,必须是在儿童与环境的相互作用中才能发挥出来。儿童只有与环境相互作用,主动适应环境,参与各种活动,才能接受来自环境的影响。如果不参与或参与较少,对环境回应少或没有回应,旁观行为较多,态度比较被动,则可能会使得环境的影响难以进入儿童的主观世界,难以发挥影响作用。

研究表明,积极参与各种活动的儿童在形成概念、解决问题、社会交往能力、个性品质等方面都有良好的发展。在相同的条件下,主动参与的程度是影响个体心理发展出现性质与水平差异的重要原因。

（三）幼儿园教育

幼儿园的社会教育是教师按照国家的教育目标和一定的社会价值取向,针对不同年龄儿童的发展特点,通过有目的、有计划、有组织地实施教育影响,以发展儿童的社会认知、社会情感和社会行为的教育。幼儿园教育的形式多样、途径丰富,在儿童的社会性教育中起着至关重要的导向作用,它引导着儿童社会性发展的方向和水平,是儿童社会性教育的重要场所。

幼儿园社会教育目标明确。2001年,教育部在《幼儿园教育指导纲要（试行）》（以下简称《纲要》）中明确规定了幼儿园社会教育的目标,为幼儿园的社会教育指明了方向。

幼儿园社会教育有比较合理的计划。幼儿园的社会教育是一个连续的教育过程,教师会根据儿童的心理特点和社会性发展的需要以及儿童发展的具体情况来制订社会教育计划,使儿童能够在不同的年龄阶段得到有效的发展,而且可以扬长避短,随机应变,使教育更有针对性。例如,对于刚入园的儿童,幼儿园会通过组织一系列的教育活动帮助幼儿尽快适应新的生活,如"我是好宝宝""我的幼儿园"

等；针对大班幼儿即将升入小学的需要，幼儿园会组织"我长大了""我要上小学"等教育活动，帮幼儿认识自己的现状，认识小学。

幼儿园社会教育的内容全面。幼儿园全面考虑儿童社会性发展的需要和社会现实的需要，为儿童选择适当的内容。选择内容时，不仅要考虑儿童的自我意识的发展、情绪情感的发展需要，而且要考虑儿童的个性、道德以及社会性行为等方面的发展需要，因而教育内容非常广泛而全面。

幼儿园社会教育的途径多样。幼儿园既有教师组织的专门教育活动，又有日常生活中的随机教育，还有比较稳固的家园联系、与社区的联系，等等。教育途径多种多样，教育资源丰富而集中。而且，幼儿园作为专门的幼儿教育机构，有一定的号召力，能够取得各方面的支持与配合，为儿童社会性的发展提供更为良好的条件，有效地补充家庭教育的不足。

幼儿园有专业的、有教育资质的教师对儿童进行社会教育。教师会根据儿童的心理特点，通过直接指导、树立榜样、强化和暗示等多种手段和方法促进儿童的社会化。教师也会站在与家长不同的情感维度上对待儿童及其发展，更有利于儿童的"心理断乳"。

幼儿园拥有年龄相似的儿童群体，为每一个儿童提供了更多的交往对象。尤其是独生子女，普遍缺乏同龄伙伴，而幼儿园则为儿童提供了与同龄伙伴充分交往的机会，更有利于儿童社会性的发展。同伴多是幼儿园社会教育的一大优势，是儿童社会性发展的有利条件。

可以说，幼儿园教育是影响儿童社会化的重要因素，凭借其有利的教育条件和独特的优势，儿童的社会性可以得到更好的发展。

综上所述，影响儿童社会性发展的因素是多方面的，既有来自家庭环境的影响，也有来自幼儿园教育的影响，更有社会大环境的影响，而各种影响都要通过儿童本身才能起作用。可以说，儿童社会性的发展是多种因素共同作用的结果，是一个长期而复杂的过程。

第四节　学前儿童社会性教育的现状与趋势

我国的学前儿童的社会性教育越来越受到人们的重视，有关方面的研究也取得了很大的进展。我们先来了解学前儿童社会性教育的现状与趋势，这样才更有利于儿童社会性教育的深入研究、探讨。

一、学前儿童社会性发展与教育存在的问题

1. 学前儿童社会性教育在理论界定上存在不统一的现象

一门学科的成熟，首先依赖于对这门学科内容的科学界定以及对其中涉及的概念准确无误的阐释。然而，纵观我国学前儿童社会性发展及其教育的研究，有关概念与内容的模糊与不确定性，正困扰着当前对这一领域的进一步研究。

首先，人们对"社会性"概念的理解不统一。

对于社会性的定义，无论社会学、教育学还是心理学，都是从社会角色形成的角度来界定社会化，强调个体对社会文化环境的顺应，即学前儿童的社会化就是他们形成和发展社会性的过程。

但是，随着科学儿童观的发展与研究的深入，尤其是儿童主体观的深入人心，儿童已经不再被看成是社会化过程中被动的个体，而是社会活动的积极参加者，他们不仅需要社会化的对象，而且也是社会化内容的建设者与改造者。西方教育理论界的诸多学者、我国学前教育理论界的张人杰教授等，很早就提出过这种观点。

明确以上这些观点，以及理解与此相关的概念，对于学前儿童社会性教育这一领域的研究与建设，显然是有着十分重要的意义。

其次，人们对学前儿童社会性教育内容的界定不全面。

近年来,我国幼教工作者根据《规程》(1989年)和《纲要》(2001年)以及《指南》的基本精神以及幼儿心理发展的具体特点,对幼儿社会性发展的内容进行了较多界定,基本框架内容大都如下:

自我意识方面,包括自我认识、自我评价、自尊心和自我价值感、成就感与好胜心等。

个性特征方面,包括乐观自信、积极主动、独立性、自制力与坚持性等。

情绪情感方面,包括一般情绪状态、情绪情感的表达与控制、同情心、责任感、好奇心与兴趣等。

社会交往方面,包括交往态度、交往能力(合作、轮流、分享、遵守规则、解决冲突)、人际关系等。

品德方面,包括爱周围人、爱集体、爱祖国、礼貌、诚实、爱劳动等。

但是,随着学前儿童社会性教育的发展与研究的深入,还有些学者提出了很多不同观点。比如学前教育理论界专家朱家雄、虞永平等就提出,幼儿园社会领域课程的内容应涉及以下七个方面的内容。

社会学方面:如社会机构、社会角色、人际关系,社区、社会变迁,民族、社会制度等。

伦理学方面:如基本的伦理关系,社会伦理道德、规范等。

地理学方面:如行政区划、国家、世界等。

经济学方面:如商品、货币、价格、买卖、劳动与利益等。

文化学方面:如风俗习惯、民间文化、艺术样式等。

心理学方面:如对自我的认识,对他人的认识,各种态度及情感、人的行为等。

历史学方面:如人类生活的演进,民族、国家的发展,社区的发展等。

可以说,这些学者专家的观点与提法都有不同程度的合理性与新颖性,也具备了《规程》中社会性内容所欠缺的全面性与概括性。但是,如何将各种理论观点融会贯通,渗透到广大幼教工作者对《规程》精神的理解中,使学前儿童社会性教育的内容变得更加丰富、更加科学,还是一个值得广大学前理论工作者与实践者共同讨论、商榷的迫切问题。

2. 学前儿童社会性教育在目标上存在重理性灌输、轻情感体验的弊端

在目前我国学前儿童社会性教育目标中,对社会性情绪情感目标体验的忽视是一个值得注意的现象。学前儿童的社会性教育不同于其他学科的认知教育,它的学习过程也不同于一般的认知学习过程,主要表现在前者更多地强调感受、体验与理解。可以这么说,情感体验是学前儿童社会性形成的基础和起点。否则,只是从理性角度进行知识灌输与训练,则很难在学前儿童的心灵深处引起同感与共鸣,社会性教育的效果也苍白无力而流于形式。实际情况是,在我国目前的教育实践中,还存在着这种重理性、轻情感的现象。下面,我们通过一则教育案例分析,来反观我们学前儿童社会性教育目标中存在的这一问题。

⭐ 案例1-5

中班社会性教育活动:"三八妇女节"。教学目标是通过"红花送妈妈"的活动,激发幼儿爱妈妈的情感。开始,教师先念儿歌:"红花美,红花香,我要做朵小红花,要问红花送给谁?红花送给好妈妈。""小朋友,红花为什么要送给妈妈,今天是什么节日?"幼儿齐声答道:"今天是三八妇女节,所以要送红花给妈妈。"教师随后出示做好的一朵大红花:"那么,我们今天就做朵漂亮的红花,回家后送给妈妈,好吗?"教师示范大红花的制作方法。幼儿做完红花后,教师说结束语:"妈妈很爱我们,所以我们也要爱妈妈,把红花拿回家送给自己的妈妈!"

点评:本案例中,教师在教学中忽视了儿童情绪的感受与体验,用认知学习替代了情感经验,本来是很打动人心的母爱情感,却在老师的理性教学与知识传授中变得干瘪枯燥,在激发幼儿爱妈妈的情感功能上被减弱。总之,我国目前儿童社会性发展及教育问题的研究已取得长足进展,但对学前儿童社会性方面的概念、内容等理解尚未达成共识,甚至存在一些认识上的偏颇,存在社会性教育

目标上对儿童情绪情感体验的普遍忽视的问题。另外，对0～3岁儿童社会性发展及教育的研究相对薄弱，教育途径与方法上存在脱离实践等许多问题。因此，要使我国学前儿童社会性发展及教育问题的研究有突破性进展，还需要做很多的研究工作，需要解决许多的问题。

二、我国学前儿童社会性教育的发展趋势

随着我国加入世界贸易组织（WTO），我国在教育领域也越来越重视引进国外教育理论，学习先进的教育思想和方法，并不断反省自身教育现状。在学前儿童社会性教育上也不例外，譬如在教育内容上的拓展与补充、在教育方法上的务实与创新等，都为我们传统的学前儿童社会性教育吹进了一股新风。

1. 借鉴国外做法，拓宽社会性教育的内容

我们可以有选择地借鉴国外学前儿童社会性教育先进的部分内容，不断拓宽我们社会性教育的内容。最近几年，对幼儿自立自主能力的训练、理财意识的培养等内容，开始被吸纳进我国学前儿童社会性教育的范畴。

第一，借鉴国外，加强幼儿独立意识和生活能力的训练。

德国等国家注意从小教孩子使用工具，比如剪刀、雕刻刀、螺丝刀、钳子等。教师在手工课上教给孩子这些工具的用途、性能，让孩子掌握操作要领，并鼓励孩子在日常生活中使用它们。他们还注意教孩子适应环境，教师会带幼儿到郊区远足，在雪中玩耍，学会适应大自然及如何保护自己。

在我国，每个孩子都是家里的"小太阳"，得到父母、老人格外疼爱和保护是必然的，因此，教育工作者对幼儿进行独立意识和生活能力的训练时，不要急于求成，而要循序渐进、因势利导，逐步达到我们的教育目标。

第二，学习国外，引进幼儿理财教育。

随着西方教育理念的影响，以及中国市场经济的发展，我们慢慢地意识到：理财是一种最基本的经济活动，也是在现代社会中，作为一个人格完整的人应当具备的一项基本能力。理财作为一种能力，引起了人们的普遍关注。从对幼儿实用的角度而言，让孩子了解金钱在人的成长中的作用，将资源的合理安排与自己的愿望联系起来，从小学会节俭，杜绝浪费，这对他们形成完善的人格无疑是十分有利的。因为，只有教育幼儿正确地理解、使用、创造资源，才能使孩子正确地、负责任地认识社会，有利于引导孩子正确地认识自我和完善自我。从小养成正确的金钱观和科学消费观，对孩子的一生都是十分重要的，甚至在某种程度上决定着孩子一生的幸福。以前那种简单的"认识钱币""怎样使用压岁钱"的理财教育显然是远远不够的。

2. 学前儿童社会性教育的途径、方法趋于灵活多样化

学前儿童社会性教育不同于其他幼儿园课程的教育，所以其教育途径、方法也应该有其独特性。但是，以前的教育方法却大都局限于常见的讲解法、游戏法、练习法等，而这些课堂教学的方法往往脱离幼儿生活的实际，也不能够针对幼儿真实存在的问题进行指导纠正，更不能灵活运用大量鲜活的案例来感染教育幼儿，结果导致儿童社会性教育效果的低下甚至无效。

最近20多年以来，随着我国学前儿童社会性教育的发展和研究的不断加深，以及对西方现代心理学研究成果的大力引进，学前儿童社会性教育途径与方法取得了很大进展，开始变得灵活多样、丰富多彩起来。

（1）创设良好的人文环境，注意环境育人

幼儿的社会性是在与周围环境的交互作用中、与周围人的相互模仿中发展的。为此，我们应有目的地为幼儿创设良好的人文环境与心理环境，以促进其社会性的有效发展。

① 尊重的氛围

从社会性发展的最基本内容——"自我意识发展"出发，首先要创造一个"尊重儿童"的精神氛围。

普通的"爱"更多的是意味着给予、施舍甚至为其自我牺牲,而"尊重"则更注重接纳、平视、理解和宽容地看待对方的一切所作所为。这种尊重的氛围,有助于儿童克服对别人的依赖性,并养成独立性;有助于儿童展示其独特的个性、发挥其内在的潜力;有助于更多地调动其天性中的积极方面,遏制消极方面,也会生活得更快乐,感觉生命更有价值,而最终发展为一个有自尊的人、尊重别人的人。一个尊重别人的人,往往同时具有心地善良、富于同情心、能容忍、心怀宽阔等社会性特征。

② 良好的教师榜样

学前儿童良好的个性特征,很大程度上是在长期的社会生活实践中,在模仿、观察、接受他人影响的过程中逐渐形成的,而幼儿很多时间是在幼儿园里度过的,所以教师群体的良好社会性示范具有十分重要的意义。"教书育人",教授的只是知识,而更重要的是要以自己高尚的人格、良好的行动示范来感召儿童。老师的每一句话、每一个动作、每一个眼神,都会成为儿童争相模仿的对象,所以教师平时不可污言秽语、流言蜚语,不可与同事钩心斗角、相互诋毁,不可与领导耍花招、玩两面派等。教师的社会性发展水平就是孩子的一个榜样水准,也是孩子社会性发展的一面镜子。

③ 能够发生交流的环境

环境创设时,教师要做到让环境与学前儿童对话,在每一面墙、每一个角落,都精心设计优美的画面或丰富的设施:有幽默故事、抒情诗歌或优美风景的墙饰,让儿童驻足欣赏、会心而笑;让儿童与同伴间也能相互交流,如设计"朋友树""今天你心情好吗?"等立体角落设置,通过这种设置,让儿童能够相互倾诉自己的内心,交流自己的感受,从而促进儿童间的相互交往,保持儿童愉快的情绪。

(2) 吸收西方心理研究成果,注意对学前儿童进行单元行为训练

随着西方心理学研究的不断深入与发展,我国学前教育界的引进与吸收工作也加快了步伐。以陈会昌的学前儿童"社会技能训练干预措施"为例,虽然是借鉴了国外资料修改后的训练单元,但我们还是从中看到了这些训练单元所体现出来的很强的针对性与实用价值。

如"21 项社会技能"中内容如下。

第一单元　"好好玩",包括:① 公平游戏;② 做个好赢家;③ 做个好输家。

第二单元　"保持积极心态",包括:④ 积极探索;⑤ 给予和接受称赞。

第三单元　"勇敢和冒险",包括:⑥ 当众发言;⑦ 接近和加入。

第四单元　"合作",包括:⑧ 商量;⑨ 处理争吵;⑩ 建议和劝说;⑪做小组决定;⑫尊重他人观点;⑬分享;⑭容纳他人。

第五单元　"做个有趣的人",包括:⑮倾听和恰当地提问;⑯讲个有趣的故事;⑰有趣的谈话。

第六单元　"保护自己",包括:⑱告诉别人不要欺侮你;⑲不理会为难你的人;⑳学会说"不";㉑向大人求助。

后来又推出的亲社会技能在内容上更全面,也更具新意,特别是其中的"情绪调节"单元、"攻击的替代办法"单元、"应对压力的技能"单元等,都是我国幼儿教育乃至学校教育中比较忽视的内容。如果能够在我国的幼儿园普遍开展这些社会技能的学习,将大大丰富我们的幼儿社会化教育内容和效果。值得欣慰的是,我国学前教育理论界早已开始了对这方面教育内容的研究与改进,部分幼教工作者也开始选择性地将有关训练内容引进自己的社会性教育范围。

总而言之,我国学前儿童社会性教育不断学习和吸收国内外先进的教育理念,无论在教育内容上还是具体方法上,都大胆开拓,积极进取,并正在开创着学前儿童社会性教育的新局面。

思考与练习

1. 什么是社会性?为什么人具有社会性?
2. 社会性对学前儿童的发展有何意义?

3. 学前儿童社会性的内容和发展特点是什么？

4. 影响学前儿童社会性发展的因素有哪些？

5. 儿童在一起时免不了争吵、打架，你认为儿童之间的争吵对其社会性的发展有什么影响？

6. 举例说明家庭结构对儿童的社会性发展的影响。

7. 简述我国学前儿童社会性教育的发展趋势。

真题再现

单项选择题

班杜拉的社会认知理论认为（　　　）。（2015 年下保教知识与能力）

A. 儿童通过观察和模仿身边人的行为学会分享

B. 操作性条件反射是儿童学会分享的重要学习形式

C. 儿童能够学会分享是因为儿童天性本善

D. 儿童学会分享是因为成人采取了有效的惩罚措施

简答题

简述班杜拉社会学习理论的主要观点。（2015 年上保教知识与能力）

第二章 学前儿童社会教育的目标和内容

- 社会教育目标的含义。
- 如何在教育活动中分解社会教育领域的目标。
- 学前儿童社会教育的主要内容。

　　幼儿社会教育的根本目的就是培养幼儿积极向上的社会情感和态度、习得良好的社会交往行为,为其一生社会化奠定基础。幼儿社会教育目标是幼儿教育总目标在社会领域的具体化,它指明了幼儿社会教育所要达到的预期结果;幼儿社会教育内容则往往从幼儿的自我意识、人际交往和社会适应的发展等方面开展。实施有效的幼儿社会教育,一定要全面、科学地理解和掌握幼儿社会教育的目标和内容。

图2-1　与自然亲密接触中的集体活动,对幼儿积极社会情感的影响是长远的

第一节　幼儿社会教育的目标

一、幼儿社会教育目标的内容

(一)《纲要》提出幼儿社会教育的目标

1. 能主动地参与各项活动,有自信心。
2. 乐意与人交往,学习互助、合作和分享,有同情心。

3. 理解并遵守日常生活中基本的社会行为规则。

4. 能努力做好力所能及的事，不怕困难，有初步的责任感。

5. 爱父母长辈、老师和同伴，爱集体、爱家乡、爱祖国。

幼儿社会领域的教育，旨在促进幼儿的社会化，使幼儿从出生时的自然人，成为逐渐适应社会生活的社会的人，在此过程中发展其社会性。《纲要》中社会领域的教育目标体现出，通过此领域的各种教育活动，帮助幼儿与周围人交往、与周围环境相互作用、形成情感联系，要引导幼儿逐渐将现行的各种社会规范和价值标准内化，以逐渐形成参与社会生活的能力，并且能够逐渐在社会中独立生存、不断发展，充分体现了教育的根本目的，这就是通过教育使个体成为能够适应社会、参与社会生活、在社会中独立生存和发展的成熟的人。

幼儿阶段是人生的最初阶段，也是身心发展的基础阶段。社会化过程伴随人的一生，幼儿阶段的社会性发展和社会化水平会深远地影响幼儿将来的社会生活和学习工作。《纲要》总则第二条提出："幼儿园教育是基础教育的重要组成部分，是我国学校教育和终身教育的奠基阶段。……（教育要）为幼儿一生的发展打好基础。"《纲要》中对幼儿社会领域发展的目标阐述，又充分体现出对幼儿现有身心发展水平和幼儿将来可能的发展的尊重，体现了学前教育的特点，为教师科学、合理、有效地进行社会领域的教育指明了方向。

（二）《指南》提出的社会领域目标的划分

《纲要》提出幼儿社会领域比较宏观的教育目标，但是最终能否实现还需要幼儿教师深入理解后层层分解、具体化为可操作的子目标，并作为进行教育活动的依据，才能保证幼儿社会领域的学习和发展指向《纲要》所提出的目标。2012年10月，教育部又正式印发《3～6岁儿童学习与发展指南》，对《纲要》提出的幼儿园教育五大领域的目标从内容和幼儿年龄阶段等方面进行更加具体和细致的划分，并对幼儿园教育提出相应的教育建议，无疑对教师的工作提供了更加具体的指导和帮助。《指南》将社会领域目标划分为"人际交往"和"社会适应"两个子领域，认为"幼儿社会领域的学习与发展过程是其社会性不断完善并奠定健全人格基础的过程。人际交往和社会适应是幼儿社会学习的主要内容，也是社会性发展的基本途径。幼儿在与成人和同伴交往的过程中，不仅学习如何与人相处，也在学习如何看待自己、对待他人，不断发展适应社会生活的能力"。从交往态度和技能、社会认知和行为等方面内容作出进一步分解，"人际交往"的细目为"1.愿意与人交往；2.能与同伴友好相处；3.具有自尊、自信、自主的表现；4.关心尊重他人"。"社会适应"的细目为"1.喜欢并适应群体生活；2.遵守基本的行为规范；3.具有初步的归属感"。《指南》进一步对不同年龄阶段儿童在上述七项社会领域的学习与发展提出相应的目标，如"1.愿意与人交往""3～4岁：1.愿意和小朋友一起游戏。2.愿意与熟悉的长辈一起活动""4～5岁：1.喜欢和小朋友一起游戏，有经常一起玩的小伙伴。2.喜欢和长辈交谈，有事愿意告诉长辈""5～6岁：1.有自己的好朋友，也喜欢结交新朋友。2.有问题愿意向别人请教。3.有高兴的或有趣的事愿意与大家分享"等等。针对目前许多儿童同伴交往技能不足、需要大力发展交往能力的现实，《指南》对幼儿"社会"

图2-2　小班幼儿在游戏中能主动进行同伴合作

领域教育目标的划分,使教师实施社会教育更有依据、更具体、操作性更强。

二、确保实现幼儿社会教育目标应注意的问题

幼儿有与生俱来的好奇心和求知欲望,是天生的学习者和冒险家,他们喜欢学习各种生活经验,容易接受多种交往活动,并在活动中发展社会性;在与环境积极主动相互作用的过程中,他们模仿、学习着周围生活中一切新奇的事情,无论这些经验是积极的还是消极的,也无论成人是否希望他去模仿学习,只要他感兴趣,就要反复尝试、练习,直到掌握这方面的经验;成人的正确引导和鼓励、尊重和明确的规范,有助于学前幼儿掌握积极的、正面的社会生活态度和情感、能力以及技能;教师就是幼儿社会性发展的支持者、引导者、合作者,是实现社会教育目标的重要保证。

1. 应有明确的目标意识

目标就是人们活动要取得的结果,因为有目标,我们活动的目的性、计划性才更明确,越可能得到最好的活动效果。社会领域的教育目标能否真正落实到幼儿的发展,最终要通过教师组织的各种教育活动、提供的活动环境才能得以实现,因此要求教师一定要有明确的教育目标意识,以保证创设有利于幼儿社会性发展的环境,有目的、有意识地组织教育活动,并随时注意自身态度、言行对幼儿潜移默化的影响作用。

幼儿社会性发展,是结合日常生活、在各种教育活动和游戏过程中,在与同伴、师长及多种交往活动过程中逐渐发展起来的。明确的教育目标意识,一方面体现在教师有目的、有计划地组织教育活动过程中,以及可能影响幼儿有关社会性发展的具体内容、采用有效的教育方法和有针对性地引导帮助孩子;另一方面体现在教师善于在幼儿一日生活的各个环节,敏锐地发现并捕捉各种教育机会,促进幼儿在社会认知、社会情感态度和社会行为等方面的发展。特别是,由于幼儿对各种行为规范的理解和掌握离不开具体生活活动,并要在实际交往等社会行为中反复练习,就要求教师在社会性教育方面注重生活活动中的影响作用,在一日生活活动中保持清晰的目标意识。

活动设计 2-1

拔萝卜(小班)

活动目标

1. 理解大家一起合作力量大,懂得互相帮助的好处。
2. 感受做力所能及的事情的快乐。
3. 知道每个人都有力量帮助别人。

活动准备

提线木偶,角色包括老人、孩子、狗、猫、老鼠。(教师能进行简单的木偶表演,或用贴绒教具演示)

活动过程

1. 播放歌谣《拔萝卜》,请幼儿自行表演动作进入观看环节。

表演前教师提问:谁种的萝卜?有谁来帮助老爷爷和老奶奶拔萝卜了?最后大家吃到萝卜了吗?

2. 教师慢速表演,通过语音变化提示幼儿注意不同角色。
3. 教师就主要环节和角色提问,同时展示角色木偶,组织幼儿就上面的问题讨论表演内容。
4. 幼儿在教师的帮助下分角色表演。

活动评析

教师组织幼儿观看表演的出发点要明确,幼儿对木偶表演的形式感兴趣,表演的人物和内容又是幼儿熟悉并容易理解的,使幼儿能在感受快乐的同时接受其中的社会教育信息。

幼儿讨论过程可以培养幼儿什么样的交往行为的技能和能力：互相尊重，别人说话要认真听；集体场合要轮流发言；敢于在大家面前表达自己的感受和想法。

2. 综合、正确理解《指南》子领域目标，合理设计教育活动目标

为确保实现幼儿社会领域教育目标，教师一定要结合本班幼儿的实际发展水平和特点、幼儿的不同兴趣需要等个性特点，将《指南》提出的子领域目标更加具体化，最终落实到每个幼儿在不同阶段的发展水平上。这个具体化教育目标的过程，实际上就是教师细化、分解领域目标的过程，教师应注意以下两个方面。

（1）目标层次之间要相互联系，教育活动目标要逐渐具体化

分解目标时要使上级目标指导下级目标，下级目标成为上级目标的具体化，各层次之间形成紧密的塔状结构，确保社会教育的目标经过逐层分解，指导教育活动的进行，以实现幼儿社会性的积极发展。分解目标可以从两个角度进行。第一，从时间角度，教师可以将《纲要》提出的社会领域发展目标逐渐具体化为学年目标、学期目标、月目标、周目标、日目标及活动目标；第二，从教育范围角度，可以将社会教育目标具体化为本幼儿园目标、班级目标、教育活动和幼儿个体发展目标。

（2）注意目标的连续性和一致性，及与其他教育活动发展目标的联系

分解教育目标要与幼儿发展的规律紧密联系，注意幼儿发展的连续性和阶段性，目标指导教育过程的意识要贯穿于整个学前阶段的各种活动中，注意年、月、日间的一贯联系；幼儿的发展是整体的，幼儿社会化的过程与他的生理、智力等方面的发展水平密不可分，因此，教师应注意每日各种活动间的相互影响作用，使社会教育目标渗透到其他的教育活动中，又要注重社会教育对幼儿身心发展的影响，充分挖掘一日活动的整体教育作用。

3. 选择利用科学有效的活动

要实现幼儿社会领域的教育目标，需要教师根据目标选择适合幼儿理解水平、符合幼儿的兴趣需要的具体内容，结合社会教育的特点，采取相对科学有效的教育活动方式，使教育过程始终指向《纲要》所制定的社会教育目标，确保促进幼儿的社会性向积极、正面的方向发展。《纲要》在社会教育的"指导要点"中提出："幼儿社会态度和社会情感的培养尤应渗透在多种活动和一日生活的各个环节之中，要创设一个能使幼儿感受到接纳、关爱和支持的良好环境，避免单一呆板的言语和说教。""应为幼儿提供人际交往和共同活动的机会和条件，并加以指导。""（社会教育）需要幼儿园、家庭和社会密切合作，协调一致，共同促进幼儿良好社会性品质的形成。"科学有效的社会教育活动的意义在于以下四个方面。

第一，幼儿社会性发展不仅仅是在教师进行组织的活动过程中实现的，在一个使他感受到接纳、关爱和支持的良好环境中，幼儿因感觉愉快而自觉自愿地接受教师的影响作用，并且愿意为这样的环境约束、调整自己的行为，模仿受到成人鼓励的榜样的行为。教师为幼儿提供一个良好的社会环境，能有效地提高幼儿学习的主动性和积极性，使之在生活中理解、反复实践练习，以掌握必要的社会行为准则和规范、交往技能；这种接纳、关爱和支持的环境，对幼儿能起到"润物细无声"的心理暗示作用，是进行社会教育的重要途径，也是实现教育目标的重要保证。例如，要让幼儿学会爱教师和同伴，教师首先要让他感受到被爱，单一的言语说教不符合幼儿的心理发展特点，结果可能造就出"言语的巨人，行动的矮人"，也可能造成幼儿的逆反情绪，应尽可能避免。

第二，社会性发展一定是在社会活动中实现的，离开了同伴交往，幼儿不会懂得按秩序轮流玩滑梯、不会得到分享的快乐，也无法学会通过协商要求参加"娃娃家"游戏。因此，教师要合理安排幼儿在园的一日活动，给他们充分的自主活动的机会，让他们自主安排活动内容、选择交往伙伴、确保活动顺利进行而商定规则、尝试自己解决活动中的矛盾和冲突，给他们一定的时间和空间，使他们能够在交往过程中自觉掌握交往技能，学会理解别人。在幼儿的自由活动时间，并不意味着教师完全不加以指导，而是要求教师能以适当的身份、在恰当的时机给幼儿以巧妙的建议、讲解等支持。

第三,由于幼儿的社会化过程受到他周围各种环境因素的影响,幼儿园的社会教育一定要与家庭、社区紧密结合,否则会导致幼儿园的社会教育成为"无用功"。比如,教师教育幼儿要谦让,不要打架,但是有些家长却对幼儿说"别人打你,你就使劲打他,不然你就吃亏了",对此,教师还应本着为了幼儿长大成人后的幸福,对家长做相应工作,让家长明白发展孩子良好社会行为和品质是他一生幸福的源泉,在此基础上,协商相互配合引导幼儿掌握积极处理问题的态度和技能。

第四,为了使社会教育的针对性更强,短期内能起到预期的作用,保证达到某个具体教育活动的具体目标要求,教师组织专门的集体教育教学活动时,一定要根据幼儿的心理发展水平和兴趣需要、教育内容的特点以及当时当地的具体条件,采用恰当的活动方式和教育手段。比如,用移情的方法帮助幼儿理解他人,只用语言设定情景让幼儿通过想象体验别人的感受,在小班幼儿就很难奏效;同样,让大班幼儿看木偶表演"拔萝卜"来理解团结力量大的道理,就显得过于浅显,难以激发幼儿产生印象深刻的情感体验。

例如,《纲要》提出幼儿社会教育的目标中:"3. 理解并遵守日常生活中基本的社会行为规则。4. 能努力做好力所能及的事,不怕困难,有初步的责任感。"

《指南》中"社会"领域划分为"社会适应"部分的"目标2 遵守基本的行为规范"提出:4～5岁儿童应学习并获得发展的社会行为有:"4.知道接受了的任务要努力完成。5.在提醒下,能节约粮食、水电。"根据4、5项的目标,结合中班幼儿开始学习用筷子进餐要求,幼儿园教师设计了系列主题活动"节约小能手"。其主题目标如下:

1. 幼儿在感受和体验中有环保的意识,养成环保习惯。
2. 知道环境污染的危害,愿意为维护环境做一些力所能及的事。
3. 能够用多种形式来表达自己的各种感受和想法:绘画、手工制作、宣传等。
4. 会简单地评价自己和他人的行为,能初步判断某些行为的对与错。
5. 运用熟悉和喜欢的图形、材料进行多种简单装饰。

主题下分解活动及目标如下。

活动1:绘本阅读——怕浪费婆婆

活动目标:

1. 理解绘本故事《怕浪费婆婆》,并愿意讲给别人听,愿意参与到节约行动中来。
2. 能根据连续画面提供的信息,说出基本的故事情节。
3. 知道一些行为造成浪费是不对的,生活中很多东西可以反复使用、变废为宝。

活动2:实践活动——为幼儿园午餐择菜

活动目标:

1. 在教师指导下完成幼儿园午餐部分叶菜的择菜任务,体验食堂师傅劳动的辛苦,懂得尊重食堂叔叔的劳动,珍惜劳动成果。
2. 能基本完整地讲述自己搬菜、择菜、炒菜的感受。
3. 认识并会区分菠菜、油菜等绿叶菜的不同。
4. 初步理解每天吃的饭菜来之不易。

活动3:亲子活动——一起来做饭

活动目标:

1. 感受自己做饭的困难、辛苦,愿意克服困难完成任务。
2. 敢于尝试做饭,能在成人指导下把原材料做成可以食用的饭菜。
3. 能用多种方式记录自己做饭的感受。

活动4：谈话活动——珍惜粮食

活动目标：

1. 感受粮食来之不易，珍惜劳动者付出的辛苦。

2. 能用多种途径进行爱惜粮食的宣传。

3. 学习制作宣传海报。

活动5：歌唱——《我是一粒米》

活动目标：

1. 跟唱歌曲，能用自然声演唱。

2. 基本理解歌词，知道粮食来之不易，不要浪费食物。

3. 懂得进餐环节和生活中不浪费食物的办法。

主题活动目标在生活环节中渗透：

1. 过渡环节，播放关于节约的故事、儿歌。

2. 将幼儿接水时洒掉的一些水收集起来，浇花使用，让幼儿了解一些水的利用。

3. 在不同区域贴节水节电、垃圾分类等标志，提醒幼儿及教师有节约意识。

4. 日常注意提醒幼儿节约用水、用电、用纸；不浪费粮食；不随地丢垃圾，学会垃圾分类等，教师做出榜样。

5. 做收集箱，随时收集幼儿剪废的纸，将废旧物品放在美工区，引导幼儿在手工活动中废物再利用。

图2-3 碗放到胸前就不会掉饭粒了   图2-4 给全园小朋友择菜，他们会谢谢我们

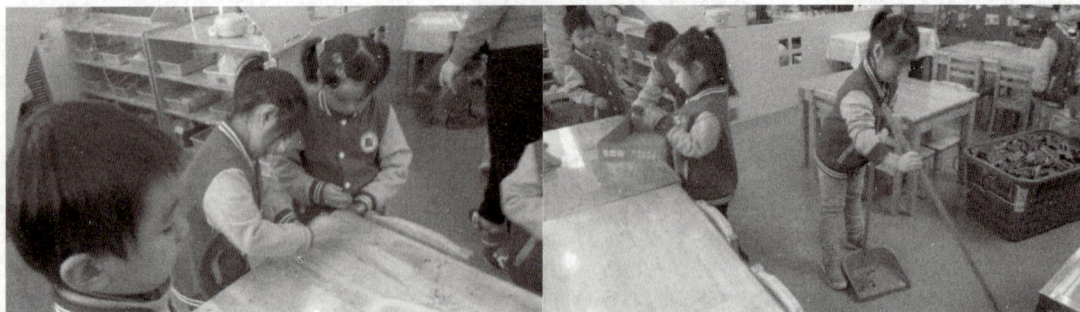

图2-5 择好菜还要收拾干净

第二节 幼儿社会教育的内容

幼儿的社会性发展主要包括社会认知、社会情感和社会行为等三个方面的内容，在他的社会活动中又表现出明显的个性特征。所以，幼儿社会教育应包括形成积极良好的社会行为、社会情感、社会认知

和个性等方面内容。

一、实施幼儿社会教育的内容

（一）社会认知教育

幼儿社会认知是在社会交往活动中发展的，社会认知所获得的经验会影响幼儿的交往行为；幼儿的社会认知受到他心理发展水平的限制，具有表面性、主观性，需要成人给予充分的发展支持和引导，以帮助他得到正面的、积极的社会知识经验。

1. 自我意识教育

自我意识是对自己的认识。幼儿是天生的哲学家，他们经常提出"我从哪里来""为什么我是男孩子（女孩子）"等这样那样的问题，渴望了解自己的一切，教师进行教育时应因势利导，引导幼儿认识自己，并逐渐学会比较客观地评价自我，发展其自尊心、自信心。自我意识的教育内容有以下七个方面。

（1）使幼儿认识自己的表面特征

了解自己的身体、面貌、喜好等基本特征，其中包括性别自认，如知道"我用眼睛看东西""我是男孩子，我喜欢恐龙""我的手比妈妈的手小"。

（2）使幼儿认识自己的优缺点

学会发现自己的优缺点、接纳自己，比如知道"我能自己穿衣服，不会把扣子系错""我吃饭不掉米粒""我跑得太慢了"等；知道人都有各自的优点和缺点，也会犯错误，犯错误改正了就是好孩子。

（3）使幼儿了解自己的情绪反应，初步学会调控自己的情绪

引导幼儿知道人们更喜欢与活泼开朗的、不爱生气的小朋友交往；让幼儿知道遇到一些事情时，人们有高兴、生气等情绪反应是正常现象，但是要用合理的方式表达出来，并初步学会调控消极情绪的简单办法（如唱歌、运动等）。

（4）使幼儿了解并敢于表达自己的感受、想法

遇到不清楚的问题敢于大胆提问，要给幼儿表达的机会，避免过分重视教师对幼儿的教、忽略幼儿主动发展的现象，教师要意识到幼儿在教师直接指导下的"接受学习"与幼儿在环境活动中的"发现学习"，对幼儿社会认知、社会情感和社会行为的发展同样重要。

⭐ 案例 2-1

让幼儿学习用语言表达自己的情绪和需求

情景一：晶晶正在积木区利用一块块的积木搭高楼，她看到自己的楼房又变高了，高兴地拍着小手笑了。正在这时阳阳正巧从她身边走过，手里的玩具碰倒了晶晶搭的高楼。只听"哇"的一声，晶晶哭了起来，阳阳还不知道发生了什么事情，站在那里望着她。待晶晶略微平静一点时，我走过去抚摸着她的头，问："高楼为什么倒了？"她抬起头边哭边望着阳阳。"阳阳不小心碰倒了高楼，你高兴吗？""不高兴"，晶晶终于肯说话了，阳阳说了声"对不起"，转身玩去了。我接着告诉晶晶："高楼碰倒了，只是大哭没有用，应该告诉碰倒高楼的小朋友。咱们现在再搭一个更高的楼房，好不好？"晶晶开心地笑了。

情景二：午饭后幼儿陆续走进卧室，准备脱衣服睡觉，忽然，"哇"的一声传了出来，我循声望去，原来是佳佳，我连忙走过去："你怎么了？为什么哭呀？"佳佳边哭边说："扣子解不开。"我一看她的扣子是暗扣的，就鼓励道："你使劲一拉就开了。"我把着她的手一拉，扣子开了。佳佳马上不哭了。我问道："扣子解不开，哭能帮忙吗？""不能。"佳佳小声说。"那应该怎么办呢？""可以找老师帮忙。""对，你还要学本领，以后就会自己脱衣服了。"佳佳点头睡觉去了。

类似这样的事情经常在小班幼儿身上发生，小班幼儿不善于表达自己的情绪，也不善于控制自己的行为。哭，常是许多幼儿表达不良情绪的唯一手段。对于他们，重要的一课是要学会表达自己的情绪和想法，从而逐渐学会调控自己的情绪。

分析：

幼儿每时每刻都伴随着情绪情感体验，他们随时随地会出现各种情绪情感问题，因此适时地引导幼儿辨别、认识各种情绪，利用一些适宜的时机，帮助幼儿学习情绪情感的知识和调解方法，如抑制愤怒、缓解恐惧、消除嫉妒等是情绪情感教育的重要途径。本案例中的教师，就充分抓住了幼儿哭泣这一强烈的情绪情感反应时机，适时地进行了引导，接纳和理解幼儿的这种行为表现，并且帮助他们掌握了调节这一不良情绪的方法。

（5）使幼儿逐步学会比较客观地自我评价

教师应引导幼儿看到自己的优点，同时也能接纳自己的不足，给自己客观的评价，比如"我吃饭比小朋友慢，但是我很会讲故事""我会唱很多歌，我晚上能自己睡觉，我是个好孩子"。幼儿越是能够给自己比较客观、公平的评价，他的自尊心、自信心发展水平越高。

（6）使幼儿学会独自选择活动内容、形式，形成最初步的对自己的行为负责的意识

教师要给幼儿自主安排活动、选择同伴的机会，以促进幼儿的独立性、自主性的发展。

（7）使幼儿初步形成自尊

自尊是在学前儿童的自我感发展、形成自我概念的基础上学习和发展自我评价的态度和能力，对人们在人生中获取喜悦和满足有着重要的影响。它影响个体的自我感觉，影响对他人相应的期待，影响对自己能完成什么样的任务的判断。自尊与人际关系呈显著正相关关系，自尊强的人更可能在同伴和朋友之间建立健康积极的关系，而自尊低的人很可能感到孤独，也缺乏交朋友的机会。

自尊包含三种宽泛的维度：

价值：人们评价和喜欢他们自己的程度和领会他人对其评价的程度，就是衡量其价值的尺度。

能力：个人对能完成任务所能达到的目标和信念。

控制力：个人相信自己影响事件结果的程度。

研究表明在上述三个维度，自尊水平不同的儿童其社会活动水平表现出较大的差异：

自尊较强的儿童，自我感觉良好，对自己的能力做出较高的评价，觉得自己有很强的控制力；期望做得更好，有能力战胜环境的挑战，期待自己将对交换的结果产生积极的影响；相信自己的判断力，即使受到别人的反对也能够表达并捍卫自己所相信的观点；遇到困难会用过去积极的经验帮助自己渡过难关；实事求是地评价自己的优缺点，并从他人成就中找出自身差距；面对失败，尽全力克服，并保持乐观心态，等等。

自尊较弱的儿童，感觉沮丧、焦虑、不适应；不能客观评价自己的能力，总是把焦点放在自己的缺点上；他们的观点是带有偏见的，而且主要只看到失败；几乎没有影响他人的欲望；他们认为发生的事情超出了自己所能控制的范围，且相信无论自己怎样努力都会白费；不愿表达自己的观点，缺乏独立性，并容易感到孤独和寂寞。

作为自我意识教育的重要内容，教师应重视与儿童积极的交流互动，比如认真听儿童说话，把儿童的兴趣作为对话的基础，用儿童可以接受的、敏锐的方式对儿童做出反应，鼓励儿童表达自己的想法。有礼貌地和儿童交谈，尽量不打断儿童，表扬儿童的方式既要亲切又要有指导作用，不要用审判性的语言和儿童讲话，也不能让儿童听见类似的语言（贴标签），不能拒绝、批评或忽略儿童的评价。计划或利用自发机会和每个儿童非正式谈话。

此外，教师还应创设良好的环境和机会，鼓励和帮助幼儿之间的同伴交往互动，如区域活动、生活环

节中幼儿的自主活动,引导幼儿彼此间的积极评价。教师应利用多种途径指导家长与幼儿的积极互动,给予幼儿积极评价。

2. 对周围人的认识教育

（1）使幼儿了解父母、亲人的工作和工作场所

感受生活中父母、亲人对自己的爱(有条件的应让幼儿到父母的工作场所看一看);懂得爱父母、亲人,并懂得用一般的表达方法表达自己对父母、亲人的感谢和爱,知道不打扰父母、亲人的工作或休息。

图 2-6　大班幼儿眼中的妈妈

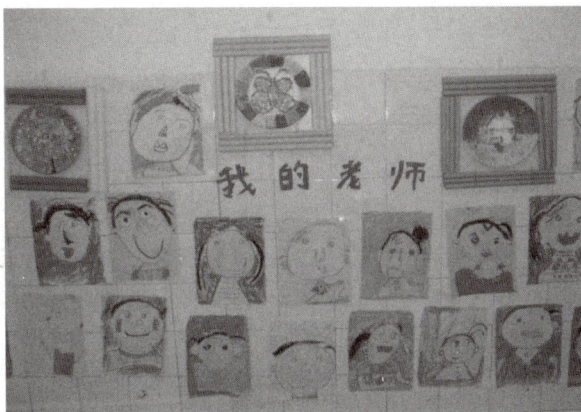

图 2-7　大班幼儿眼中的老师

（2）使幼儿关心、理解同伴、老师等除亲人以外的其他人

愿意与他们共同友好地进行各种活动;了解幼儿园其他工作人员的工作,知道他们的工作都是为幼儿服务的。了解其他公共场所工作的人们,如社区、街道、公园里的清洁工人,知道他们的劳动给大家带来的方便和愉悦,懂得尊重这些劳动的人和他们的劳动。

3. 对周围环境的认识教育

（1）使幼儿了解并能说出自己家所居住的社区

如名称、所在市区,知道附近的明显建筑标志;认识社区附近的公共设施和服务、给人们的帮助,如超市、医院、图书馆等,了解这些公共设施与人们生活的关系;认识公共场所和公共服务的常见标志,如交通标志、安全标志、设施标志、消防器具标志等,知道通用的紧急呼救电话(110、119、120 等)。

（2）使幼儿初步了解、热爱自己的家乡

知道家乡的名胜古迹、风景习俗、标志性的建筑物、历史传说、特产等,并能因此感到骄傲,产生爱家乡的情感。

图 2-8　角色游戏区"小区茶馆"

图 2-9　环境标志

（3）使幼儿热爱祖国

祖国是一个抽象的概念，就像"首都"这个概念，幼儿很难理解，但是引导幼儿对祖国的标志、文化传统、风俗习惯、英雄人物、历史传说、名胜古迹、民族区划等的认识，可以帮助幼儿理解祖国的含义，激发其爱祖国的情感。具体来说，引导幼儿认识国旗、国徽、国歌、首都，懂得它们就是祖国的标志，要尊敬这些标志；引导幼儿了解祖国的行政区划，知道祖国有辽阔的疆土（可以利用幼儿随父母旅游等机会进行讨论）；引导幼儿了解并且感受、喜爱祖国的文化传统和风俗习惯，为英雄人物、历史传说和祖国对世界的贡献感到骄傲；引导幼儿了解祖国是个多民族的国家，认识常见的少数民族的风俗习惯、文化传统和生活方式等。

⭐ 案例 2-2

我的家乡

"我的家乡"是每个幼儿园都会开展的一个主题活动，在这个主题活动中，认识家乡、了解家乡，培养幼儿对家乡的自豪感和喜爱之情是主题活动的主要目标。小叶老师设计了一个很有意思的集体活动——"看一看，猜一猜——家乡知识小达人"。全班小朋友分成两组，每次每组派出一个小朋友背对投影仪。制作一份 PPT，PPT 由 11 张有关家乡的图片组成。图片出示后，依次交替请举手的小朋友描述图片，直到帮助背对投影仪的小朋友猜出图片内容为止。猜出答案多的一方获胜。

活动时小朋友十分活跃，大家积极调动自己关于图片呈现的家乡风景、小吃、故事、建筑的知识，帮助自己的小组答对获胜。当然也有难住他们的时候，不过老师的一点提醒和引导，也能够顺利解决他们的问题。

分析：

可以看出这个活动不仅能够帮助幼儿了解自己的家乡，还能发展幼儿的语言表达能力。在活动过程中，幼儿充分参与、互相合作、遵守规则，集体荣誉感被调动。通过幼儿的描述和回答，教师还能观察幼儿对家乡的了解程度，有针对性地进行教育。

（二）社会情感教育

社会情感是在幼儿发展社会认知过程中产生的，即社会情感与社会认知在同一过程中发展，又与幼儿的认知发展水平紧密联系。由于引发情感体验的人或事物的不同，人们获得不同的感受，因此可以把社会情感分为积极情感（快乐、高兴、自豪等）和消极情感（悲伤、沮丧、愤怒等）。不同的社会情感，会引发不同的社会行为，在儿童逐渐适应社会环境的过程中对发展适应能力的影响很大。社会情感的教育，就是要引导幼儿在社会认知过程中，形成积极的情感体验，学会认识、调控自己的情绪情感。

1. 依恋

婴幼儿成长过程中对给予他照顾最多的、联系最紧密的人产生的积极的情感体验，含有依赖、信任，与其自身生活能力水平关系密切，一般在 1 岁时开始表现明显、2 岁左右达到高峰，以后随着幼儿活动能力的增强、同伴交往活动的开展，其情感体验逐渐丰富而逐渐转化，依恋对象大多是母亲。依恋是因为自己的需要能随时被照管者满足、与照管者形成比较稳定的关系而产生，能帮助婴幼儿产生安全感；这种安全感不断发展，有助于幼儿社会性发展形成主动、自信、合作、坚持等积极良好的情感和行为特征，影响其一生的社会生活活动。反之，如果照管者坚持变换，尤其是婴幼儿的合理需要经常得不到满足、照管者的情感态度不稳定等，使得婴幼儿无法对某一特定对象产生持续的依赖和信任，不能形成稳定的依恋关系，因此对周围环境缺乏安全感，早期容易出现紧张、退缩、冷漠等精神反应，行为上表现出咬指甲、睡眠不安、回避、秽语、攻击等消极的社会行为,持续发展,会影响其成人后的社会交往活动,以致产生类似抑郁症等方面的疾病。

2. 分离焦虑

分离焦虑相对依恋而言是一种消极情感,因为与照管者或长或短的分离,幼儿用哭闹、拒绝、回避甚至不吃不喝等表现出消极的行为方式,主要是因为对照管者的离开表达的悲伤、愤怒、害怕等焦虑情绪所致。这种分离焦虑在幼儿园小班刚刚入园阶段表现最典型,一般称为"接新期",有经验的教师用搂抱、温柔耐心的诱导,可以使这个时期缩短为1～2周,而没有经验的教师可能一个月都无法安抚这类幼儿的情绪,有的幼儿甚至要经过3～4个月才能适应,同时会有经常发烧、便秘等生理反应。经常被动接受更换照管者、成人对婴幼儿过于溺爱、照管者情绪不稳定、幼儿的合理需要经常不能及时得到满足等原因,可引起并持续强化幼儿的不安全感和焦虑,产生分离焦虑。这种焦虑情感持续发展,会影响个体一生的社会情感、能力和行为,导致个体社会交往能力水平偏低。有研究认为,8个月前断奶、2岁前经常被更换照管者的幼儿,长大成人后多有说脏话、咬指甲、暴躁、冷漠或攻击性强等不受欢迎的行为表现,社会情感的消极成分更多一些。

这两种社会情感在小班幼儿身上表现明显,对其一生的社会性发展的影响极大,教师应给予特别关注。教师应注意自己的态度、言行对幼儿心理的影响,采用一些如肢体语言、关注幼儿的依恋物、转移注意力等方式引导幼儿安全过渡由家庭到幼儿园环境改变的适应过程,使其向积极方向发展。

（三）社会行为教育

社会行为是指人们在交往等社会活动中对周围环境中的人或事情的态度、言语和行为反应,社会行为是在与周围环境(人或事情)交往过程中产生的,也是更广泛意义上的交往活动。它既是个体的行为,又同时指向他的交往对象;根据动机和结果的不同,社会行为可以分成亲社会行为和反社会行为,如顺从、合作、分享、助人、讲卫生等可以视为亲社会行为,而攻击(包括言语和身体动作)、破坏(如摔东西)等就是反社会行为。幼儿社会行为教育就是要帮助幼儿形成积极的亲社会行为,避免形成消极的反社会行为。具体内容包括:

1. 帮助幼儿掌握交往技能,发展交往能力

正常幼儿在1岁以内就表现出交往意识和行为(虽然很多时候是无意行为),但是他并不知道哪些行为是允许的,哪些是不被允许的,在不断受到鼓励或否定之后,幼儿逐渐掌握了交往的具体技能,发展起交往能力,包括如何提出自己的要求、表达自己的感受等。这就要求成人正确地引导幼儿以合理的方式提出合理的要求;在与人的交往活动中,自信得体地与人打招呼、与人交谈,懂得尊重别人和他人的意见,懂得分享、谦让、轮流、遵守秩序能使自己在交往中更受欢迎;能够与人合作,愿意帮助他人,对别人的难过表示关注和同情,有能力、有较好的方法解决自己或其他幼儿在交往活动中的矛盾。

2. 引导幼儿遵守规则

规则是人们在社会生活活动中为了最大限度保护最大多数人的利益而共同制定的限制性要求,它规定了在什么场合可以做什么、不可以做什么,它的意义在于使人们的活动有序有效,减少不必要的损失,尽管个人会感到被约束,但当人们在社会活动中自觉遵守规则时,整个社会和人们的社会生活会更加协调、融洽,令人感到愉快。幼儿天生不具有规则意识和遵守规则的行为,遵守规则的意识和行为是成人代表社会对幼儿实行的社会控制,是幼儿将来适应社会、参与社会生活必须接受的条件,幼儿是在接受或反抗这种社会控制的过程中逐渐适应社会生活的,这也是幼儿社会化的重要内容。对幼儿的规则教育有以下四个方面内容。

（1）家庭生活规则

一是卫生要求,如饭前洗手、早晚刷牙、勤洗澡剪指甲、勤换洗衣物、按季节变化增减衣服等。

二是饮食要求，如定时定量定点、家庭成员聚齐再开始进餐、不暴饮暴食、不挑食偏食、不吃不健康食品、常吃蔬菜水果等。

三是作息规律，按时睡觉起床、不无节制地看电视或打游戏、室内活动和户外活动相互交替、动静结合等。

四是待客与做客礼节，如迎来送往时热情打招呼、请让座位，安静地参与成人的交流，友好地与小朋友游戏，不乱翻动别人的东西等。

五是安全要求，独自在家安全第一，如不摸电器和电插座、不给陌生人开门、接电话要记住主要内容并及时告知父母，不爬窗户阳台、不动炉具、不玩火等。

（2）游戏规则

安全第一，如按照规则进行游戏、遵守游戏秩序和玩具器械的安全使用要求；玩沙玩水不攻击别人、游戏时讲究卫生、不揉眼睛鼻子；与他人游戏时懂得轮流、谦让，能够合作、协商解决问题。

（3）学习活动规则

学习时集中注意力，按时完成老师交代的任务，积极发言、能轮流发言，自己整理自己的学习用具，有不理解的问题能主动提问。

（4）社会公共场所规则

初步懂得遵守一定环境条件下的社会行为规范和准则、如何爱护自己周围的小环境，知道保持周围环境的清洁卫生，懂得如何节约使用各种物质资源。例如，懂得大自然是我们所有人的生存环境，很多自然资源不可再生，每个人都应该爱护环境，节约使用各种资源材料。

遵守公共场所活动规则，理解公共场所的文明礼貌，如不大声喧哗、嬉笑打闹、影响到别人，不乱涂画、随地乱扔废弃物，遵守工作人员的提醒，不脱鞋，不攀爬桌椅、窗台等。购物规则，包括买卖自愿、钱物交换、不乱跑到成人找不到的地方等。

乘坐公共交通工具，遵守按身高买票、下车出示车票等乘车制度，上下车礼貌有序，先上后下，不争抢座位，为老人让座，坐时安静端正、站时扶好把手原位站好，不把身体探出车窗外，不大声吵闹、来回跑动，不踩踏床具、座椅等。

行路时要遵守交通规则，按交通信号行动，过马路走人行横道、过街天桥或地下通道，不独自过马路，不在路上玩耍打闹等。

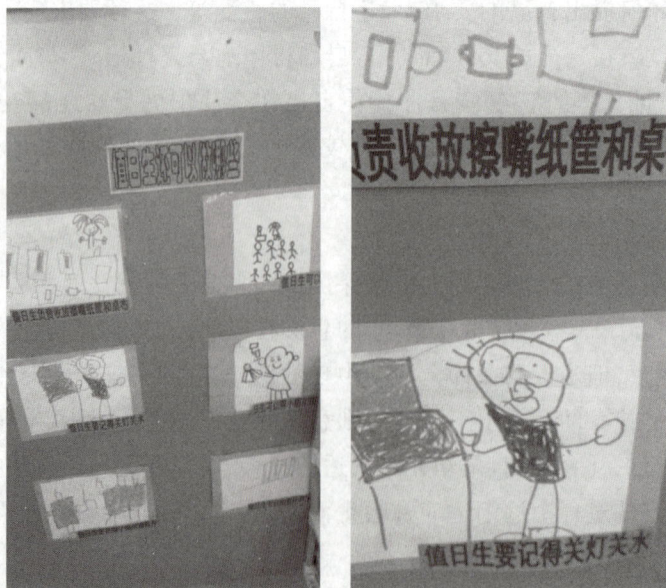

图 2-10　中班小朋友在教师指导下绘制的值日生工作规则

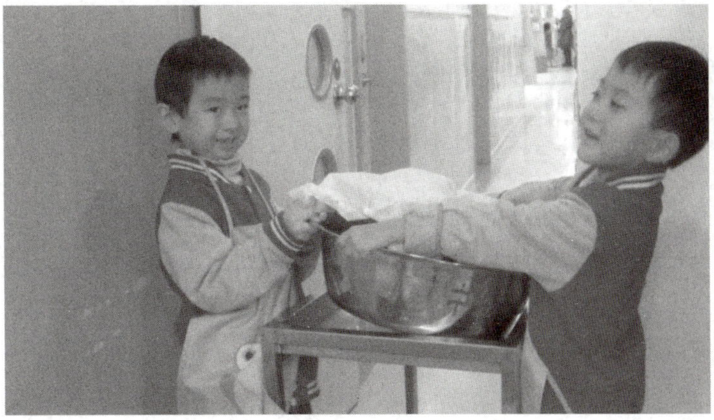

图 2-11　两名中班幼儿的餐前值日工作

（四）个性教育

幼儿在社会生活和交往活动中必然表现出他的个性特征,而幼儿社会性发展水平和个性发展特点又相互影响、相互限制或相互促进。教师在对幼儿进行社会教育的同时,要有意识地引导幼儿良好个性的发展,注意培养幼儿良好的个性品质,如勇敢、独立、坚持、友爱、自信等等。性格是个性的核心,教师应有意识地利用各种教育机会,培养幼儿活泼开朗、乐观向上的性格,这里并非认为内向是不良性格,内向的人在交往活动中也有他的优势,如顺从、敏感而善于理解等特点,可能使他更容易受到其他幼儿的欢迎,活泼开朗、乐观向上强调的是遇到困难不退缩、面对挫折不懈努力、积极向上的特点。

（五）我国传统文化的教育

中国传统文化博大精深、源远流长,是中华民族智慧的结晶。传统文化中蕴含的美德,如孝亲敬长、诚实守信、谦恭有礼等,都是需要我们继承和发扬的。在幼儿教育中保护中国传统文化,继承和发扬中国文化,是幼儿教育的一大重要课题。传统文化教育中,我们尊重孩子身心发展规律和学习特点,让中华民族传统文化渗透在孩子日常生活中,潜移默化地以幼儿喜闻乐见的方式呈现出来,对幼儿身体、认知和情感等方面的发展是非常有益的。

例如,我国的传统节日中也蕴藏着丰富的教育资源:春节代表团聚、迎新,清明代表纪念,中秋代表团圆,重阳代表敬老,腊八代表感恩。在幼儿园的课程中整合传统节日文化资源,使小朋友体验到春节不仅是穿新衣、品美食和放鞭炮,春节还意味着家人团聚,告别过去和迎接明天,因此春节要扫尘——除"陈"布新,饺子代表更岁饺子,吃汤圆代表团团圆圆。清明节则使幼儿体验生命、知道尊重和珍惜生命。端午节热闹的龙舟竞赛,一方面是为了纪念伟大诗人屈原,另一方面则展现了劳动人民精湛的龙舟技艺和生生不息的豪情壮志等。

二、理解社会教育内容应注意的问题

上述社会教育的内容是为了表述方便而进行的划分,幼儿社会化的过程是社会行为、社会情感、社会认知和个性同步发展的过程。社会教育的内容虽然有的属于情感方面,但是在认知过程中产生的,而认知也是在交往中进行的,几个方面不可偏废更不可分割,教师在进行社会教育活动时应充分考虑活动内容对幼儿的整体影响。

由于社会生活的丰富多彩,幼儿社会教育的内容也很多,幼儿社会性发展又是综合的、漫长的发展过程;教师应根据幼儿年龄的不同,身心发展水平的不同,使社会教育的内容逐步深化、丰富,并利用幼儿能够理解的方式传递给幼儿。

📋✏️ **思考与练习**

一、解释概念

1. 目标；2. 规则；3. 文化。

二、分析思考

请分析下面的童话故事或民间故事对幼儿有哪些社会化教育的影响作用。

（1）端空花盆的孩子——宋金的故事

（2）萝卜回来了

（3）狼来了

（4）小羊过桥

（5）小鲤鱼跳龙门

（6）寓言：乌鸦和狐狸

三、实践练习

1. 请将下列目标分解为幼儿园社会教育活动的具体目标。

（1）愿意与人交往；

（2）不怕困难，坚持做力所能及的事情；

（3）培养爱护环境的意识；

（4）培养爱家乡、爱祖国的情感；

（5）培养自信心；

（6）掌握分享、轮流、谦让、合作等交往技能；

（7）遵守日常生活中的行为规范；

（8）能根据年龄水平正确地进行自我认识；

（9）爱父母长辈。

2. 分析下面活动可以指向社会领域教育的什么目标，或蕴含着什么教育契机。

（1）教育活动"魔镜"的组织过程：教师准备一面与幼儿身高一致的大镜子，放在活动室的一个角落，前面用布帘遮住。教师告诉幼儿，"我在这个神奇小屋里找到了一面魔镜，现在请小朋友一个一个地走进去，你会看到一个非常可爱、跟别人都不一样的好孩子，出来告诉老师和小朋友，你看到的是一个什么样的好孩子"。幼儿分别进去，出来后讲给大家听，自己看到的是个什么形象的孩子。

（2）日常生活中：一名幼儿看到同桌幼儿悄悄拿出一块巧克力，就要求给他吃一口，同桌不同意，他就说"我昨天还给老师和小朋友带了一包糖呢，你也吃了，今天你也应该给我吃"，同桌一口把巧克力放进嘴里，表示"我都吃了，没有了"，这名幼儿生气了，"老师说，好东西要分着吃，你不分给我，我去告老师"。（提示：物品的归属权，协商，以合理的方式提出合理的要求。）

第三章 学前儿童社会教育活动指导的原则和方法

- 理解学前儿童社会教育的原则,掌握学前儿童社会教育的常用方法,了解学前儿童社会教育的途径。
- 贯彻落实学前儿童在社会教育的各个原则的要求,灵活选择学前儿童社会教育的原则、方法和途径,逐步形成比较科学的学前儿童社会教育观念。
- 培养学生分析问题和解决问题的能力,以便使他们在以后的学前儿童社会教育活动中指导自己的工作实践。
- 了解学前儿童社会教育的途径,掌握家园合作的方式以及家庭社会教育的指导方法。

我国现在的教育目的是让每一个儿童都接受教育,并让他们得到最大限度的发展。这就对学前儿童教育工作者提出了新的要求,即让教育去适应每一个儿童的发展水平,使所有的学前儿童在特定的社会和文化环境中得到充分自由的发展。鉴于上述目的和要求,学前儿童社会教育活动在实施过程中,所要遵循的原则和使用的方法应以多元智力理论为指导,采用适合现代学前儿童社会发展需要的新原则、新方法,以促进学前儿童社会性的全面发展。

第一节 学前儿童社会教育活动指导的原则

在《纲要》中我们不难发现:第一,"社会领域的教育具有潜移默化的特点。幼儿社会态度和社会情感的培养尤应渗透在多种活动和一日生活的各个环节之中,要创造一个能使幼儿感到接纳、关爱和支持的良好环境,避免单一呆板的言语说教"。这一点所反映的是他律,所采用的是熏陶的方法,儿童的主要任务就是适应环境,内化规则。第二,"幼儿与成人、同伴之间的共同生活、交往、探索、游戏等,是其社会学习的重要途径。应为幼儿提供人际交往和共同活动的机会和条件,并加以指导"。它所反映的是自律,所运用的是共同生活中的交往活动和实践活动的方法,学前儿童在满足自己的需要和目的的活动过程中形成各自社会性和个性。

综上所述,学前儿童社会性发展和教育上的两大特点即熏陶和生成。因此,学前儿童社会性教育应遵循以下五条原则。

一、目标原则

目标原则是指社会教育过程的组织实施,首先要体现教育的培养目标,并且围绕培养目标制定出每种活动适度、明确、具体的目标。

目标原则提出的主要根据是：首先，学前儿童社会教育的目标是由国家教育部颁布的幼儿园培养目标决定的；其次，学前儿童社会教育目标是教育的出发点和归宿。在学前儿童社会教育过程中，教师和儿童活动的指向、活动的内容、活动的方式方法、活动结果的评价，都受到社会教育目标的制约。所以，教师在指导设计社会教育活动时必须遵循这一目标。

《纲要》中的幼儿园社会教育目标是："能主动地参与各项活动，有自信心；乐意与人交往，学习互助、合作和分享，有同情心；理解并遵守日常生活中基本的社会行为规则；能努力做好力所能及的事，不怕困难，有初步的责任感；爱父母长辈、老师和同伴，爱集体，爱家乡，爱祖国。"这就要求学前儿童的教育要把儿童培养成具备这些品质的人。因此，学前儿童的社会教育活动组织要围绕这一目标，把这些目标分化到各个教育活动中去，以教育活动为载体来实现这些目标。那些偏离或违背这些目标组织的教育活动都是没有任何意义的。因此，教师在组织设计教育活动时应有强烈的目标意识，还要千方百计地把拟定的教育目标变成自己的学习目标。同时，教师在教育过程中选择教育内容、确定教育方法时，都要围绕目标去进行。

诚然，学前儿童社会教育总的目标固然重要，但我们在组织教育活动时，必须把高度概括的总目标分解成不同层次的子目标，也就是把整体目标具体化。只有把目标具体分化到每个教育活动中，才能真正成为实现的目标。在学前儿童社会教育活动中，只有总目标而没有具体目标的教育活动是失败的教育组织。例如，有些教育活动目标定为"爱集体、爱家乡、爱祖国"，培养儿童"人际交往能力"，等等。这些既大又空的目标可用在很多教育活动中，可又很难落到实处。其主要原因是它在一个活动中无法操作和实施，既不能真正地指导活动，又不能在活动中体现出来。例如，"分工与合作"提出的教育目标是："了解成人在工作中分工合作的一些事例，懂得合作的重要性；学习与别人分工合作，并乐于与同伴合作进行游戏。"此目标定得既具体又便于操作。又如，针对《纲要》中社会领域里要求引导幼儿"乐意与人交往，学习互助、合作和分享，有同情心"。教师在培养儿童人际交往的能力时，组织设计了"学做小主人"的教育活动，具体提出了"让幼儿知道在家里愉快地欢迎、热情有礼貌地接待客人，能正确使用交往中的礼貌语言；知道应该把好吃的东西、好玩的玩具和小朋友分享，获得愉快的情绪体验"的教学目标，这个目标定得明确、具体、易操作。因此，将大的教育目标具体分解到每个不同的教育活动上，是设计学前儿童社会教育活动应该遵循的原则。

二、活动性原则

活动性原则是指社会教育活动要为学前儿童创设活动的机会与条件，引导儿童在各种活动中与人交往，积极主动地发展社会性。

学前儿童社会性的形成离不开活动，活动是儿童心理发展的源泉。在儿童的社会性形成过程中，社会道德规则的传递不能自动作用于儿童，也不能只靠间接传递于他们，而必须使他们在活动和交往中，亲身去感受它、体验它，才能逐渐掌握它。对学前儿童来说，起初是接触父母、亲属、邻居，以后接触教师、同伴，逐步涉入社会，参与各种活动，自觉或不自觉地在这些活动和交往中吸取了道德认识，初步形成了辨别是非的道德观念，培养了他们爱、憎等道德情感，养成一些道德习惯。假若儿童离开了社会活动，心理很难得到发展，社会性也不能形成。因此，贯彻活动性原则应注意以下三点。

1. 要为儿童创设活动的空间

在儿童现有的社会环境中，要尽可能地挖掘现有条件的潜力，进一步改革现在仍然存在的过于注重形式、不顾儿童的真实生活，只强调观赏性和装饰性的观念和做法，要留给儿童尽可能大的活动空间，并注重空间布置的教育性和儿童的参与性，让儿童动起来、活起来。

2. 要给儿童提供自主活动的机会和时间

在社会教育活动中，儿童始终是活动的主体，教师不能把儿童当作被自己任意摆布的附属品。因为儿童良好的社会性品质的形成不是只靠灌输和强逼，他们是在主动体验、观察、操作和实施中自主、自觉地获得社会认知。所以,我们要为儿童创造良好的条件,使他们能够在更多的时间和机会中大胆、放松地活动。对儿童不能管得太死,但也不能放任自流,要力争做到"活而有序"。

3. 激发儿童活动动机,提高儿童活动水平

学前儿童时期是人生中主动探索、预备学习的时期,教师要抓住这一大好时机,激发儿童活动的愿望、主动性和积极性。同时,要注意儿童在社会性活动中与同伴交往和合作的情况和活动水平等,在他们需要帮助的时候,给予恰当的指导,使儿童体验到活动成功的喜悦与快乐。以此为基础,再给他们提出一些更高的社会活动要求,激发他们更高、更多的社会活动需要,不断提高他们的活动水平,使儿童良好的社会品质在活动中得到充分发展。

三、实践性原则

所谓实践性原则是指在学前儿童社会性教育中,教师既要对儿童进行社会认识观念和社会规则的教育,提高社会认识,又要指导儿童的实践,把提高儿童的社会认识和培养儿童的良好社会行为结合起来,使儿童的社会性得到发展。

一个人只要处在某个社会制度和社会关系的社会群体中,他就必须适应、内化和遵守社会规则。而这些任务的实现,则要求儿童必须在实际的生活和活动中实践、锻炼,这样才能把这些规则变为行动,尤其能在以后相应的情景中自觉产生出相应的社会行为。这是儿童社会教育的最终目标。因此,教师对实践在儿童社会性培养中的作用应高度重视。贯彻实践性原则应注意以下四点。

1. 帮助并教给儿童具体的行为方式

首先,教师要向儿童讲清道理,明确社会规则的要求与自己的行为紧密相关。同时,教师让学生明白规则是对每一个儿童的要求,它不仅约束其他儿童的行为,也同样约束自己的行为,并且帮助儿童把社会行为规则与自己的行为建立起联系。只有这样,儿童才能逐渐知道什么是好的和坏的、什么是必须的、什么是允许的、什么是被禁止的。

其次,由于儿童年龄小、社会行为经验缺乏,有时虽然有良好愿望想去做一些对他人或社会有益的实践活动,但因没有掌握正确的行为方式,往往做了但不能产生良好的效果。所以,教师应教给儿童具体的行为方式,即教儿童"如何做"。这样,儿童不但认识到自己应该帮助别人,而且学会和掌握了一些帮助别人的行为方式和方法,为他们以后在实际生活中的社会行为实践打下良好的基础。

2. 组织儿童参加多种实践活动

儿童对社会知识经验和规则的学习是在实际的生活、活动过程中进行的,社会规则转化为实际的行动也是在实践活动中才能实现的。所以,教师要根据社会教育的目标,针对儿童的思想和行为实际,有目的、有计划地给儿童提供实践锻炼的机会。让他们身体力行、反复练习,克服行动中遇到的困难和障碍,养成良好的社会道德行为和习惯,把社会规则内化成为他们的品质。比如,为儿童提供丰富多彩的、有益于他们身心发展的交往、合作、关心和谦让等活动的机会,使儿童在实践锻炼的过程中提高其发展水平。同时,教师要在实践活动中给予指导,这样可使儿童实践的效果更好。

3. 教育儿童自己的问题自己解决

在儿童行为实践过程中,会遇到各种各样的问题,教师切忌自己包办处理,而应有意识地把这些问题留给儿童自己,让他们在碰撞、冲突、协商、交换、合作等实践活动中,在教师指导下自己解决问题。因此,《纲要》指出:教师要"在共同的生活和活动中,以多种方式引导幼儿认识、体验并理解基本的社会行为规则,学习自律和尊重他人"。例如,教师在帮助解决小朋友间为争夺玩具而出现的矛盾时,应把矛盾的各个方面摆在孩子们面前,让他们运用自己所学的社会知识和掌握的行为规则及具备的能力,来分析、讨论、协商解决这个问题,教师不要利用自己的权威和指令来解决这个问题。

4. 教师要以身作则

学前儿童最相信教师的话,也最善于模仿教师的行为,因此,要求儿童做到的,教师要首先做到。教

师以身作则，一方面使儿童从教师的行为中具体形象地感受到教师所讲的社会规则是可信的、有益的，从而去积极行动；另一方面使儿童学有榜样。教师以自身的智慧、人格、求知精神、品质等来感染儿童，这就增强了社会规则的吸引力，保证了社会性教育的有效性。

案例 3-1

托班"教养手记：四分苹果"①

今天是5月9日，"五一"长假后上班的第二天。吃水果前，我提出要求："每个小朋友吃两块苹果。如果还能剩下，再请你们吃。"孩子们自己拿了苹果吃起来。吃一块，伸出一根手指。大多数孩子吃完两块后，就让我看他伸出的手指，两根手指就像"兔耳朵"一样可爱极了。

这时佳阳小声说："我还想吃。"我问："你吃几块了？""两块。""那你等别的小朋友都吃完两块后再吃吧。""不行。""那我给你问问别人同不同意。""行。"我举起佳阳的"兔耳朵"（伸出的两根手指）问："有人吃完了两块还要吃，行吗？""不行。"孩子们立刻反对："每个人都先吃两块，剩下还有才能再吃。"佳阳不好意思地缩回手指说："我等着。"（通过这个环节，我想培养孩子学会克制自己，懂得好东西要大家一起分享。）大家都吃完两块了，盆里还剩下些苹果。配班老师又把每块切开，我说："这些苹果不够每个人再吃一块了，怎么办呀？"孩子们认真地想着办法。我说："我想请昨天住在这儿的小朋友吃，行吗？""行。"日托的佳阳由于住宿了，也获得了第三块苹果。孩子们高兴地拿起苹果吃。有个孩子说："那今天我也住。"我摸着他的脸，说："行，今天晚上你高高兴兴住幼儿园，明天我也请你吃。""嗯。"（教育目的：1.补充寄宿儿童水果摄入量。2.鼓励日托幼儿高兴地寄宿，体会成人的关爱。3.让幼儿知道昨天、今天、明天的时间概念。4.给幼儿自主空间，让他们能大胆说出自己的想法。）

还有几块苹果，孩子们都关心它们的去向。我用征求意见的眼光看着全体孩子问："请王迪和乐乐吃行吗？""不行。""因为刚才她们哭了。"有人大声陈述理由。我说："刚才她们就哭了一会儿，老师抱一下就好了。今天吃完苹果，明天她们再来幼儿园时就不哭了，对吗？"乐乐和王迪使劲点头。很多孩子痛快地说："那好吧！"（老师引导孩子"入圈套"，但要有道理。第二天，这两名幼儿真的没哭，高兴地自己走进来了。）

我端着盆给孩子们看："还有几块苹果呀？""四块。"孩子们边说边伸出四根手指。我皱眉，为难地问："那给谁吃好？""嗯——"孩子们一时说不出合适的人选。我想他们在衡量自己和别人谁更有理由吃。我一拍手，说："有了。请今天给你们带好东西的人吃，好吗？""行。""谁带啦？"孩子们争着推荐小朋友："王岩带书了。""闹闹带饼干了。""行。你们说得有道理，他们想着小朋友就请他们吃吧！"王岩和闹闹吃苹果的时候，有的小朋友说："明天我给小朋友带一只小鸡。"

我又问孩子们："哎，今天谁没来呀？""梁远。""那还有两块苹果怎么办呢？""嗯——"孩子们思考的时候，我慢慢地说起儿歌："排排坐，吃苹果，你一个我一个……""梁远不在给他留一个。"孩子们自然地接着说完（平时谁不在就提示幼儿给他留一份，培养孩子是长期坚持的事）。我高兴地伸出大拇指说："哎哟！你们可真是又聪明又懂事，心里总想着小朋友。行，这两块苹果就给梁远留起来吧！一会儿，他看见了一定很高兴。""行。"孩子们都认可了。

苹果吃完了，孩子们愉快地玩起来。

点评：在上面的案例中，教师让儿童亲自参与分苹果的实践活动，有助于提高儿童的认识，也有助于他们形成良好的与同伴交往的技能及良好的关心他人的意识。

---

① 刘玉秀. 教养手记：四分苹果[J]. 学前教育，2001(9).

四、强化原则

强化原则是指教师在学前儿童社会教育中，通过言语、动作或表情等方式，对儿童的行为给予肯定或否定的评价，使之增强、巩固或削弱、消除，以便形成良好的行为习惯。

强化对于学前儿童的社会性教育相当重要。这是因为，儿童的认识水平和整个心理的发展都还处在比较低下的发展阶段，家长和教师对他们言行的态度直接影响他们的言行。他们常常通过他人的评价来调整自己的行为。他们的一些行为如果得到成人或同伴的肯定、赞许，以后便还会做出相应的行为，这些行为会因积极、愉快的情感体验而得到巩固；若他们的行为受到他人的批评、否定，甚至惩罚等，这些行为就会减少，甚至受到抑制。因此，我们要恰当地运用强化。贯彻强化原则必须注意以下三点。

1. 教师要采取明确、适宜的强化方式

对学前儿童表现的良好行为，教师要对儿童明确地表示自己的肯定、赞同或称赞；对儿童表现的不良行为，教师要明确表示自己的否定、不满意，甚至批评，但要讲究批评的艺术，使儿童易于接受。在强化的时候，教师的态度必须鲜明、及时，对错、是非、肯定或否定一定要明确，不能含糊，以便儿童获取称赞或否定的信息，以达到所期望的调控其行为的目的。但是，强化的方式应是多种多样的：亲切的目光或温柔的抚摸，甚至比在全班的表扬更能使儿童感受到愉快而得到强化；而哀伤的目光或摇头，比大声斥责更能使儿童感到惭愧和内疚。

2. 强化应激发儿童的内在动机

强化不是为了让儿童做出某种特定行为，而重在激发儿童内在的动机。因此，教师不宜经常采用物质奖励等外部强化手段（如奖励红五星、小红花，让孩子有玩某种新玩具的特殊权利等），因为这很容易造成儿童为了得到某种物质奖励而去做某种特定行为，而不是为了某种行为所带来的愉快和情感体验，不利于强化内在动机。教师要更多地运用自己的言语、动作、表情等来对儿童行为进行肯定、称赞、鼓励，或者否定、遗憾、批评等，从而强化儿童的行为。在实施过程中，教师要多采用身体动作、语言的强化方式，如点头、微笑、抚摸，或摇头、难过的面孔、叹息，等等，其效果常常比直接的言语评价或物质的强化更持久、更深刻、更能打动儿童的内心。

3. 强化的及时性

要注意强化的及时性，即善于抓住强化的时机。当儿童做出某种良好的社会行为之后，教师应及时地给予表扬和肯定等；当儿童表现出某种不良的社会行为时，教师应马上表达出自己的不允许或不愉快，如表情严肃、目光威严等。研究结果表明，假若儿童的行为与教师反应间的过程太长，强化的效果就会降低，甚至对儿童没有太大影响。同时还发现，强化并非越多越好，关键是抓住恰当的时机，给予恰当的强化，强化才能收到最有效的效果；与此相反，假若时机抓得不恰当，又使用了不恰当的方式，那么强化再多，儿童也很难从教师的态度中巩固、增强正确的行为方式，甚至会使一些消极行为方式变得更加顽固。例如，在"丰收乐园"的活动案例中，多多小朋友为班里带来了一束金黄色的水稻穗，教师立即表扬了多多这种关心集体的做法，教师的及时肯定强化了他的行为，这为孩子们以后形成良好的集体意识起到了非常重要的促进作用。

五、一致性原则

所谓一致性原则是指在学前儿童的社会教育过程中，教育者应有目的、有计划地对来自各方面的教育影响加以组织和调节，使其互相配合、协调一致，使儿童的社会性品质按国家培养目标健康发展。

在儿童的社会性品质形成过程中，他们受到来自社会、家庭教育环境、学前教育机构等多方面的影响。要想促进儿童社会性的良好发展，学前教育机构的教师、其他工作者，还有父母、亲友、同伴等多种影响者，必须统一地发挥作用，形成教育合力，给儿童一致的影响，达到一致的目标。贯彻这一原则要注意下列三点。

1. 教师要保持教育态度的高度一致性

第一，教师的教育态度前后要一致。如果教师的要求前后不能保持一致，此一时彼一时，会使儿童无所适从。同时，儿童的正确行为得不到强化，消极行为得不到抑制，儿童可能会觉得教师的要求可以遵循，也可以不遵循，这样，他们就很难形成良好的社会性行为。

第二，教师的言行要一致。假若教师说的和做的不一致，会产生不良的教育效果。比如，当教师表扬某一儿童时脸上没有带出一点喜爱的感情色彩，当教师批评某一儿童的时候自己却忍不住笑了，等等，这些都会使教育的效果降低，甚至抵消。再如，教师要求儿童互相帮助、互相合作、相互谦让等，但当儿童表现出这些行为时却视而不见，不给予任何表扬、肯定、赞扬等的评价，这也是教师言行不一的表现。因此，教师在教育孩子时要言教，又要身教，更要言行一致，才能促进儿童的良好社会性品质的形成。

2. 统一幼儿园、托教机构内部多方面的教育力量

学前教育机构的领导、教师及其他一切服务人员，组成一个坚强的集体，按照统一的目标，分工合作、互相配合，开展社会教育活动，步调一致地确保社会性教育工作顺利进行。这是因为，在学前教育机构工作的所有人员，他们形成一个小环境潜移默化地影响着儿童。假若有些成人重视儿童社会性的培养，而另一些则不重视或不积极配合，甚至有些在与儿童交往、教育中给儿童消极的、相反的影响，这就严重影响着儿童的良好社会性品质的形成。须强调的是，学前教育机构在制定整体发展规划，确定目标、工作重心时，应与各班教师对儿童的教育培养上下一致、积极配合，这将有利于儿童社会性的良好发展。

3. 统一社会各方面的教育影响

家庭、学前教育机构和社会在对儿童进行社会性教育时，要步调一致、互相协调。如果来自各方面对孩子的要求各有差异，甚至矛盾，如教育方法上的不一致、不协调与不连贯，那么教育作用就会相互抵消，造成儿童思想上的混乱和行为上的矛盾，致使孩子是非不清、无所适从、不知所措，不能形成良好的品德与行为习惯，更严重时会形成双重人格。例如，在不少幼儿园，尽管教师对幼儿的分享、合作、谦让、自制等方面有大量的教育与指导，但是一些家长却教孩子在幼儿园想玩什么就拿什么，可以独占玩具，在家放任孩子，想干什么就干什么；在幼儿园，教师对孩子进行友爱、善良的教育，而有的家长却让孩子不能示弱、吃亏，"他打你，你就打他"。类似这些家园不一致的现象，在相当大程度上削弱乃至抵消了教师在幼儿社会性发展上所做出的努力，使教师的教育培养起不到积极、应有的作用。因此，家庭与学前教育机构的联系要制度化、经常化，要求家长、学前教育机构、社会对孩子有一致的教育要求，通过配合起到统一、互补、互促、互进的作用。家庭教育是起始，学前教育机构是中间，社会教育是统一整合。通过定期召开家长会、家教讲座、组织社会活动、家园同乐、开放日、定期走访等形式，密切学前教育机构与社会、家庭的联系，共同探讨促进孩子社会性发展的教育方法，逐步形成学前教育机构、家庭和社会三结合的教育网络，共同培养儿童的优良社会品格。

上述几条儿童社会性教育原则既是相对的，又是紧密联系、相互影响、相互渗透的。教育者必须从理论上掌握各项教育原则的精神实质，在教育实际工作中，要灵活掌握、互相配合、综合运用才能提高社会性教育的效果。

⭐ 案例 3-2

《成长日记》[①]

赵心荷小朋友，生来腼腆、内向，她的母亲在她《成长日记》中是这样写的：小女儿入园已一学期了，因为女儿见熟人不爱打招呼，每天上路，我总是又叮嘱又鼓励："宝宝最有礼貌啦！知道见到老师

---

①李道佳，郭晓琴.幼儿素质教育[M].大连:辽宁师范大学出版社,1997.

怎么办吗?"女儿点点头。可每每到了幼儿园,她还是一声不吭,弄得我在人前颇感无光。这学期,老师要求孩子入园时要大声向父母说再见,向老师小朋友打招呼,这样一来,每天路上更要如此这般地说教了。我把这种情况反映给老师,希望得到老师的帮助。

今天我送女儿到幼儿园门口,刚好她班的李老师正和另一位老师走进门。李老师亲切地说:"心荷早!"女儿竟然声音很大:"李老师早!"我心头不禁一喜。李老师马上说:"心荷真有礼貌,这是刘老师(指那位老师)。"女儿毫不犹豫地说:"刘老师早!"那一刻,她昂着小脸,眼里含笑,神情专注,仿佛一个胜利者! 我心头一阵轻松欢悦,而李老师更加高兴,一下子抱住孩子,重重地在她面颊上亲了一下,说:"好宝宝!"

晚上接女儿时,女儿很大方地和老师、小朋友说再见。回到家我夸奖她:"今天宝宝真棒! 又有礼貌又大方!"没等我说完小家伙使劲地噘嘴说:"我今天可有礼貌了,向李老师问好,还向刘老师问好,李老师都亲我了! 以后我还向老师问好。"

"李老师亲我了!"这是孩子引以为荣的大事,是孩子得到的最高奖赏! 这是那么的简单,又是那么的丰富——我真心感谢女儿的老师!

点评: 从这篇日记中可以看到,老师、家长在孩子社会性进步的过程中,应该互通信息、相互交流、共同配合,抓住一切有利时机对孩子进行社会性教育,对孩子的一生有很大意义。

📖 **资料 3-1**

如何把握《指南》实施的整体性原则
——以小班进餐环节的教育契机挖掘为例①

"关注幼儿学习与发展的整体性"是《3~6岁儿童学习与发展指南》(以下简称《指南》)提出的首要实施原则。除综合性较强的主题活动、方案活动、单元活动之外,我们应将"整体性"原则融入幼儿一日生活环节中,把握幼儿一日生活各环节的教育契机也是行之有效的手段。

例如,进餐环节是幼儿园一日生活的重要环节之一,但由于重复性、频繁性、单调性等特点,许多教师往往容易忽略该环节的教育价值,而仅仅将其作为常规培养的一个手段,尤其在小班阶段。

健康领域的教育价值

进餐环节的健康领域教育价值历来受到较高重视,是较为直接的教育契机。《指南》中对小班幼儿进餐环节提出的健康领域目标主要体现在"良好的生活与卫生习惯"方面,具体提到"在引导下,不偏食、挑食。喜欢吃瓜果、蔬菜等新鲜食品"的目标。实际观察中,笔者发现,多数小班教师采用说教方式,例如针对某个挑食孩子进行口头教育,但对于处在直觉行动思维阶段的小班孩子来说,这样的说教方式往往发挥不了较好的效果。

事实上,对小班幼儿进行均衡健康饮食的教育形式可以更加生动形象化。例如,利用幼儿喜爱的卡通形象以及绘有食物的卡通图片制成布书。每天用餐前,请孩子根据当餐菜谱找出相应的食物图片,"喂"给卡通形象吃,给予幼儿积极的心理暗示,鼓励不偏食、不挑食,样样都爱吃。

另外,多数教师在进餐前也都会向幼儿介绍当天的食谱,但大部分仅仅是报一遍菜名,显得干巴巴的,不太有趣味性,幼儿大多听过就忘了。其实,介绍食谱的方法得当会明显影响孩子的食

---

①蔡美辉. 如何把握《指南》实施的整体性原则[J].学前教育,2014(9).

欲。比如，充分利用多媒体技术制作生动有趣的食物制作的视频，在进餐前的过渡环节播放，会激发幼儿的食欲。有条件的话，适当地开展让幼儿参与简单食物的制作过程或者让厨房的炊事员到班里介绍当日食谱，都是较为有效的餐前食谱介绍方式。

通过这些方式，孩子们无形中对健康饮食方式、进餐习惯等就有了较深的印象和丰富的经验。

语言领域的教育价值

进餐环节中的语言领域的教育价值往往在国内多数幼儿园都被忽略或不被认可。一方面，中国自古就有"食不言，寝不语"的古训；另一方面，大多数幼儿教师也认为进餐过程中说话不仅影响幼儿消化，更容易引起呛食等危险情况。因此，大多数幼儿园都要求幼儿在进餐环节保持安静。

事实上，小班幼儿对新事物较感兴趣，好奇心强，喜欢叽叽喳喳。即使教师反复强调进餐时不能说话，但幼儿悄悄交谈的现象还是比较普遍的。因此，不妨在进餐前，利用过渡环节，让幼儿通过讲述、念儿歌、相互交流等多种形式开展活动，使语言表达的机会更加充分。比如，在餐前分享有关进餐、营养、习惯培养等方面的故事和儿歌，像"大公鸡和漏嘴巴""大力水手"等。

笔者在日本学习期间，曾多次观察日本幼儿园的进餐环节，许多日本幼儿园餐前都开展"小播报员"活动。每天一名幼儿到教室前面向大家介绍自己喜欢的一种食物，并简单地说出理由。例如，有的小朋友自豪地说："我最爱吃妈妈做的饭团，因为里面有我爱吃的肉松！"其他小朋友都热烈鼓掌。这样的简单活动既培养了幼儿的表达能力，又增强其自信心。另外，日本的不少幼儿园在午餐环节采用自带便当的形式，进餐过程中教师往往鼓励幼儿互相交流各自的特色食物。同时，日本的幼儿教师都和幼儿一同进餐，并随时回答幼儿有关的提问，气氛像家庭一般轻松愉悦。这些进餐环节的做法有效地促进了幼儿语言能力的发展以及同伴交往能力，同时也创造了平等、愉悦的就餐环境，是对我们传统的就餐环节的一种启发。

社会领域的教育价值

每年的九月、十月是小班幼儿分离焦虑的严重阶段，尤其是在入园、午餐、午睡等生活环节中表现更为明显。小班进餐环节，经常会看到一些幼儿边吃饭边掉眼泪说要回家，还有的幼儿哭闹着说不喜欢幼儿园的饭菜、要吃妈妈做的饭等。这些场景恰恰为幼儿的社会学习与发展提供了契机。

例如，对于进餐时情绪不好的幼儿，教师可以先让其说一说妈妈是怎样照顾自己吃饭的，然后坐在其身边，安抚情绪，适当喂饭，同时适时引导幼儿说一说老师又是怎样照顾自己吃饭的，让幼儿体会到老师像妈妈一样喜欢自己，让幼儿对教师产生信任感和依恋感。为尽快让小班幼儿熟悉班里的小伙伴，进餐环节最好不要固定就餐位置。

再如，餐前餐后的排队洗手、取餐、依次入座等过渡环节，则对培养小班幼儿的规则意识和独立进餐能力有着很好的教育价值；适当让小班幼儿做一些简单的餐后擦桌子等小任务，能够让幼儿进入中大班后较快适应值日生制度；餐后的安静区域活动则是培养幼儿乐于与同伴分享、交流、游戏的良好时机。

此外，有条件的幼儿园还可以尝试每月组织一次幼儿自助餐，改变平时的进餐模式，让进餐环节变得更加富有趣味。幼儿在自助餐的过程中，体会到与同伴一同进餐的愉悦，同时通过有序排队取餐以及按需取餐的要求，初步体会到秩序的概念以及产生爱惜粮食尊重农民劳动的意识。教师还可以在端午节、中秋节等传统节日向幼儿介绍传统食物，使幼儿初步认识民族文化，树立一定的民族自豪感。

科学领域的教育价值

进餐环节蕴含着科学教育的丰富契机，可以让小班幼儿在进餐时通过观察食物的颜色和形状、触摸食物的大小形状和组织结构、品尝食物的味道、闻食物的香味，甚至轻拍水果听声音等方式多次体验，不断感知食物的各种特点，让小班幼儿的感觉器官得到充分的应用和锻炼。在这样的活动中，幼儿的感官能力得到提高，为早期的生长与发展打下坚实的基础。

在吃午点的过程中，教师可以让幼儿充分感知水果的不同形状、大小、数量等特征，让幼儿学习形状、数量和体积等数学概念。比如，吃葡萄时，请幼儿数数自己有几个，并感知葡萄是椭圆的；吃橘子时，让幼儿感知橘子是圆的、橙色的、有着特有的甜香味等。这些简单而又基本的常识正是小班幼儿需要积累的关键经验。进餐活动中所蕴含的这些科学内容既可以提高小班幼儿进餐的积极性，又能扩展其科学知识，还可以激发其探究科学的兴趣。

艺术领域的教育价值

小班幼儿的进餐环节看似与艺术领域关联性不大，但只要教师善于发现，同样可以挖掘出艺术教育的价值。

例如，柔和的餐前音乐为幼儿创造了温馨的用餐气氛，同时让幼儿逐渐平静进入用餐准备状态，给予幼儿一定的暗示作用——音乐能让人心情愉悦，也让幼儿明白如果大声地讲话，好听的音乐就听不清楚了。

此外，在进餐过程中引导幼儿欣赏美味可口的菜肴、水果、五谷等的独特线条、颜色、形状之美，逐渐锻炼幼儿发现美的能力，提升幼儿的审美情趣，还能激发幼儿的艺术想象空间。

同时，通过观察，笔者发现小班幼儿对于形状卡通可爱、颜色鲜艳的餐具具有很浓的兴趣。有条件的幼儿园可以准备形状、色彩丰富又安全的餐具，激发幼儿的食欲，同时初步渗透幼儿审美意识的培养。这一点也可以从日本幼儿园造型生动活泼、色彩搭配丰富多彩的便当中得到一定启发。

除了进餐环节，教师在组织幼儿一日生活的各环节时，都不应局限在固定的思维模式中，例如户外活动就是健康教育、早期阅读就是语言教育，而应该把每一个环节都当作有效融合多领域教育价值的整体。这也是把握《指南》整体性原则的关键所在。

第二节　学前儿童社会教育活动指导的方法

学前儿童社会教育活动由教育者和受教育者、教育目标、教育内容、教育环境及教育方法等因素构成。教育方法是为了完成教育任务而对儿童施加教育影响所采取的措施和手段。教育目标的实现、教育内容的实施，都离不开教育方法参与其中，所以，教育方法是教育活动的重要组成部分之一，在教育活动中起着非常重要的作用。在学前儿童社会教育中，只有选择恰当的教育方法，才能使学前儿童的社会教育顺利开展，才能实现学前儿童社会教育活动的目标，才能取得良好的教育效果。因此，研究选择教育方法与研究教育内容同样重要，在一定意义上讲，学前儿童社会教育的效果、效率的高低与教育方法直接相关。尤其是学前儿童社会教育和认知教育相比有其自身的特殊性，这就显得教育方法的使用更为重要。

学前儿童的社会教育内容涉及广泛，既有认知的，又有情感的；既有实践的，还有行为习惯的。要想实现这些教育目标，就必须灵活地、创造性地运用教育方法，并将这些方法有机地结合起来。由于社会教育过程是受多种因素影响发展的过程，因而社会教育的方法也是多种多样的。下面介绍几种主要的教育方法。

一、学前儿童社会教育的一般方法

所谓一般方法是指适用于学前儿童教育的一切领域,即各领域都可采用的教育方法。学前儿童社会教育常用的主要教育方法有以下七种。

(一) 讲解法

讲解法是指教师以口头语言对社会教育内容进行系统和生动的解释,以使儿童较系统地理解社会教育的内容和意义,掌握正确的行为准则和方法,便于指导其行为。这是社会教育中最经常使用的一种方法。

讲解法的优点是:可以使儿童在较短的时间内获得较多的知识;便于教师控制教育过程,有利于教师发挥主导作用;主题明确,易于儿童直接接受;反馈及时,教师可根据儿童的回答得到反馈,便于调整讲解的内容和方法;有利于教师有目的地向儿童进行社会教育。

讲解法的局限性是:儿童以听教师讲为主,没有充分的机会对所学内容及时做出反馈,儿童的学习积极、主动性不易充分发挥;讲解单调,儿童的注意不易保持;讲解的内容、方法统一,很难照顾到个别差异。

由于讲解法具有以上优点,简便易学,其他许多方法需要和它配合使用,所以它现在是我国学前儿童社会教育中用得最普遍的一种教育方法。

运用讲解法应该注意以下三点。

第一,讲解的实用性。教师只有对那些儿童不知道、无法实践或体验的、难以理解的内容才适合专门的讲解,而对一些简单的或儿童已熟知的教育内容,教师就无须再去讲解。

第二,讲解的直观形象性。因为儿童的语言水平发展比较低,对一些观念性的、概括性的内容很难理解,所以教师在学前儿童的社会教育中,应当具体、直观、形象、简单明了地对他们进行讲解,使抽象的内容具体化,以利于儿童理解和接受。

第三,讲解的方式多样化。由于儿童听讲的注意力不可能集中比较长的时间,难以倾听单调的讲解。因此,教师的讲解要清晰,让儿童听得清楚;简练,不啰唆,避免不必要的口头语;准确,明白易懂;生动有趣、有感染力;速度适中、音量合适、声音注意抑扬顿挫;富有启发性和说服力,并且在角色上也富于变化。例如,采用游戏的口吻讲解穿衣方法,教师扮演猫妈妈,要带小猫出去玩。猫妈妈说:"小猫们,我们开火车到很远的地方去,现在就出发。"边说边教儿童穿衣服。火车呜呜响(衣服套头),咔嚓咔嚓上山冈;钻山洞,过大桥(穿进袖筒),运客、运货忙又忙(拉拉锁或系扣子)——儿童便会认真按要求去做。

(二) 谈话法

谈话法是指在学前儿童社会教育中,师生通过对话的方式对儿童进行教育的一种方法。教师可以向儿童提出问题,也可以解答儿童的问题,不受时间、地点和人物的限制。在课内、课外、个人或集体都可采用。同时,谈话可充分调动儿童学习的积极、主动性,能够引起学生的认识兴趣;有助于发展儿童的思维能力和口头语言表达能力;教师可以及时获得儿童学习的信息反馈,有利于教师根据儿童对社会教育内容的理解程度和疑难之处进行有针对性的引导。谈话法也有局限性,主要是花费的时间比较多,不易使全体儿童都参加到谈话中来。此外,儿童需要一定知识准备才能采用这种方法。

运用谈话法应该注意以下六点。

第一,教师要在学前儿童社会教育的重点核心内容处采用谈话法。谈话法既然比较费时间,那么用它就要用在最能发挥它优势的地方。一般来讲,是在完成社会教育的重点任务时采用。完成这一教育任务时,可以用一系列的问题进行引导、启发,帮助儿童理解和掌握这些内容。一些枝节问题可以不提,那种"好不好""是不是""对不对"之类简单的问题一般不提,或者尽量少提。

第二,谈话的问题是儿童熟知的。因为只有儿童熟悉和知道的内容,才能使他们积极地参与到话题中来,成为对话的一方,在谈话中获取新的社会知识,这样才能与教师在情感上产生共鸣。所以,只有儿童熟知的谈话主题才能实现教育的目的。

第三,教师要向全班的儿童提出问题,在大多数儿童都积极思考以后,再指名回答。

第四,教师所提出的问题应具体、明确、难易适度。这样才能使大多数儿童进入思考状态,在思考后参与交谈。教师在交谈中,不仅要注意举手回答问题的儿童,而且还要注意那些没有举手的儿童。他们为什么不举手?是因为不会回答,还是没有把握不敢回答,或者是觉得太简单不值得回答。教师要注意没有举手的儿童的数量及原因,并根据实际情况采取对策,及时把他们也吸引到谈话中去。

第五,问题提出后应留给儿童一定的思考时间。因为学前儿童年龄小、社会知识经验不多、思维能力发展有限,他们对谈话中的问题需要时间思考,对此教师不该急于求成,要给予等待。对他们提出的问题和表达的看法要给予积极的鼓励和关注,不论儿童学得好与不好,教师都要耐心倾听。这有利于谈话顺利进行下去,也训练了儿童交谈和倾听的能力。

第六,谈话的最后,教师应用准确的语言进行总结。谈话法在学前儿童社会教育中虽然非常重要,但只有单调的一问一答谈话,很容易使儿童的注意力分散。因此,不要独立地采用谈话法,还应与其他方法结合使用,尤其是教师要和讲解法结合起来,对谈话的内容用准确的语言进行总结。

(三)讨论法

讨论法是指在学前儿童的社会教育中,儿童在教师的指导下就社会性问题、现象互相启发、交换看法以获取知识的一种教育方法。讨论的具体方式有成对交换意见、分小组讨论、全班讨论三种。

讨论法最大的优点,就在于它能在一定时间内增加儿童口头表达自己认识的活动机会,尤其是成对交换、分小组讨论形式,为儿童提供表达意见的机会更多,甚至不必考虑自己意见的对错,在与教师、同伴的讨论中,儿童的认识得以深化、情感能够自然流露出来;而且讨论法还可以使儿童听到各种不同的意见。因此,这种教育方法能够活跃思想、激发认识兴趣,能够比较充分地发挥儿童的学习积极、主动性;还有利于儿童在分析、比较各种意见中,提高独立思考的能力、分析问题和解决问题的能力以及口头表达能力。例如,教师出示图片,如禁止吐痰、禁止吸烟、禁止点火、禁止鸣喇叭、禁止行人通过标志、人行道标志、信号灯标志、公共厕所标志、向右转弯标志、危险物品标志等,让大班儿童交流讨论,找出这些标志符号的相同点和不同点,分别说出含义。经过讨论,儿童们得出"禁止性标志上有一杠,指引性的行为标志没有杠"的结论。通过这个事例的讨论,让儿童认识这些标志符号,知道了符号表示的含义,他们也懂得了在马路上行走或者在公共场所时该做什么和怎么做事,使儿童都要学会自觉遵守社会规则。因此,讨论法是社会教育中常用的方法。

运用讨论法应该注意以下四点。

第一,选好讨论的主题。讨论的主题应贴近儿童生活,也能引起儿童的兴趣。一般来说,采用讨论法比讲解法和谈话法更费时间,但是它更有利于吸引全体学生参加讨论、积极思考,调动他们学习的积极、主动性。同时,也对讨论的问题提出了更高的要求,要贴近儿童的生活实际,有值得讨论的价值,即主题是完成社会教育任务必须解决的认识上的重要问题,而且儿童对这个问题有不同的看法,能引起讨论的兴趣。

第二,要根据儿童年龄阶段进行讨论。只有当儿童具备一定讨论的口语表达能力和知识经验储备时,才能使讨论交流的问题顺利进行下去。年龄太小的儿童不适合运用讨论法。

第三,教师要引导讨论,不要当裁判、阻碍讨论。教师要创设平等、宽松的讨论气氛,体现师生互动的关系。既然是讨论,就要让儿童自由地发言,敢想、敢问、敢说,让儿童把自己的看法都讲出来,然后引导儿童分析、比较几种看法,从而得出正确的认识。教师不要当裁判,匆忙裁定说:"不对!""是这样吗?再想想!"一旦有儿童说出教师希望的答案,教师就马上结束讨论说:"对了,好。"这些做法都是不可取的。

第四，做好讨论的结束工作。讨论应该有个结论，教师可以结合讲解法作个讨论小结，起到强化讨论的主题、纠正一些错误认识和鼓励儿童的讨论热情的作用，以利于以后的讨论。有时为了引起儿童的学习兴趣和发展儿童主动探索的精神，对讨论的问题只要不影响继续学习，可以不下结论，留个悬念，让儿童自己去探讨。有些没有标准答案的问题，主要是开阔儿童的思路，允许有不同看法。

在学前儿童社会教育的实际工作中，孤立地采用讲解法、谈话法、讨论法的情况并不多。在大多数情况下，学习社会性新知识和巩固旧知识，都是边讲解、边提问、边组织讨论，把三种教育方法结合在一起使用的。

活动设计 3-1

小鬼当家

活动目标

1. 树立健康的消费观念，懂得花钱要合理、有计划、有节制。
2. 激发参与游戏的热情，遵守游戏规则，并能积极参与讨论、交流，大胆表述自己的见解。

活动准备

1. 活动前，幼儿认识过人民币，会识别人民币的不同面值。让幼儿去超市自主购物，并讨论购物时的心情，所购商品的用途、价格等。
2. 向父母调查了解一个月家庭的开支状况。（下发调查表）
3. 纸币若干，购物篮若干只，超市场景布置，商品上贴有价格标签，银行、医院的区角设置。

活动过程

1. 成立"三口之家"，宣布"小鬼当家"的游戏开始。

由幼儿自愿组合，三人为一户家庭（爸爸、妈妈、孩子），佩戴胸卡标志，编号为"1号家庭，2号家庭……"。

2. 小鬼当家活动一：到银行领工资。

师：（将日历翻到1月1日）小鬼正式当家做主了。今天是1月1日，是发工资的日子。每家的爸爸、妈妈去银行取这个月的工资。每户家庭领取工资10元。

3. 小鬼当家活动二：缴水电费。

师：（将日历翻到5日）今天服务公司的人要来收水电费，我们得准备好钱付上个月的水电费。

服务公司的职员（老师扮演），通报各家水电费情况，根据通报金额挨家收取水电费。每家将缴清水电费的标记贴在统计表上。

引导讨论：

（1）为什么各家水电费不一样？

（2）平时怎么做才能节约用水、用电，可以少付水电费？

（3）如果没交水电费，家里会出现什么情况？

4. 小鬼当家活动三：去超市购物。

师：（将日历翻到10日）从发工资到今天已经过了10天。最近家里的一些物品不够用了，要去超市购买。每个家庭成员商量一下，想想家里最需要什么？每人还缺少些什么？然后去超市买最需要的商品。

购物后讨论：各家都买了什么？花了多少钱？还剩下多少钱？

教师根据各家代表的回答将商品分为吃的、用的、玩的三类列表统计，比较各家消费情况，提问："超市中同样商品有不同价格(举例),你是怎样选择的? 为什么?"

教师小结:让幼儿明白同种商品因品牌不同、价格不同,我们应该量力选择,合理花钱。不攀比,不求高消费。

5. 小鬼当家活动四:交旅游费。

师:(将日历翻到 15 日)时间过得真快。今天,旅游公司寄来一封信,委托我将信中内容告诉大家。(老师读信)

师:想去旅游的小朋友,请爸爸妈妈带着去报名交费吧!

根据幼儿交费情况提问:

(1) ×号家庭为什么不去旅游?

(2) 没钱旅游的家庭感到着急。通过回忆前两次活动,知道自己哪些地方花钱不够合理,用钱没打算。再次感受到当家不容易,家里要花钱的地方很多,所以用钱必须要有节制、有计划,不能随心所欲。

6. 小鬼当家活动五:交医药费。

师:(将日历翻到 20 日)让我们听听今天有什么新闻? (放录音新闻)医院通知各家家长带孩子去医院打预防针,并缴费 2 元。

讨论:

(1) 打预防针对我们身体有什么好处?

(2) 孩子不打预防针会怎样?

(3) 旅游和打预防针比起来哪个更重要?

师:打预防针很重要,这笔钱必须得花,所以我们要留一些钱以备急用,不能把钱都花光。

7. 交流讨论。

师:如果娃娃不生病,不打预防针,剩下的钱怎么办? 可以放在哪里? (引出:节余的钱可以到银行存起来,知道银行是个存钱取钱的地方)

"存在银行里的钱什么时候用?"(遇到急需用钱的时候,如生病、交学费、看望老人、外出旅游、过生日买礼物……就不用着急了)

8. 谈体会。

给"小鬼当家"游戏中持家有方、花钱合理的家庭发奖,并分别请三户有代表性的家庭谈"当家"的感受。

讨论:

(1) 如果下次再当家,你会怎样用钱?

(2) 平时家里,除了水电费、旅游费、医药费、超市购物,还有哪些地方需要用钱?(结合调查表内容)

(3) 小朋友怎样做才能节约用钱,合理花钱?

教师小结:今天我们当了一回大人,知道爸妈当家做主的滋味。爸妈赚钱很辛苦,当家不容易。我们花钱要节约,要省着用,不能想要什么就买什么,看到什么就买什么。平时要节约用水、用电,爱惜我们的物品、玩具和衣服。平时常常这样做,我们能节约很多钱。

9. 结束:将多余的钱存入"银行"。

活动评析

培养幼儿从小关心家庭、关心社会、关心他人的良好品德,逐步掌握自己解决问题的能力,教师创设了这种别具一格的教学活动。整个活动是以游戏贯穿各个环节,通过模拟小社会的活动,让幼儿在里面按照"生活的程序"当家缴费,激发了幼儿参与的兴趣。在不断接触社会中,引导幼儿学会了思考:这笔钱用来干什么? 怎样把这笔钱用到最需要的地方? 怎样用这笔钱比较有意义? 亲身体验了"当家做主",学到了生活经验,培养了幼儿健康的消费观念和自己解决问题的能力。这个教育活动的成功,正是该教师灵活地运用了讲解法、谈话法和讨论法及其他一些方法的结果。

（四）观察、演示法

观察、演示法是指在学前儿童社会教育中，教师依据社会教育目标，向儿童出示实物、图片、直观教具、录像等可以使他们感知的材料，使儿童通过观察获得相应的社会知识、社会情感及社会行为的一种教育方法。观察、演示法具有直观性、形象性、具体生动性，它有助于儿童了解社会教育内容。因为学前儿童的思维主要是以直觉动作思维和具体形象思维为主，抽象逻辑思维在学前儿童后期才逐步出现并开始发展的，他们对社会规则的掌握需要依靠直观形象的帮助。同时，教师运用直观手段获得的表象，使儿童感到形象清晰、鲜明、生动有趣，印象深刻，便于记忆，容易巩固，容易引起学习兴趣和积极性，运用典型的具体事物可以使一些抽象的规则变得容易理解。例如，认识少数民族，可用各民族的娃娃、图片、幻灯片或画报等向儿童介绍少数民族的服饰、居住情况及不同风格的歌曲和舞蹈，使儿童对少数民族有更直观形象的认识。根据演示的材料可分为实物、图片、教师做的示范动作、幻灯、教育电影、录像等。

观察、演示法的效果无论怎样好，它大多与讲解法、谈话法等结合起来运用。

运用观察、演示法教师应注意以下三点。

第一，要根据社会教育任务的实际需要，有目的、有针对性地运用观察、演示法，不能为演示而演示，也不能单纯为引起儿童兴趣而演示。

第二，观察、演示前，要做好充分的物质和心理准备；演示过程中，要尽可能地使每个儿童都观察到演示的对象与过程。演示要与教师讲解引导等其他教育方法结合起来使用，使儿童的感知与观察结合，而不只是停留在感知观察上。

第三，教具的运用要适当，避免儿童注意力的分散。例如，课前准备展示给儿童的猫、鸽子等标本，介绍动物是人类的朋友，不要过早把这些教具展示出来；或等到需要展示时，应让全体儿童都看清楚后再把它们收起来，不要影响后面的讨论和总结。

活动设计 3-2

哥哥姐姐真能干（中班）[①]

活动目标

1. 了解大班幼儿的生活、学习情况。
2. 激发向大班哥哥姐姐学习、争做大班小朋友的愿望。
3. 培养交往能力。

活动准备

1. 与大班联系好有关事宜。
2. 在晨间游戏活动中，有意识地引导幼儿观察大班幼儿的活动。

活动过程

1. 通过谈话，使幼儿知道大班的小朋友在劳动、做操、学习等各方面都做得很好。
2. 提出参观要求，带领幼儿观看大班幼儿的活动。要求幼儿在活动中保持安静，用眼睛看、用耳朵听，不去影响别人。

（1）观看大班幼儿抹小椅子，使幼儿知道大班幼儿劳动很认真，抹得又仔细、又干净。

（2）参观大班幼儿的作业栏、结构角、建筑角，使幼儿知道大班幼儿很能干，图画画得很美，搭出的物体多种多样。

---

① 全国幼师工作协作会组.幼儿社会教育活动指导［M］.北京：北京师范大学出版社，2003.

（3）观看大班幼儿做操,使幼儿知道大班幼儿做操动作整齐、有力。

（4）观看大班幼儿上课,使幼儿知道大班幼儿上课遵守纪律、发言积极踊跃、声音响亮,每个人都爱动脑筋。

（5）观看表演,请大班幼儿表演讲故事、念儿歌、跳舞、唱歌。让幼儿从多角度感受大班小朋友的聪明、能干。

（6）与大班幼儿一起玩游戏,感受哥哥姐姐的团结、友爱的气氛。

3. 通过讨论激发幼儿向大班小朋友学习的愿望。

讨论:

（1）你喜欢大班的小朋友吗,为什么?

（2）你想做大班的小朋友吗?

（3）你想向大班小朋友学习什么?

4. 教师小结。

教育幼儿应像大班幼儿一样各方面都努力,做个好孩子。

活动延伸

在日常生活中鼓励幼儿向大班小朋友学习,争取在各方面获得更大的进步。

活动评析

通过这个案例,我们看到教师要想激发幼儿积极向上的生活、学习愿望和培养他们的社会交往能力,必须要结合儿童年龄特点和心理发展规律,通过观察及模仿来促进幼儿社会性的发展。

（五）参观法

参观法是学前儿童在社会教育过程中,教师根据一定的教育目标组织儿童到学前教育机构外观察社会现象,让儿童在对实际事物或现象的观察、思考中获得新的社会知识和社会规范的教育方法。例如,组织儿童参观少年宫、敬老院、图书馆、超市、邮电局、建筑工地等。

参观法能把学前儿童社会教育活动与社会生活紧密地联系起来,有利于生动、活泼地向儿童进行社会教育,是引导儿童认识社会的主要方法。教师对参观活动的组织、指导,是他们观察了解成人社会、获得社会知识经验的重要保证。

教师运用参观法时,应注意以下三个问题。

第一,参观前要充分做好准备工作。

教师要根据社会教育的任务、儿童的实际认识水平及当地的环境条件等,制定出参观的计划。此计划应包括参观的具体目标、对象、时间、地点;通过参观儿童应获得的知识;在参观中教师应如何引导儿童进行观察和学习,等等。同时,教师还必须亲自到参观的现场察看,并要和现场有关人员商量好社会教育活动的参观安排。

参观前,教师应让儿童做好心理上的准备。教师要通过简单的谈话让儿童获取相关的必要知识;让他们明确去参观什么、参观的重点是什么、参观后要完成什么学习作业,等等;也可以让儿童通过观察相关内容的图片或照片等,激发儿童参加活动的兴趣。

第二,参观中要指导,要注意儿童的安全。

参观过程中,教师或参观现场的工作人员要根据儿童实际情况,因势利导地进行讲解,引导儿童注意观察对象的主要方面。教师还可以围绕参观的内容,启发儿童提出需要了解的问题,或主动地联想过去的知识经验,思考如何解决新问题,或教师给予解答。

参观过程中,教师时时处处都要做好参观访问的组织工作,维持参观的秩序和注意保障儿童的安全。

第三,参观后要做好总结、巩固工作。

参观之后的总结是非常必要的,教师通过谈话,能使儿童获得的知识更完美、更有条理。教师还可以让儿童进行绘画或游戏等活动,使他们把参观访问的结果巩固下来。例如,参观服装自选商场后,让儿童用纸和笔把自己最喜欢的衣服画出来;参观邮局后,为儿童准备信封、邮票、笔和纸以及邮筒,让儿童进行邮局游戏。

活动设计 3-3

参观图书馆（大班）[①]

活动目标

1. 知道图书馆是收藏书籍的地方,人们可以在图书馆看书和借书。

2. 知道在图书馆看书要安静,学会怎样借阅图书。

3. 爱护书籍,激发对文字的兴趣和求知的欲望。

活动准备

1. 联系好参观的地点,并确定参观的路线。

2. 教师和解说员备好课。

活动过程

1. 参观前向幼儿介绍参观的地点,并提出参观的要求。告诉幼儿图书馆是个安静的地方,进入图书馆后要保持安静,认真听解说员的介绍。

2. 带幼儿参观图书馆。

(1) 到图书馆门口,引导幼儿注意大门口上"图书馆"三个字,提醒幼儿轻轻地走进图书馆,有礼貌地与工作人员打招呼。

(2) 在解说员的带领下,让幼儿边观察、边听介绍。

① 带幼儿参观阅览室,引导幼儿观察人们是怎样认真、专注地看书的,感受阅览室安静的气氛。

② 带幼儿参观书库,观察书库里一排排整齐的书架,向幼儿介绍一些书名,让幼儿知道书是为了帮助人们学习知识用的。

③ 请解说员介绍电子借书处、微缩卡片等先进技术。

3. 参观结束,告别图书馆的工作人员,组织幼儿返园。

4. 参观后和幼儿讨论图书馆的用处,使幼儿知道人们看书是为了获得知识,增长智慧,从而激发幼儿的求知欲。

活动延伸

1. 组织幼儿开展"我们如何办小图书馆"的讨论活动。讨论:图书馆有哪些室?人们在图书馆干什么?在图书馆看书要注意什么?

2. 和幼儿一起布置本班图书角。如果图书不够多,也可让幼儿从家中带一些,教师指导幼儿对这些图书进行分类、编排,安排阅览室、借书处、书库等地方,教师与幼儿共同制定规则,进行活动。

3. 请小朋友轮流担任图书管理员,借书和整理图书。

(六) 行为练习法

所谓行为练习法是指教师在学前儿童社会教育过程中,组织儿童按正确的社会行为规范自己,通过

---

① 虞永平.幼儿园课程指导丛书——社会(大班)[M].南京:南京师范大学出版社,1997.

参加各种活动和交往受到实际锻炼,以形成儿童良好的社会行为习惯的方法。这种方法是形成和巩固儿童社会行为最有效的方法。

儿童参加行为练习的方式是多种多样的:以教师人为创设的情景进行行为练习;教师组织的多种实践活动练习,如各种劳动、社会活动、整理玩具、值日生等;各种生活情景中教师组织的儿童行为练习,如来园和离园的礼貌行为练习、用餐后的卫生行为习惯,等等。

儿童良好的行为习惯、生活习惯,以及与人交往的能力,不是靠几次活动和说教就能奏效的,只有经过反复认识和练习,形成自觉行动,使儿童在不必懂得很多道理的情况下,能自觉地按正确的方法去面对周围世界,在实践中不断适应社会。

教师在运用行为练习法时,应注意以下四点。

第一,要明确行为练习的目的和要求,要有严密的组织工作。开展什么活动,受到哪些锻炼,训练哪方面的社会行为和能力,事先都要有详细而周密的计划。

第二,要充分尊重和发挥学生的主动性和积极性,使儿童成为各种行为练习的主人,让儿童在练习中真正体验到快乐,达到练习的目的和效果。

第三,行为练习要循序渐进,练习的内容应为儿童所能接受。

第四,行为练习要反复进行,做到持之以恒。儿童的日常生活,都是他们进行行为练习的机会,不要忽视这个环节,要坚持通过日常的学习、劳动和生活进行反复练习,使儿童形成各种习惯。例如,教师在指导幼儿洗手时,把洗手的动作按顺序编成儿歌,让儿童边洗手、边念儿歌,从而使他们掌握洗手的顺序等。这些方法能激发儿童的练习兴趣,带给他们愉悦感和成就感,能充分地调动儿童的练习积极性,提高练习的效率和质量。

活动设计 3-4

学做小客人(小班)[①]

活动目标

1. 学会有礼貌地做小客人,练习使用礼貌用语进行交往。
2. 懂得一些做客的简单礼节。

活动准备

1. 与本班一幼儿家庭联系有关做客事宜。
2. 操作卡片"学做小客人"。

活动过程

1. 小朋友介绍活动内容及简单要求。

老师要带小朋友去××小朋友家做客,比一比看谁是最有礼貌的小客人。

2. 幼儿到××小朋友家做客,在做客过程中学习礼貌用语和简单礼节。

(1)学习有礼貌地问候主人。

到了主人家轻轻地敲门,见了主人会礼貌地问候,学说"您好"。见了不同的人会使用合适的称谓。

(2)学习有礼貌地与人交往。

① 对于主人的招待,如请客人坐、请客人喝茶、请客人吃东西,客人都要有礼貌地说"谢谢"。

② 在别人家不随便翻看、拿走别人的东西。在别人谈话时,不随便插嘴。当别人提出问题时,要大方地回答。说话时,声音轻一些,不大声喧哗。

---

① 全国幼师工作协作会组.幼儿社会教育活动指导[M].北京:北京师范大学出版社,2003.

③ 与主人要友爱相处。

④ 学习有礼貌地与主人告别。

⑤ 临走时,向主人说"××,再见",还可以客气地邀请别人去自己家做客。

3. 做客后进行小结,请幼儿看操作卡片,对幼儿在做客中的表现进行评价。

小朋友在别人家做客时很有礼貌,会说"您好""谢谢""再见",并且不随便翻拿别人的东西。以后到别人家去做客也要做到这些,做个有礼貌的小客人。

活动延伸

建议家长利用节假日带领幼儿去亲戚家、朋友家做客,让幼儿继续练习做个有礼貌的小客人。

活动评析

通过上述案例,我们看到要想培养儿童的良好行为习惯及与人交往的社交能力,教师和家长要为儿童创设或组织各种实践活动,经过反复认识和练习,逐渐形成儿童的各种良好社会行为习惯,在实践中不断地适应社会。

（七）强化评价法

强化评价法是指通过对学前儿童社会性行为的评价对儿童进行社会教育的方法。儿童在社会生活中,经常受到各种环境的刺激和影响,有些可能是积极的、正面的影响,使儿童相应地形成良好的社会行为;有些可能是消极的、负面的影响,使儿童相应地形成不良的社会行为。也就是说,在儿童身上存在积极的和消极的两种影响。那么,儿童要想成为符合社会要求的人,就需要成人按照社会行为规则,不断对儿童的行为进行调整。还要用正确的评价,激发儿童上进心,促进他们良好社会性的形成和发展,同时也能抑制不良社会性的产生和蔓延,这是学前儿童社会教育常用的一种方法。

强化评价多种多样,一般常用的是正强化和负强化。正强化是指对儿童的良好行为表现给予表扬、鼓励、奖励等肯定性评价,它能提高儿童的积极性,激发儿童亲社会言行的出现;负强化是对儿童不良行为给予警告、规劝、批评、惩戒等否定性评价,它能纠正儿童的不良行为。例如,当某一儿童把自己的玩具让给其他同伴玩时,成人及时的表扬和微笑会使他感到这件事做得对,以后还要继续做下去;而当某儿童争抢其他同伴的玩具时,教师及时的眼神或规劝使他认识到这样做是不对的,应该把玩具归还给小朋友,征求别人同意后再借来玩,等等。不管运用何种评价方式都应立足于理解、尊重、信任儿童的基础上进行。

教师运用强化法时,应注意以下四点。

第一,强化要及时。即当学前儿童的言行符合社会要求时,教师要及时地称赞、表扬、点头、微笑、抚摸,等等;当学前儿童的言行不符合社会要求时,教师要及时地规劝、否定、摇头、表情严肃、纠正,等等。这样,使儿童良好的言行得到保持,使不良的言行消退,强化的作用才能真正具有教育意义。

第二,强化要恰如其分。过多地运用表扬和奖励不能使儿童或者集体感到光荣,容易使儿童对表扬和奖励产生满不在乎和无所谓的心理状态,有时运用得不好,强化还可能是一种干扰。例如,几个儿童在专注地做老鹰抓小鸡游戏,教师看到他们玩得好就表扬了他们几句,这打断了儿童的游戏和思维,是一种干扰,没有这个必要。教师若想表扬他们,可在小结会上进行表扬。而教师在运用批评、惩戒时,更要慎重。因为批评、惩戒是一种消极的方法,它的副作用大,容易使儿童产生消极情绪。所以,除了儿童所犯错误的性质和情节十分严重,不进行惩戒不行时,一般情况下,不要轻易使用。

第三,以表扬、奖励为主。当儿童出现良好的言论或行为时,教师要用表扬、微笑、点头、竖起大拇指、轻轻拍肩、轻轻抚摸一下头等精神奖励,促进儿童的上进心,激励他们严格要求自己,发扬优点、克服缺点,取得更大的进步。须注意的是,教师在运用表扬时要适度,特别是一些表现好、经常受到表扬的儿童,要把握表扬的分寸,以避免他们产生骄傲自满的情绪。应该把表扬、鼓励的重点放在那些经过努力做得好，或经常被忽视而自信心不强的儿童身上。

第四，严禁体罚、恐吓、辱骂或变相体罚。在学前教育机构中，教育法规和职业道德都禁止体罚或变相体罚。教师也不能以劳动、恐吓和辱骂作为批评、惩戒的手段。

二、学前儿童社会教育的特殊方法

学前儿童社会教育是儿童全面发展教育的有机组成部分，它与其他领域的教育密切相关，有许多共同的地方，但它有其自身的规律和特点，正因为学前儿童社会教育的特殊性，决定了它有一些不同于其他领域教育的独有方法。这些方法有着较强的针对性，体现了学前儿童社会教育自身的特点。

（一）榜样示范法

榜样示范法是指在学前儿童社会教育中，教师用他人的好思想、好行动和英雄事迹去影响和教育儿童，形成良好社会品质的方法。因为儿童的模仿性很强，具体、生动、直观的典型易于感染儿童，激发他们向榜样学习的热情，对于如何做也有了示范。因此，设置一定的社会情境，树立一定的榜样，使儿童有意无意间进行模仿，可以有效地促进儿童良好社会品质的形成和发展。教师在运用榜样示范教育过程中，要选择有教育意义，而且又切合儿童实际的典型人物或事例。对儿童影响较大的榜样有以下三种。

第一，伟人和英雄模范人物。伟人和英雄模范人物的生平事迹和所建立的光辉业绩是具体、生动、形象的教育材料，儿童学习以后，不但会产生敬爱之情，而且都会以此为榜样照着去做。例如学了雷锋的事迹后，儿童都争着向雷锋学习做好事，培养了乐于助人的品质。

第二，教师本人。教师在学前儿童心目中有崇高的地位，教师的一言一行都在潜移默化地影响着儿童。因此，教师一定要严格要求自己，言行要符合社会的道德规范，用美的语言、美的行为、美的心灵来影响教育孩子，培养儿童良好的社会品质。

第三，同伴。同伴与儿童们的年龄相近，他们中间出现的好榜样或有教育意义的事例更易被儿童所接受，特别是与儿童生活比较接近的那些平凡小事，产生的感染力更强。所以，教师要注意表扬儿童中的好人、好事，树立良好的学习榜样。

（二）角色扮演法

角色扮演是指个人试着设身处地地去扮演另一个在实际生活情景中不属于自己角色的行动过程，从而形成角色所需要的某些经验和行为习惯。在学前儿童社会教育过程中的角色扮演就是教师要创设现实生活中的某些情境，让儿童扮演一定的社会角色，使儿童表现与这一角色一致的且符合这一角色规范的社会行为，并在此过程中使他们亲自体验他人的角色，从而更好地理解他人的感受和处境，体验他人在不同情境下的内心情感，以此掌握自己承担的社会角色所应遵循的社会行为规范和道德要求。

现实生活中，每个人都处在一种或几种角色地位，扮演哪种角色都有自己特殊的行为模式。儿童从家庭来到学前教育机构，从家中的"小皇帝""小公主"变为群体中的普通一员，随着角色的转换，要求他们改变在家庭中养成的某些习惯做法，学会遵守集体生活中的行为规范，有利于成功地扮演学前教育机构中小朋友的角色。因此，角色扮演实际上就是儿童的一种学习过程。

在日常生活中，教师要创设教育情境，引导儿童进入角色，模拟社会生活，学着像所扮演的角色那样去感知、去体验，有助于利他行为的产生，从而使他们获得一种新的行为模式。

在运用角色扮演法时，应注意以下六点。

第一，教师创设的教育情境使儿童能够熟悉和喜爱，让儿童承担的角色必须为儿童所认知和理解。例如，他们扮演妈妈、老师、司机、交通警察，等等。

第二，角色扮演要有针对性。要根据教育目标和儿童社会性发展的水平来确定目标。例如"我是大班哥哥姐姐"的活动中，儿童扮演哥哥姐姐的角色，他们做出与之相适应的行为，如礼貌对待弟弟妹妹，关心、帮助弟弟妹妹，做弟弟妹妹的好榜样等。

第三，要充分发挥儿童的主动性、积极性和创造性，尊重儿童自主地选择角色、变换角色和创造角色，教师只能指导活动，不应经常去分配和导演角色。

第四，儿童扮演的角色应以正面角色为主，在反面角色的扮演中切忌让几个儿童经常扮演反面角色。

第五，教育者尽量与儿童平等地去扮演角色。

第六，情节要简单，内容要短小、活泼，对话、动作要多，适于表演。

（三）移情训练法

移情又叫感情移入，它是指一个人设身处地地站在别人的位置去理解他人的情感、需要及活动。儿童情绪、情感发展的主要特点之一是其情绪的易感染性，因此，移情对发展儿童的社会性有重要的作用。首先，移情可使主体内部产生某种情感共鸣，从而成为推动儿童品德行为发展的内在动因。例如，教师或父母通过对老人、邻居等的尊重和关心，对集体和社会公益事业的热心支持等来影响儿童，使他们在情感上产生感染与共鸣，促进其社会品德行为的形成。其次，移情可以使儿童摆脱"自我中心"，从别人的立场、位置来考虑问题，产生利他思想，逐渐形成亲社会行为。最后，移情还可以使儿童体会助人为乐、合作分享等带来的友爱与欢乐的情绪。但在现实生活中，移情并不是自然而然产生的，它需要在生活中、教育中通过教师、家长等的训练才能够出现。

移情训练法是指教师或家长通过儿童的现实生活事件或通过讲故事、情境表演等方式，引导儿童设身处地地站在别人的位置考虑问题，使儿童理解和分享他人的情绪、情感体验，从而与之产生共鸣的训练方法。例如，一个儿童的母亲会同情、怜悯别人，当儿童遇到他人苦恼的情境时她会对事件进行有感情的说明，帮助孩子理解自己的行为与他人烦恼的关系。这位母亲，就是给孩子进行移情训练。采取这种教养方式的父母，他们的孩子往往会对别人表现出移情，并可能表现出帮助、分享和同情等亲社会行为。可见，移情训练法是社会教育的一种很重要的教育方法。

移情训练的途径很多，主要有讲故事、编故事、生活情绪体验、情境表演等。例如续编故事，让儿童在编故事的过程中理解和体验故事主人公的情感和心态，儿童在编的部分中已含有对故事中人物的理解与分享，在续编故事中发展了儿童的想象力，也引导了儿童的移情。又如情境演示，是把社会生活中的某些场景状态展现给儿童，如"关心爸爸妈妈""接待客人"等内容让儿童尝试表演出来，老师和小朋友再给予评价。这些情境演示让儿童从别人的角度去体验他人的情绪、情感，又是发生在儿童身边的事，因此，它具有一定的感染力，并且易于儿童接受其中的教育内容，达到移情的目的。

运用移情训练法应注意以下六点。

第一，创设的情境应该是儿童熟悉的社会生活，或者是符合孩子们的年龄特点，孩子们能够理解的，这样儿童才能产生移情。

第二，移情训练要通过换位，让儿童理解他人的情绪，并以自己本身的情感体验去感受、理解他人的情感需要，以唤起儿童情感共鸣。

第三，在移情训练中，要不断变换移情对象的身份，以训练他们对各种不同人物的移情，扩大移情的对象。

第四，移情训练的目的是儿童以后在社会生活中对他人的理解与共鸣，但不能只停留在对情况的理解和分享上，还应对他们进行良好的行为教育，形成良好的行为习惯，用儿童形成的良好社会行为去关心他人。例如，不仅能够理解小朋友受到攻击的感受，而且还能给予力所能及的关心和帮助。

第五，在移情训练中，教育者要真情地与儿童一起进行训练，不能成为局外人。教育者的移情能力和对待移情训练的态度能影响儿童的移情效果，因为教育者的情绪具有很强的感染力，教育者加入移情的训练中，会极大地感染儿童。例如"邻居"活动中，李阿姨上夜班需要休息，小毛吵闹影响李阿姨休息，教师扮演李阿姨，表现出自己烦躁不安、生气的情绪，让儿童思考："如果你睡觉的时候，别人大吵大闹，你心里觉得怎么样?"使儿童把自己的体验与李阿姨的现实情绪联系起来,从别人的角度去体验其感受,引导儿童对邻居有礼貌;关心、体谅别人;在别人休息、看书的时候保持安静等。

第六,移情训练法应与角色扮演法、行为练习法等有机结合起来运用,才能取得良好的教育效果。

(四) 价值澄清法

美国心理学家、教育学家路易斯·拉斯教授在对传统的价值观教学法进行研究分析的基础上,提出了一种新的价值观教育法,即"价值澄清法"。它针对纷繁复杂的现代社会中,家庭、学校传授的各种做人的行为规范和准则与儿童所见所闻的种种相背离的社会现象,以及现代社会中不断变化的各种刺激导致价值观的混乱,认为只有通过儿童心理内部价值澄清,才能建立自己清晰的价值观和恰当的生活方式。实践证明,这种方法不仅灵活、方便、简单,而且非常生动、有趣、可行,是当前对儿童进行价值观教育的一种非常有效的方法。

价值澄清理论的基本内容是:每个人都有各自的价值,同时每人都按照自己的价值观去行事。价值尽管是个人的、相对的,是不能被灌输的,但有理智的人类应该有能力学会运用"评价过程"进行价值澄清,从而形成个人稳定的价值观,这一理论运用于学前儿童社会教育领域,是一种较为特殊的社会教育方法。

儿童价值观是指儿童在日常生活中,通过与周围人和事的接触逐渐形成比较稳定的待人处事的态度。即通过儿童内部心理活动进行价值选择、价值确定,然后付之于外部行动的过程。在价值澄清时,有七个评价步骤:让儿童自由选择价值;让儿童从尽可能多的选择内容中选择价值;让儿童对各种选择过程及其后果三思后再做选择;让儿童珍惜和重视自己的选择;让儿童公开表示自己的选择,并求得大家的认可;让儿童根据自己的选择采取适宜行动;让儿童重复根据自己的选择所采取的行动,使之成为个人的生活方式。价值澄清理论强调,儿童价值观的建立是通过儿童自己的内部心理活动、内心情感体验,进而进行意志行动的过程,即一个由内到外、思想言行一致的儿童主动建构价值过程。它重视儿童价值行为表现在公众场合与个人独处时,都能保持一致。但该理论也有不足,它忽视了个体价值观的确定,必须在外部的教育条件下进行才能取得成效。对儿童来讲,他们靠自己建立价值观是相当难的,主要是依赖于外部环境的刺激,通过自己的理解深化才能内化为自己的价值观。所以,确定价值的过程应该是在正确教育的影响下,引起儿童自身内部心理活动矛盾冲突的过程。在这个过程中,儿童内心矛盾冲突的不断解决,使他们的正确价值观确立起来。

鉴于上述的认识,我们针对价值澄清法在学前教育机构教育中常用的四种具体教育方法,作如下介绍。

1. 澄清应答法

澄清应答法是指教师通过与儿童的交谈引起儿童的思考,在相互的交流中不知不觉地让儿童进行内省、进行价值评价的方法。它是价值澄清中最基本、最灵活的方法。例如,一个孩子在自由活动时说他喜欢计算,教师听到后立即抓住机会与他交谈。

师:你到底喜欢计算什么呢?

幼:嗯——,让我想想,我也想不起来了,但是,我就是很喜欢计算。

师:你玩的一些游戏,是不是与计算有关呢?

幼:不是的。

师:好,谢谢你,你接着玩,我去那边看看。

这种交谈时间很短,教师适时地把握住了教育时机,交谈虽然很快结束了,但是留下儿童一个人去回味刚才谈话的内容,留下了深刻的印象,这种短论比长篇大论效果好。教师走后,儿童可能自己会想一想,"我到底喜欢计算什么呢? 我为什么不做一些计算游戏呢?"儿童的这些思考对他们的价值观澄清是有帮助的。

教师在运用澄清应答法中,要注意以下四点。

第一，针对当时的具体情景，教师要适时、及时地与儿童进行澄清应答，引导和鼓励孩子进行价值思考。一般情况下，不是儿童的一言一行都应进行澄清应答，只有当儿童在对待人接物的态度、抱负、目的、兴趣及社会现象进行评说时才用此法，目的是指示儿童价值观的方向。

第二，在澄清应答过程中，教师要对儿童的言行表示出一种认同的态度，但这样做并不是对儿童的言行完全赞成，教师在提问和回答时要尽量避免是非的评价与判断。这样做会使儿童觉得老师在注意他、尊重他，而不是忽视他、贬低他。这为以后的师生交谈建立了宽松、融洽的气氛。

第三，教师要鼓励儿童对自己的兴趣爱好、选择、行动进行慎重的思考与评价。上例中："你到底喜欢计算什么呢？""你玩的游戏，是不是与计算有关呢？"这样提问的目的是要促进儿童对自己的选择做进一步的思考，进而促进儿童的思维、情感与行为能力的发展。

第四，价值澄清应答的时间不宜太长，只要引发儿童进行有关价值思考就适可而止，要把思考的机会与答案留给儿童。

2. 价值表决法

价值表决法是指教师事先拟定一系列儿童关心的问题，让全体儿童一起来表达自己意见的一种方法。例如，围绕培养儿童"独立解决问题"的能力，教师设计了六个价值判断题。

(1) 当小朋友从你许多玩具中拿走了你最心爱的玩具，怎么办？

(2) 我想玩的积木，别的小朋友正在玩怎么办？

(3) 游戏时我的椅子被别人搬走了怎么办？

(4) 我想演的角色被别人担任了怎么办？

(5) 我想去活动区，可人数满了怎么办？

(6) 玩滑梯时其他小朋友碰了我怎么办？

价值表决的目的就是通过向儿童提供公开自己价值观的机会，让儿童获得他对自己价值的态度。

运用价值表决法应注意：每次让儿童表决的问题不要太多，最好在十个以内；要面向全体儿童，让他们每个人都有表决的机会。

3. 价值排队法

价值排队法是指让儿童以三四种事物为对象，根据自己认为的重要性为它们排名次，并说明这样排的原因的一种方法。在儿童的日常生活中，他们常常会遇到做出选择的事情，价值排队法就是要为儿童提供这些选择的机会，训练他们对其价值进行分析、比较、筛选的能力，帮助儿童进一步了解各种事物的价值，并公开表达自己的选择。下面是一些可供儿童进行价值排队的实例。

(1) 小朋友之间重要的关系是什么？

  A. 忠诚   B. 大方   C. 友爱

(2) 下面三种东西你最喜欢哪一种？

  A. 玩具   B. 小朋友   C. 食物

(3) 下面三件事中你最不喜欢哪一种？

  A. 没有玩具   B. 没有同伴玩   C. 生病

设计价值排队的题目时，教师要注意：排名次事物的数量不能太多，最好不超过四个；排名次事物的内涵上不能相互交叉。

4. 展示自我法

展示自我的方法是教师或家长给儿童创造条件和提供自由发言的机会，让孩子们把与自己有关的事情讲出来给大伙听。须注意的是，儿童每次讲时最好围绕一个题目进行。下面提供几个可供参考的题目。

(1) 我是谁？

(2) 我觉得自己怎么样？

（3）我最有意义的经历是什么？

（4）我感到骄傲的地方是……

（5）假如我是家长……

（6）假如我是教师……

（7）假如我是市长……

（8）假如我能改变世界……

展示自我的目的就在于系统地为儿童提供审视、思索自己的机会，使他们逐渐学会分析自我、检查自我和发现自我。

价值澄清的方法很多，上述几种是比较典型有效的方法。除此之外，教师可根据有关儿童获得价值观的原则，进一步地设计出一些切实可行的方法，并把多种方法结合起来灵活运用，以达到预期的价值澄清效果，使儿童养成良好的价值观。

"教育有法，但无定法。"上面介绍的学前儿童社会教育的一般教育方法和特殊教育方法，各有不同的特点和作用，但它们之间也有其内在的联系，是相互配合、互相补充的，教师在运用这些方法时要考虑到教育对象的不同特点，灵活运用。随着社会的不断变化和发展，学前儿童社会教育的内容和手段不断更新，教育方法上也应有所创新，教师不但要不断学习新的教育理论和其他教师的先进经验，也要总结自己的教育经验，探索新的教育方法，逐渐提高社会教育的水平，促进儿童社会性的发展。

第三节　儿童社会教育的途径

儿童社会性的发展是一个综合的、长期的过程，儿童从自然人向社会人转变，会受到多方面、多种因素的影响，因此，对儿童进行社会教育的途径也是多方面的，可以概括为以下几方面：专门的教育活动、随机教育、家园合作以及社区资源的利用。这些教育途径各有特色、各有专长，而且互相联系、互相补充，共同为儿童社会性的发展助力。

一、专门的教育活动

专门的社会教育活动是指幼儿园教师根据教育目的和教育计划，根据本班儿童的身心发展规律和特点，选择合适的教育内容，采取合理的教育方式和方法，对儿童进行社会教育的形式。专门的社会教育活动具有比较明确的目标和计划性，内容也比较系统和集中，教师对儿童的组织和指导作用更加直接、更加明显，也更具有针对性。例如，对于刚入园的儿童，教师可以组织一些有利于儿童认识幼儿园、认识小朋友的教育活动，帮助儿童尽快适应幼儿园的生活；针对一些儿童喜欢玩火，但又缺乏安全常识的状况，教师可以组织"消防队"等教育活动，帮助儿童认识"消防"这种社会劳动，认识消防员的工作特点，认识消防的重要性以及如何防火、如何保护自己，等等；针对儿童霸道、不知谦让等行为，教师可以组织"我的好朋友"等教育活动，帮助儿童认识到与同伴友好相处的重要性以及如何与小朋友相处，等等。

幼儿园的社会教育活动形式多样，因而具有多途径的特点，主要有以下三种形式。

（一）综合主题教育活动

综合主题教育活动是指教师组织幼儿围绕一个中心内容即主题，借助于环境和多方资源，综合运用上课、游戏、参观、劳动等教育形式和手段，预设和生成各种教育活动，以求帮助幼儿获得各种认知和经验，促进儿童社会化的一系列教育活动的统称。

综合主题教育活动是一种整合性的活动，具有开放性、综合性、整体性的特点。一个主题活动往往可以涉及社会、健康、语言、科学、艺术多个领域的教育内容，并融合生活、游戏、参观、社交、实践、表演、欣赏等活动形式,与幼儿的生活和经验、兴趣和需要以及幼儿园社会教育目标相结合,引导幼儿去亲历过程,整体感知,主体体验,表现表达,从而促进幼儿的社会认知、社会情感、社会行为能力等方面的发展。

综合主题教育活动内容广泛,题材多样,通常采用集体教育活动的方式,预设和生成相结合,以活动为载体,以环境为依托,在一定的时间里帮助幼儿对主题内容掌握得更加系统、全面、深刻。有的主题活动侧重社会认知,有的主题侧重情感的培养,有的主题则侧重行为习惯的养成。例如,"我从哪里来""我长大了""神奇的指纹""家里的电器""中国丝绸""各种各样的车""安全标志"等,就是侧重社会认知方面的主题教育活动;"我爱我家""我的老师""幼儿园真好""我爱家乡""让我来帮助你""我是中国人""祖国的宝岛——台湾"等,则侧重社会情感的培养;"我们怎样联系""环保小卫士""阳台上的安全""请耐心等待""下课十分钟"等,则是侧重社会行为习惯养成的主题教育活动。

综合主题教育活动可以根据主题的大小和儿童的经验、兴趣等来安排活动时间和次数,有的主题设计成单次教育活动即可,有的主题则需要一系列的教育活动来完成。

活动设计 3-5

我长大了（大班）

活动目标

1. 了解自己在不断地成长,对自身的发展变化产生关注和兴趣。

2. 发现自己的优点,并且愿意在集体面前展示出来。

3. 初步认识自己的不足,并愿意努力改进。

活动准备

1. 幼儿了解自己出生后在身体生长发育上的主要变化。

2. 幼儿小时候的衣服、鞋子、照片等。

3. PPT。

4. 表示幼儿能力发展的标志图:如笤帚(表示会扫地)、抹布(表示会擦桌子)、衣服(表示会穿衣)、话筒(表示会唱歌)、铃鼓(表示会演奏乐器)、图书(表示会安静地看书)……

活动过程

一、通过 PPT 演示,让幼儿了解自己和小时候相比,身高和体重以及能力的变化

1. 引导幼儿观看 PPT,让幼儿知道自己是从妈妈肚子里来到这个世界上的,出生后慢慢长大,而且学会了很多本领,在长大过程中有许多变化。

2. 引导幼儿参观大家带来的小衣服、小鞋子等,让幼儿自己选择一样试穿,启发幼儿从身高、体重、手的大小、胳膊的长短等变化谈一谈:"我们小时候是什么样子的? 现在又是什么样子的?"让幼儿感受到自己的生理变化,然后说一说自己的心情。

3. 引导幼儿讨论:自己长大过程中学会了哪些本领,并在标志图上标出来,例如我会扫地、会擦桌子、会穿衣、会唱歌、会演奏乐器、会看书、会念儿歌、会画画、会数数等。

小结:小朋友们现在长高了、变重了……更重要的是学会了各种各样的本领,变得越来越能干,越来越可爱。

二、鼓励幼儿找出自己的优点,并且愿意在集体面前展示出来

1. 请幼儿说出自己的优点,并即兴画出来,贴在幼儿照片旁边,不断启发幼儿发现自己更多的优点。

2. 请幼儿在集体面前展示自己的本领和长处。例如朗诵儿歌、拼图、绘画、演奏乐器、跳舞、做操、穿衣服、系鞋带、帮助他人等。

3. 将平时收集的幼儿各种作品拿出来展示,激发幼儿的自豪感。

4. 将某些幼儿平时关心集体、爱护他人的行为录下来,放给幼儿看,引发幼儿互相发现更多的优点,并互相赞扬。

小结:每个小朋友都有自己的优点和长处,并且能够勇敢地将自己的优点在集体面前展示出来,小朋友们都很棒!

三、引导幼儿寻找自己的不足,鼓励幼儿今后要努力改进

1. 请幼儿谈谈自己在哪些方面还有不足,例如参加集体活动、游戏、关爱同伴、关心家人等方面,还需要如何改进。

2. 鼓励幼儿今后继续努力,争取不断的进步。

活动延伸

鼓励幼儿在家庭中学习关心家人,尊敬长辈,学做家务。

活动设计 3-6

祖国的宝岛——台湾(大班)[①]

活动目标

1. 初步了解有关台湾岛的基本知识,了解台湾是我国不可分割的一部分。

2. 初步培养热爱台湾岛的美好情感。

活动准备

中国地图,台湾岛的风景及特产图片,高山族服装图片。

活动过程

一、让儿童了解台湾是我国的领土,是我国不可分割的一部分

出示中国地图,引导儿童观察台湾的位置和形状,说明台湾是我国领土的一部分。

二、学习有关台湾的基本知识

1. 引导儿童了解台湾的风土民俗。

(1)观看高山族服装图片,认识高山族,知道高山族是居住在台湾的一个少数民族,并观察高山族服装特点。

(2)让儿童知道,台湾除有高山族居住以外,还有汉族和其他一些少数民族。

2. 引导儿童了解台湾特产。

初识台湾特产图片,引导儿童了解台湾气候炎热,水稻、甘蔗等是主要的农作物。台湾也是世界上樟树最多的地方,樟脑、樟油是台湾的重要出口产品。

3. 引导儿童了解台湾风光。

出示台湾风景图片,让儿童了解台湾是个非常美丽的地方,那里的阿里山、日月潭等是著名的旅游胜地,吸引了无数的中外游客。

三、小结

台湾是我国的领土,那里的人们勤劳、善良,那里特产丰富、风景优美,是我国的一个宝岛。

活动延伸

欣赏诗歌《我去台湾岛》。

[①]赵春梅.幼儿园活动设计实例(社会)[M].长春:吉林美术出版社,2000.

活动设计 3-7

中国丝绸（大班）[1]

活动目标

1. 了解丝绸的特点,知道丝绸是中国的特产,增强民族自豪感。
2. 感受丝绸的柔软、滑爽、漂亮,体验服装表演的乐趣。

活动准备

师生共同准备丝绸产品,如丝巾、裙子、各种丝绸衣服、旗袍裙、被面等(有条件的幼儿园可从丝绸厂要些边角料、布条等),布置活动室。儿童服装若干。

活动过程

一、欣赏丝绸产品

让幼儿摸一摸、看一看各种丝绸产品,也可贴在脸上、手背上试一试,然后让幼儿谈一谈丝绸是什么样的。

小结:丝绸很柔软、滑爽,摸着很舒服,看上去很漂亮。

二、提问:"哪儿盛产丝绸呢?"

小结:丝绸是中国的特产,我国苏州、杭州生产的丝绸很著名,辽宁丹东的丝绸也不错。

三、提问:"丝绸有什么用?"

小结:丝绸可以做丝巾、衣服、裙子、被面,穿着柔软、舒服,盖着漂亮、大方,摸起来真滑爽,中国人真了不起。

四、服装表演

1. 请幼儿分组挑选一两件自己喜欢的围巾、衣服(或布条)装扮起来,在欢快音乐的伴奏下进行服装表演。

2. 其他幼儿为表演者鼓掌,教师让幼儿指出,表演者穿戴的服装或布巾哪些是丝绸的,说对者,教师鼓励幼儿进行服装表演。

活动设计 3-8

神奇的指纹（大班）

活动目标

1. 通过观察,发现每个人的指纹都不一样,它是具有个人特征的记号。
2. 了解指纹的类型及指纹的用途,提高观察能力及探索能力。

活动准备

1. 布置"指纹画展"。
2.《黑猫警长》录像片段。
3. 放大镜、印泥、白纸、实物投影仪、硬卡纸等。

活动过程

一、参观"指纹画展",萌发探索兴趣

1. 今天我们要去看一个特殊的画展,请小朋友们仔细看。
2. 幼儿观看"指纹画展"。

---

[1] 杨丽珠,吴文菊.幼儿社会性发展与教育[M].大连:辽宁师范大学出版社,2000.

教师提问：

（1）你发现了什么？

（2）这些画和我们平时画的画有什么不一样？（这些画是用指纹印出来的。）

二、观察指纹，了解指纹的外部特征

1. 你有指纹吗？指纹在哪里？

2. 幼儿用放大镜观察自己的指纹，或是用印泥将指纹印到纸上进行观察，并与同伴的指纹进行比较。

教师引导幼儿进一步观察：你的指纹是什么样的？你每个手指的指纹都一样吗？你的指纹和别的小朋友的指纹一样吗？哪里不一样？

3. 小结：每个人的指纹都不一样，它是每个人的特征之一。

三、观察指纹的类型

1. 将几个幼儿的指纹印放到实物投影仪上，引导幼儿观察指纹的类型。

2. 找出三种比较常见的指纹类型，引导幼儿观察。（第一种叫弓型纹，它的中心像一把弯弯的弓；第二种叫蹄型纹，它的中心向左或向右偏，很像马蹄；第三种叫涡型纹，它的中心像小旋涡。）

3. 让幼儿统计自己各类指纹的数量，巩固认识指纹的类型。

四、观看录像《黑猫警长》，了解指纹的用途

1. 幼儿观看录像《黑猫警长》

提问：黑猫警长是如何破案的？（通过罪犯留下的指纹找到罪犯。）

教师小结：指纹能够帮助警察破案，因为每个人的指纹都不一样，它是具有个人特征的记号。

2. 了解指纹的其他用途

提问：指纹还有哪些奇妙的用途？（指纹锁、指纹门、指纹冰箱、指纹钱包、指纹手机、指纹汽车等。）

3. 为什么这些物品上用上指纹会更好？（每个人的指纹都不一样，就像身份证。）

活动延伸

幼儿制作指纹身份证。上有幼儿姓名、性别、班级名称及指纹印。

（来源：http://www.cnfirst.net/youeryuanjiaoan/2009-04-05/110849.html）

活动设计 3-9

请耐心等待（中班）

活动目标

1. 知道生活中有很多情况需要等待，不等待会造成麻烦。

2. 感受适当等待带来的轻松和便利，做到等待时不急躁，有耐心。

3. 了解玩游戏、聊天等几种积极的等待方式，知道边等待边做事能让等待变得有趣、充实。

活动准备

纸和笔、糖果和小蛋糕。

活动过程

一、游戏导入，激发幼儿思考

1. 师：小朋友，今天老师给你们带了爱吃的糖果和小蛋糕，等音乐响时，大家跟着我一齐跑去拿，好不好？

2. 游戏后师幼讨论：刚才拿糖果的时候大家是什么样的？（乱哄哄的）这样好不好？怎样做才好呢？

小结：大家都着急，抢着去拿，没有秩序，就会乱哄哄的，而且速度反而很慢。如果大家都能有秩序地等待，不拥挤，一个一个来拿就好了。

二、再次游戏

让幼儿排好两队分别拿糖果和蛋糕，体验适当等待带来的轻松和便利。

三、经验拓展

让幼儿知道生活中有很多情况都需要等待，不等待会造成麻烦，并学会如何更好地度过等待时间。

1. 师幼讨论：生活中还有什么时候我们也需要耐心等待呢？

小结：玩沙子之前，小朋友需要耐心等待，一个一个换好套鞋；玩滑梯的时候不能拥挤，要等着一个滑完一个再滑；喝水的时候要排队等待，一个一个来接水喝；户外活动也要等大家排好队再一起往外走；游乐场人多的时候要排队轮流玩；买东西人多的时候也要有秩序地排队等待……

2. 师幼讨论：长时间等待时应该如何度过才更合适？

小结：玩游戏、听歌曲、唱歌、看周围的美景、聊天、画画等，都会让等待变得有趣而充实。

四、动手操作

尝试设计提醒标志，培养幼儿等待的意识和习惯。

1. 提问讨论：如果有些事情需要我们耐心等待，你有什么话想告诉大家？有什么办法提醒大家呢？

小结：可以把想说的话简短地写出来，做成温馨提示牌。也可以设计一些标志，提醒大家注意秩序，学会耐心等待。

2. 教师给幼儿准备纸和笔等辅助材料，教师巡回观察，适当指导。

3. 教师帮助幼儿把想说的话记下来，并和幼儿一起把温馨小提示或标志贴到需要的地方去。

活动设计 3-10

下课十分钟（大班）

设计意图

进入"我要上小学了"主题活动后，我们带领着孩子们参观了小学，来到小学，孩子们显得特别兴奋，一会儿看这里一会儿看那里，对小学的建筑、花草、食堂、图书馆都很感兴趣。当我们来到教学楼的时候，孩子们趴在窗口想看哥哥姐姐们上课，下课铃响了，孩子们开心地和哥哥姐姐们一起玩。通过本活动让小朋友进一步了解在下课十分钟里可以做什么事，进一步了解小学生活。

活动目标

1. 了解下课十分钟需要或者可以做的事，养成良好的行为习惯。

2. 初步学会记录时间。

3. 激发做小学生的积极情感。

活动准备

1. 已参观过小学下课的前期经验。

2. 幼儿自备书包，小学学习用品若干。

3. 和小学相关的课件。

4. 自制大的课程表。

5. 下课十分钟记录表。

活动过程

一、直接导入

1. 上个星期我们去参观小学的时候哥哥姐姐们正在上课，他们是怎么上课的？

2．展示课件,进一步了解小学的情况。

小结:他们上课时坐得端正,听得认真。

提问:哥哥姐姐们是不是从早到晚连续地上课呀?

二、交流讨论

1．小学生下课十分钟都做了什么事情?

2．幼儿讨论并交流:

好的方面:上厕所、卷铅笔、整理书包、换书、同学间问问题、做游戏、跳绳等。

不好的方面:你推我打闹着玩、低头做作业等。

讨论:

(1)你觉得哥哥姐姐们的这些行为哪些是正确的,应该在下课十分钟里完成的?

(2)哪些是不正确的,不该在下课十分钟里完成的? 为什么?

小结:

(1)上课有时写字要用铅笔的,如果我们没有在下课时间把学习用品准备好,上课时就跟不上了。

(2)你推我打的玩法很不安全,会伤害自己也会伤害别人。

3．提问讨论:

(1)刚才我们看到一位姐姐在整理书包,要换一本书,你猜她是怎么知道下节课要上什么的呢?(看课程表)那今天老师就要考考你们课程表到底是怎么看的。

(2)今天是星期几? 如果我们正在上星期五上午的第二节课,下课后我们该准备哪节课的学习用品了?

如果现在我们正在上星期二上午的第三节课,下课后我们该准备好哪节课的学习用品呀?

三、模拟下课十分钟并记录

1．下面老师也给你们下课十分钟时间,你们自己看一下,想一下,自己需要做些什么事情?(实际操作)

2．你在十分钟里做了哪些事? 为什么你做了这些事?

3．老师看到有些小朋友在十分钟里做了很多事情,我都记不住了,你们愿意把自己做过的事记录下来告诉老师吗?

四、幼儿交流自己的记录和心得

五、小结本次活动内容,再次提醒幼儿下课十分钟应该干什么,活动结束

(来源:http://www.cnfirst.net/youeryuanjiaoan/2009-04-05/110575.html)

(二) 游戏

游戏是儿童最喜爱、最能发挥主体性的活动,游戏本身就是他们认识社会、参与社会生活的一种独特方式。通过游戏,不仅可以满足儿童参加成人生活的愿望,而且对于他们的社会认知、人际交往、社会行为等都有其他教育形式不可替代的作用。游戏不仅可以独立作为社会教育的活动形式,而且也可以和其他教育形式相结合使用。

儿童喜欢游戏,随时随地就会开始游戏。例如,儿童戴上大檐帽就认为自己成了“警察”,指挥起“交通”来;手里拿个圆圈类的东西就成了“司机”,嘴里“嘀嘀嘀”地开起汽车来。儿童在游戏中体验到了社会生活的快乐,也在游戏中发展了社会性。

对儿童社会性发展影响较大的游戏,主要是角色游戏、表演游戏等。在这些游戏中,儿童必须和同伴协商内容、分配角色、处理纠纷、克服困难,以保证游戏的顺利进行。这就促使儿童不断地认识自己,协调自己与他人的关系,提高自己的社会交往能力。

教师应该重视游戏在儿童社会化中的教育功能,使游戏真正成为儿童社会教育的途径。教师应有

意识地为儿童设计相应的游戏活动、创设游戏情境,如"如何招待客人""如何请求别人帮忙",等等,让幼儿通过游戏过程来明确处理问题的方法,建立友好关系。除此以外,还应尽量尊重儿童、相信儿童,发挥儿童的主体性,让儿童自己选择游戏内容、自己分配角色、自己处理游戏中的问题,并从时间和机会上多为儿童提供方便。还可根据需要适当地参与到儿童游戏中,给予灵活的指导。

活动设计 3-11

大班角色游戏活动

主题:麦当劳、花店、城、我的家、超市、银行

游戏目的

1. 能积极参与角色游戏,对角色游戏形成浓厚的兴趣,能正确反映角色的社会职责和角色相互之间的社会关系。

2. 能自主选择角色,学会用协商的方法分配角色,学会分工合作,与同伴友好交往,分享游戏的快乐,初步学会解决在游戏中出现的问题。

3. 培养热爱、礼貌待人、遵守规则等良好的品德行为。

4. 尝试选用替代物来丰富游戏。

游戏准备

1. 家中常用的家具、炊具、餐具、食品等。

2. 货柜、货架、商品、宣传单、导购员和收银员的服装及工作牌。

3. 汉堡包、薯条、鸡腿、可乐等。

4. 各种绢花、塑料花、纸花、包装纸等。

5. 各种玩具、"存折""钱"等。

游戏预设

1. 提出游戏主题,幼儿自由选择。

2. 幼儿看录像,讨论解决上次游戏时出现的问题。

让幼儿通过录像看上次游戏情况,讨论上次做得不够好的地方,例如,取钱没排队、花店的东西乱放等,并提出改正的方法,例如,请工作人员监督排队;多搬一张桌子来放东西;去超市买的东西太多时,可以用袋子来装等。

3. 幼儿分组,自主选择游戏,学会协商分配角色,合作布置游戏场所。

4. 老师以"记者"的身份参与游戏,在游戏过程中指导幼儿遵守游戏规则,讲文明,有礼貌,引导幼儿大胆地模仿扮演角色,动脑筋大胆地选择可用的替代物。

5. 结束游戏,讲评游戏。

(1) 请幼儿说一说:你在玩游戏时有什么开心的事与大家分享? 你最喜欢谁? 为什么?

(2) 说说在游戏中发现的问题,让幼儿思考,想办法解决,为下一次游戏做好准备。

(来源:http://www.61ertong.com/youeryuanjiaoan/319/330/80489.html)

(三) 区域活动

作为集体教育活动的补充,区域活动也是幼儿园社会教育的途径之一。在区域活动中,儿童可以自主选择,自发地活动,并且以小组活动的形式,有协商、有配合,精神上没有压力。而且,活动区也给儿童提供了更多的自由交往和自由表现的机会,使儿童能够增进互相了解、增长知识。像角色游戏区、积木区、语言区、音乐区,以及"我有一双小巧手""娃娃家""饲养角"等活动区,都可以对儿童的社会性发展起

到良好的促进作用。儿童在不同的区域里自由地说笑、操作、听音乐、表演、玩积木、阅读、饲养小动物等,乐趣无穷。

通过活动区对幼儿进行社会教育,主要是通过活动材料的投放来实现教育的功能,让幼儿在与活动材料、环境、同伴的互动中实现发展的目标。因此,创设有利于儿童社会性发展的环境,尤其是投放相应的材料就显得非常重要。

首先,应为幼儿提供数量充足的材料。研究表明,在活动面积较大、活动材料丰富的情况下,儿童的竞争性、侵犯性和破坏性都低于活动空间小、活动材料缺乏的情况。

其次,应根据儿童的年龄特点和发展的需要提供不同种类的材料。尤其应注意投放一些需要儿童互相合作、互相帮助的材料。例如在积木区,大型的积木更有利于儿童之间的协商和分工合作,能使儿童在相互配合中学习处理人际关系、解决矛盾和各种问题。因此,各活动区应精心设计,以有利于儿童社会性的发展。

活动设计 3-12

区域活动设计——家乡的小吃（中班）

设计意图

在"爱家乡"这个主题线索下,我生成了这次区域活动"家乡的小吃"。在活动前,孩子们对家乡瑞金的小吃已经有一定的了解,而且在实际生活中也都吃过。在活动中,孩子们可以利用各种材料制作家乡的小吃,还可以通过角色买卖游戏"家乡小吃店",同时还可以利用自制图书《瑞金特色小吃》,让孩子进一步了解家乡的小吃,并鼓励孩子进一步利用投放的材料去合作制作图书。在活动中,孩子们的动手能力、交往能力、语言表达能力、合作能力、学习能力都可以得到提高。

活动目标

1. 积极动手制作各种小吃,提高动手能力,并进一步丰富对家乡小吃的认识。
2. 在游戏情境中,积极主动地与人交往,并通过活动增进对家乡小吃的喜爱之情。
3. 通过对家乡小吃的了解,主动尝试与人合作制作图书《瑞金特色小吃》。
4. 体验区域活动的快乐。

活动准备

知识经验准备:幼儿对家乡小吃有一定的了解,并吃过,到店里买过,看他人做过。

材料准备:和孩子利用以往的区域活动制作价格表、店面招牌等布置好"瑞金特色小吃"店。

孩子和家长一起制作关于瑞金小吃的图书,可以是各种小吃的图片,也可以是关于某一种小吃的故事、饮食文化,等等。

活动材料准备

美工区:海绵纸、白纸、挂历纸、泡沫、橡皮泥、盘子,已制作好的部分小吃示范。

将场地一角布置成"家乡小吃店",有店面招牌、价目表、桌子、厨师服、店员服、盘子、筷子等。

图书角:自制图书《瑞金特色小吃》、相关小吃图片、蜡笔、卡纸、白纸、装订机等。

活动过程

一、谈话导入

1. 小朋友,我们瑞金有很多好吃的小吃,你们都吃过哪些小吃呢?（请幼儿根据生活经验讲一讲）

2. 你到过特色小吃店吃这些小吃吗? 店员是怎样招呼你的? 你看过爸爸、妈妈或是店里的厨师做家乡小吃吗? 是怎样做的呢?

二、介绍各区域材料及活动要求

角色游戏区：老师和小朋友已经将这里布置成了"家乡小吃店"。这个店专门卖我们瑞金的特色小吃，有仙草冻、豆饼、艾草米果、芋饺，等等，小朋友可以扮演店员、厨师、小客人，扮演店员的小朋友穿好工作服，扮演厨师的小朋友戴好厨师帽。扮演小厨师的在"厨房"里站好，扮演店员的小朋友看见客人来了应该热情地招呼他，客人走时也要有礼貌。

美工区：老师在美工区准备了各种海绵纸、白纸、挂历纸、泡沫等材料，每个盒子里也有老师做好的小吃，你们可以利用这些材料，像老师那样去制作我们家乡的各种特色小吃。还可以继续为"家乡小吃店"制作新的菜单、价目表、广告牌等。

图书角：已经有爸爸、妈妈和小朋友一起制作的图书《瑞金特色小吃》，小朋友可以去看，还可以按照他们的方法，画画或是剪贴，几个小朋友合作也来制作一本《瑞金特色小吃》。

三、幼儿自主选择区域进行活动

四、教师观察与指导幼儿活动，根据幼儿活动情况，考虑是否以顾客的身份进行介入或指导

美工区：观察幼儿制作情况，鼓励幼儿大胆动手制作。

图书角：鼓励幼儿大胆用画、贴等方式合作制作图书，协助幼儿进行装订等工作。

五、组织幼儿收拾材料

要求把材料放回原处，垃圾捡到垃圾篓。

六、评价幼儿活动情况

（来源：http://www.jy135.com/html/zhongbanhuodong/zhongbanquyuhuodong/2013/0625/48944.html）

（四）环境创设

儿童的社会性发展和教育是一个综合的过程，需要多方面条件的配合。因此，在教育活动中，教师还应注意创设良好的教育环境以及利用社区教育资源来辅助进行社会教育，这也是幼儿园社会教育活动的组成部分。从一定意义上说，儿童的社会教育就是一种环境教育。通过创设教育环境来教育儿童，是现代幼儿教育的一项革命，也是一大进步。

1. 幼儿园物质环境的创设

幼儿园园舍应力求设计合理、美观、和谐，有利于陶冶儿童的性情，培养儿童的品格。园舍的建筑风格要活泼、协调，色彩清新、雅致，空间适当。整个幼儿园不拥挤，但又不让人感到空旷，有利于儿童的活动。

活动室的布置丰富但不繁杂，物品摆放要井井有条，而且应尽量摆放一些儿童自己的作品。在空间安排上，应注意保持适当的空间密度，避免过分拥挤而造成儿童的攻击性行为增多，或者空间过大而造成的消极社会性行为。既要有集体活动的空间，又要有儿童自由活动的空间，如果有条件，还可以为儿童设置一定的私密空间。为了配合某一主题的教育活动，还可以设置特殊的环境。例如，为了进行"爱家乡、爱祖国"的教育，可以在活动室布置"可爱的家乡、可爱的祖国"展览，让儿童在收集材料、布置展览的过程中，认识家乡、认识伟大的祖国，从而激发儿童爱家乡、爱祖国的情感。

发动幼儿参与环境创设也是对儿童进行社会教育的手段。通过参与，儿童的主体意识、责任感、儿童之间的信任感和合作精神等都可以得到培养。儿童可以从中认识到自己的力量，体验成功的喜悦，提高自尊心和自信心。还可以感受到集体的力量，认识到大家要商量、要分工、要互相帮助和配合，等等。因此，儿童参与环境创设的过程也是学习、表现、交流、创造的过程，这本身就是一种社会教育。

2. 幼儿园精神环境的创设

幼儿园的精神环境主要是指幼儿园的人际关系以及由此带来的心理气氛等，具体体现在教师与儿

童、儿童与儿童之间、教师与教师之间的相互关系给儿童带来的影响。对于儿童的社会性发展而言，精神环境的创设更为重要。

教师应以亲切的语言、赞赏的目光、友善的态度、平等的身份与儿童交往，理解儿童的各种需要，允许儿童表达自己的想法和建议。对儿童恰当的社会行为应该表示支持、尊重和接受，并做出积极的反应；对于儿童不恰当的行为也不宜采用过于严厉的手段和表情，更不能体罚，以免让儿童产生心理压力。教师还可以采用非言语手段，如采用微笑、注视、点头、手势、抚摸、拥抱、亲吻等来表示对儿童的关心、爱抚和赞许等，达到"此时无声胜有声"的效果，使儿童能从教师的态度中感受到教师对自己的爱，从而产生亲近老师、热爱老师、相信老师的情感，教师的教育才能产生积极的效果。

教师还应创设良好的班级气氛，引导儿童的人际交往，使儿童之间的关系融洽、友好，从而产生归属感、安全感。在充满友谊和温馨的班级气氛中，儿童的良好社会行为才能形成。

第一，教师应为儿童创设一个积极交往的气氛，增加交往的机会。例如，对于刚入园的儿童，教师可以让他们互相介绍自己，使他们逐渐消除陌生感和胆怯心理。在日常生活中，引导儿童相互交流自己的思想、感情，了解别人的需要，了解他人的情绪状态，学会移情。对于性格内向、不善主动的儿童，教师要多加鼓励、引导，增强他们的自信心和积极的情感。

对于儿童的自由交往和交流，如果不影响其他人的活动或教师教学的话，教师不应过多地干涉。当儿童遇到了某种困难，或者发生了较大的冲突时，教师再去进行恰当的指导和引导。

第二，引导儿童之间互相关心、互相帮助。儿童在生活中或学习中出现了困难，教师可以引导儿童之间互相帮助解决。例如，一个儿童摔倒了，教师可以让其他小朋友把他扶起来；一个儿童的手工总是做不好，教师可以让做得好的儿童教他。教师要教会儿童互相表达自己的谢意。如果儿童之间出现了争执，教师可以引导他们自己解决，提高协调的能力。此外，还可以通过节日庆祝活动、故事会、合作游戏等活动形式，使儿童增进了解、增进友谊，把班级建成一个团结、温暖的大家庭。

教师是儿童的榜样，教师之间互相关心、合作，可以使儿童产生安全感和归属感，同时也给儿童提供了耳濡目染的学习机会。教师之间要友好，工作上要配合，不当着孩子的面说别的老师坏话，不诋毁别人，不互相拆台。班级教师乃至全体教师之间，都应尽力为儿童创造一个宽松、温情的精神环境。

二、随机教育

《指南》指出，儿童社会领域的学习是其社会性不断完善并奠定健全人格基础的过程。儿童社会性的发展和教育绝不是几次集体教育活动就能完全实现的，有些道理也不是教师的几次开导就能让儿童深刻体会的，儿童的社会性发展和教育是一个长期的过程。在这个过程中，除教师有目的、有计划的专门的社会教育活动以外，儿童的日常生活中、自由活动时间、意外突发的时候以及其他领域的教育活动中，也都蕴含了很多社会教育机会。因此，除专门的社会教育活动外，教师还应重视各种情况下、各种活动中的随机教育，让儿童在社会生活这个真实而生动的大课堂里不断地接受教育和熏陶，让一日生活及各项活动都能渗透社会教育。

随机教育，就是要求教师借偶发之事，对儿童进行潜移默化的教育，要求教师要有意识地关注儿童的生活动态，随时发现和捕捉其中隐含的课程资源和教育机会来实施社会教育。随机教育由于其偶然性与即时性、情景性与对应性、教育性与迁移性、广泛性与多样化等鲜明特征而更容易被儿童理解和接受，在儿童社会教育方面具有独特的功能。随机教育体现的是教师对教育时机的恰当把握和教育匠心的独到运用。

（一）日常生活中的随机教育

儿童的日常生活中蕴含了许多社会教育的因素，如入（离）园、进餐、盥洗、如厕、做操、值日、娱乐等活动，都是渗透社会教育的机会。例如，儿童入（离）园的时候，可以渗透礼貌教育，教儿童如何待人接物；进餐时，可以渗透节约粮食以及饮食文化等方面的教育；值日可以渗透独立生活、克服困难、为他人服务等教育；散步时，可以引导幼儿观察周围的环境……随机教育可以渗透在儿童的一日生活之中。

在儿童自由的活动、自发的游戏中，教师可以针对情况进行指导。例如，儿童为争夺活动场地或器材发生了争执，教师应该注意渗透团结、友爱的教育，并教给儿童处理问题的方法；有的儿童无法加入别人的游戏中，教师可以教给他一些人际交往的技巧；有的儿童不愿意参加集体性的游戏，教师除鼓励他参加游戏以外，还可以让其他儿童来邀请他加入游戏，增强他的合群性，等等。

教师还应针对生活中的偶发事件进行随机教育。例如，某儿童生病了，教师可以引导其他儿童对他进行关心和照顾，激发儿童之间的友爱之情；某儿童把他人的饭菜撞翻了，教师可以引导儿童恰当处理，等等。

教师应提高随机教育意识，利用一切机会对儿童进行社会教育，促使儿童良好生活习惯和行为习惯的形成。

⭐ 案例 3-3

在一次幼教交流活动中，有一位老师讲"礼仪"中的"接待客人"，教师设计了好多情景表演，环环相扣地演示接待客人时应注意的问题。活动进行到一半时，有几位迟到的参观者推门而入。这时，讲课的教师灵机一动，问孩子们："小朋友们，我们班来了几位漂亮的老师，她们都是我们的客人，我们该怎样接待她们？"然后，讲课的教师示意刚进门的老师配合孩子们的活动。这时，孩子们七嘴八舌地说了起来："先向客人问好，然后……"接下来，老师找孩子进行演示。在幼儿表演结束后，老师又进行了最直接的随机教育，她把幼儿分成若干组，向所有参观的老师进行接待活动。这样一来，既摒弃了传统的活动模式，又让孩子们活跃了起来。通过这种随机教育，加深了幼儿对活动的印象，让整个教学活动显得十分生动，也超出了预期的活动目标。

⭐ 案例 3-4

有一次，孩子们进行户外活动时，我发现地上有一张废纸，于是弯腰捡了起来。这时一个孩子看到了问我："老师，你为什么把纸捡起来啊？"我故意大声说："因为垃圾会影响幼儿园的美观啊！如果不把废纸捡起来的话，幼儿园多脏啊！小朋友要爱护自己的幼儿园呀！也要保护环境！""如果小朋友看到有垃圾也应该把它捡起来，对吗？""在马路上也要把地上的垃圾扔到垃圾箱里去！"几天后我经常发现孩子们主动弯腰捡垃圾的现象，并及时给予了表扬。

（来源：http://www.yojochina.com）

⭐ 案例 3-5

有一次，我要带领孩子出去做操，有的孩子穿不上衣服，急得团团转。有的孩子已经穿好了，我就引导说："现在有的小朋友已经穿好了衣服，可是还有很多小朋友没有穿好衣服，我们该怎么办呢？"这时穿好衣服的幼儿立刻开始帮助别人穿衣服了。有的帮着扣扣子，有的帮着拉拉链，有的帮着戴帽子。被帮助的幼儿也非常有礼貌地道谢，我及时表扬了孩子们。在我不断的明示和暗示下，班里互相帮助的事儿越来越多，孩子们之间也更加融洽，我们班就像一个温馨的大家庭。

（来源：http://www.jzb.com/bbs/thread-5569123-1-1.html）

（二）其他领域活动中的随机教育

幼儿园其他领域的教育活动中同样蕴含着丰富的社会教育契机，教师应注意利用。科学领域的教育活动中，可以培养儿童对科学积极认知的态度，对科学积极探究的精神，在操作性的活动中还可以培养儿童不怕困难、团结合作的精神。例如关于"粮食"的主题，可以把粮食的用途、对人类的重要意义以及节约粮食等社会性的教育贯穿进去。在语言领域，很多文学作品和活动形式都包含了社会教育的内容。例如，故事表演《小羊过桥》可以教育儿童互相谦让；《狼来了》可以教育儿童要诚实，不撒谎；《小猫钓鱼》可以教育幼儿做事情不能三心二意，应该专心，等等。在艺术领域的活动中，可以利用各种文艺作品和歌曲、音乐欣赏、表演等艺术活动让儿童体验、表达社会情感，与同伴交流沟通。例如，通过唱歌表演《泼水歌》，教育儿童和小朋友友好相处；通过舞蹈《摘果子》教育儿童热爱劳动等。在健康领域，可以通过各种活动培养儿童勇敢、坚强、乐观的精神和互相配合的能力。例如，在各类竞赛性的游戏中，可以教育儿童团结一致和胜不骄、败不馁的精神；在高跷、抛接球、跳绳、玩皮球等游戏活动中，教育儿童要互相协助、互相体谅；儿童不慎摔倒了，或者产生了畏惧情绪时，教师要鼓励儿童坚强、勇敢。

在其他领域的活动中，社会教育的内容和过程常常被忽略，教师往往只注意实现某一领域的活动目标，而缺乏考虑能够随机实现的社会教育目标，无形中失去了很多教育机会。教师应提高社会教育意识，挖掘各领域活动中的社会教育因素，抓住各种教育契机，多管齐下，全面地进行社会教育。

除此以外，在节日活动中渗透社会教育也是非常有效的途径。例如，"三八"节进行爱妈妈教育、"五一"节进行爱劳动教育、国庆节进行爱国主义教育，等等。

三、家园合作

儿童社会性的发展，是幼儿园、家庭、社会共同教育的结果。幼儿园是实施社会教育的专门机构，有比较良好的教育条件和受过专门训练的保教人员，按照国家的教育目标并结合儿童的特点进行教育。但是，家庭也是儿童生活、学习的主要场所，而且家庭对儿童社会性的影响是潜移默化的，具有连续性和相对稳定性的特点。家长也能够比较细致、系统地了解自己的孩子，可以根据孩子的具体表现进行有针对性的教育。同时，家长和孩子之间的亲缘关系也使得孩子对家长有一种特别的尊敬和爱戴，容易服从家长的管教，因而家庭教育的效果也更加显著。也可以说，家庭对孩子社会化的影响是其他教育机构不可替代的。因此，幼儿园必须与家长密切联系、相互配合，共同担负教育任务。

家园合作有利于教师了解每个儿童的家庭状况以及家庭教育情况，了解儿童的兴趣、爱好、生活习惯，同时也了解儿童社会性方面的缺点和不足，以便更有针对性地进行社会教育。家园合作有利于家庭教育和幼儿园教育保持一致。作为儿童社会教育的两个重要场所，只有协调一致，才能充分发挥教育的整体作用，保证儿童社会性的协调发展。否则，就会削弱、抵消教育的效果。例如，教师比较注重发挥儿童的独立性和主动性，鼓励他们自己来做一些事情，而家长对孩子的事情则容易包办代替；对待儿童之间的争执、争吵，家长和教师的态度和教育也有所不同。因此，家园合作有利于统一教育观念，发挥幼儿园教育和家庭教育双方的优势，获得良好的教育效果。家园一致的教育还可以减少儿童的困惑和不安，增强对教师和家长的信任，提高学习效率。

家园合作有利于发挥幼儿园的教育辐射作用，向家长宣传科学的教育思想和理念，带动家庭的社会教育。也可以使家长有机会参与到幼儿园的教育活动中，为儿童提供更为科学的教育和帮助。

资料 3-2

《中华人民共和国家庭教育促进法》2022年1月1日开始正式实施，这是我国首次就家庭教育进行专门立法。家庭教育从"家事"上升到"国事"，父母们开启了"依法带娃"的时代。2021年1月、8月和10月，经过全国人大三次审议草案，《中华人民共和国家庭教育促进法》于10月23

日正式表决通过。该部法律分为六章五十五条，分别从家庭责任、国家支持、社会协同和法律责任等方面对未成年人监护人和社会对家庭教育应当承担的责任进行了划分和规定。这是继《教育法》《义务教育法》和新版《未成年人保护法》后，又一部教育领域的重磅法规。

家园合作的方式多种多样，主要有以下十二种。

（一）家长会

家长是幼儿教育的重要资源，召开家长会是幼儿园普遍采用的一种家园合作方式。家长会可以分为常规性的家长会和专题性的家长会。常规性的家长会一般在学期初和学期末进行。学期初的家长会主要是教师把幼儿园的基本情况和本学期的活动安排、教育措施等向家长进行介绍，还可以讨论一些当前大家都关心的问题，以帮助家长了解教师的教学、幼儿园的作息时间、规章制度，形成统一意见等。学期末的家长会主要是把本学期的工作以及幼儿的发展情况进行总结，并倾听家长的意见和建议。专题性的家长会则形式多样，可以是一次热门话题的讨论，也可以是一次幼儿的比赛，还可以是一次演出欣赏，目的是让家长进一步了解和理解幼儿园的教育活动，配合幼儿园搞好教育。

组织家长会，教师应做好以下三个方面的工作。

1. 做好家长会的准备工作

家长会的准备工作主要包括思想方面的准备和物质方面的准备。在思想准备方面，教师首先要通过问卷或交谈等方式了解家长的意见和需要以及最近关心的话题，以确定家长会的内容和形式。家长会的形式应力求灵活多样，能体现出互动与合作的宗旨。可以根据幼儿园的条件采取家庭娱乐比赛、家教经验交流、家长教育讲座、户外游览等形式，使家长、教师和幼儿都能参与到活动中，达到交流、合作的目的，并从专业上给予引领。其次，教师还要把本次家长会的程序设计好，确定好主持人、发言人和其他工作人员，为家长会的召开打好基础。在物质方面，教师要准备好相应的文章和资料、发言稿、场地、桌椅、音箱、扩音器、道具等，以保证家长会的顺利进行。

2. 组织好家长会

教师要把家长会的时间和地点以及注意事项提前一周口头或书面通知家长，如有特殊要求要具体说明。家长到来后要由教师引导到相应的会场或班级去。还可以准备一些幼儿的作业或幼儿在园生活视频供先到的家长观看。开会时间一般以通知时间为准，不要拖延过久，如果确实来的家长太少可以通知先到的家长稍作等待，并表示歉意。

在家长会中，教师一定要尊重家长，不要以发号施令的态度和语气对待家长。开会时要思想明确，语言简练易懂，层次清楚。开会的时间不要过长，以免幼儿或家长厌烦。

3. 做好记录和总结

召开家长会之后，教师要对此次家长会从形式到内容进行总结和反思，要总结成功的经验，吸取失败的教训。对孩子们表现出来的问题以及家长们反映的问题要进行记录，以确定下一步的工作重点。

总之，应该把家长会变成生动活泼、互动积极的一种家园合作方式，并发挥其应有的教育辐射作用。

（二）家访

家访是教师进入儿童家庭了解儿童情况的一种方式。家访可以使教师更详细地了解儿童的家庭状况和儿童各方面的表现，也有助于增进教师和儿童及家长的情感交流，取得儿童和家长的信任和支持，并能够有针对性地和家长合作，提出教育建议。

家访可以分为新生入园家访、特殊幼儿的定期家访、突发事件家访、问题幼儿重点家访、生病幼儿家访等。儿童入园前进行家访,重点是了解儿童的情况。在家访中,教师可以了解儿童家长的工作、生活情况,了解儿童的个性、爱好、习惯等,为儿童入园后的教育做准备。也可以对家长进行指导,帮助儿童更快地适应幼儿园生活。还可以让儿童提前认识和熟悉老师,产生入园的欲望。平时也可以根据情况随时进行家访。例如,有的儿童生病了,教师可以到生病的儿童家里去慰问患儿;有的儿童不小心把同伴的手砸破了,教师要到双方家里商量解决问题的办法;有的儿童表现很好,教师也可以到儿童家里,对儿童的良好表现进行鼓励;对于表现不够好的儿童,教师也可以到儿童的家里和家长商讨教育的方法。

教师在家访工作中要做好以下四点。

1. 家访前要明确家访目的,做好充分准备

家访之前,教师一定要明确自己本次家访的目的,并有所侧重地做好准备工作。如果是新生入园家访,教师要全面了解幼儿的情况,如幼儿身体的状况、兴趣、爱好、个性特点、生活习惯、自理能力等。通过和家长及幼儿的交流,一方面减少幼儿入园后的陌生感,一方面使家长产生信任感。如果是特殊幼儿家访,要事先对该幼儿的情况作全面的了解,有针对性地和家长进行交流。

2. 家访中要注意摆正与家长的关系

家访是教师和家长两个教育伙伴一起切磋教育方法的活动过程,双方是平等的伙伴关系。教师要尊重家长,以真诚的态度建立和保持与家长的平等关系。家访时,教师要做到态度和蔼可亲,语言简洁易懂;不随便在幼儿家里吃饭,不收家长的馈赠。教师还可以有意识地留出与家长讨论的时间,让家长和幼儿提出自己感兴趣的问题。同时,教师还要多观察幼儿的家庭情况,如亲子关系、家庭环境和气氛、家长的素质等,以便更全面地了解幼儿的家庭情况。

3. 家访后要及时进行分析和总结

教师的家访不是走形式、走过场,教师一定要对家访结果进行总结和分析,并根据现实情况制订出切实可行的教育计划和教育措施。例如,在日常工作中,教师发现一个幼儿特别任性,通过家访发现这个孩子任性主要是由于隔代抚养造成的,于是教师和家长进行了沟通,指出了孩子教育过程中的问题,并和家长制定出了家园合作教育的具体措施。这样的家访才真正起到了作用,使得教育更具有针对性、实效性。

4. 要注意家访的时间和效率

教师要提前与家长约定好家访的时间和家访的主要内容,使家长心中有数。当教师不能按时上门家访时,要向家长说明情况,并另外约定时间。教师还可以根据家长的要求随时上门家访,真正达到家园合作的目的。

教师家访时应该特别注意:家访不是向家长告状,不是向家长发号施令。应该本着了解幼儿、了解家长情况、接受建议或提出建议的目的进行家访,一定要注意交流的方式和态度,使家长和儿童易于接受。

(三) 个别交谈

个别交谈是教师在儿童入园或离园时把儿童一天的表现和家长进行简短的交流,使家长得知近日或者当天孩子在园的情况,或者家长把孩子在家的进步,三言两语地告诉老师的一种沟通方式。这种沟通方式非常方便,可以使家园双方及时地了解幼儿的情况,采取有效的教育措施。这是一种最简便、最及时和最经常的家园联系方式。

个别交谈有利于教师及时了解儿童的情况,并指导家长的教育。例如,某小朋友有挑食的不良习惯,不肯吃蔬菜。家长把这个情况告诉了老师,并请老师多加关注。在中午用餐时,教师就有意识地鼓励这个小朋友吃了一些蔬菜,虽吃得不多,但对他来说却是个进步,教师很高兴。在离园时教师还当着孩子的面向家长表扬了孩子的进步,家长听后也十分高兴地表扬了孩子,孩子受到这一次次的表扬和鼓

励后,挑食的毛病逐渐改掉了。

个别交谈也有利于家长了解幼儿的情况,并和教师及时配合进行教育。例如,教师发现某个儿童一天来总是闷闷不乐,也不爱跟小朋友玩,吃饭也不好。教师就可以及时和家长交谈,把这些情况告诉家长,同时了解儿童在家的表现,共同寻求解决的办法。

约请家长来园面谈是另一种有目的、有准备、有一定深度的交谈。一般来说,采取这种约谈方式是由于下述两种情况。一是孩子存在某种比较突出的问题,或者孩子的家庭教育中存在问题而需要家长和教师共同研究、配合教育。这种交谈需要教师事先做充分的准备,抱着诚恳、耐心的态度,在取得家长理解和信任的基础上进行。另外一种情况是家长主动约教师面谈,想了解孩子近期发展情况与教育要求。这种交谈是由教师向家长比较全面地汇报孩子的发展、进步以及存在的问题,通报近期的教育目标和家园配合的要求,商讨今后的合作教育内容等。这种约谈形式,教师也需事先认真准备,包括汇集、分析有关孩子发展的材料,准备提出的问题及解决问题的初步设想等。在交谈时,教师态度要诚恳,还应设法营造良好的氛围,使家长消除思想顾虑,轻松地参与交谈。

（四）家园联系园地

幼儿园在过道里、走廊上或儿童活动室门口专门开辟出一块地方,作为"家园联系园地",使教师和家长的联系更加直接、更加方便。在家园联系园地,教师和家长可以进行多方面的交流,如：

(1) 宣传儿童社会教育的资料、文章;

(2) 本班社会教育活动的计划、教案,以及对家长的一些配合、协助方面的要求;

(3) 孩子、教师、家庭、幼儿园等活动的照片;

(4) 孩子自制的玩具、绘画、手工作品;

(5) 提醒家长需要关注的一些保健小常识等问题,如幼儿的安全方面、饮食方面、预防接种方面等;

(6) 优秀的儿童文学作品、儿童自编的作品;

(7) 本班儿童的成长趣事、童言趣语;

(8) 幼儿园近期的食谱;

(9) 家长在孩子社会教育方面的经验和体会;

(10) 家长对幼儿园社会教育活动的建议。

如果有时间,教师和家长可以直接交谈,交换看法;如果时间紧张,可以通过家园联系园地进行交流。应该注意,家园联系园地的内容应注意办得生动活泼,能吸引家长观看。文章、资料等要短小精悍,可由教师自己编写,或摘录报刊上的内容,也可以是家长提供的经验、体会等。家园联系园地应设在家长接送孩子的必经之处,而且内容应根据情况适时更换,做到及时、有效、针对性强。

（五）家园联系手册

教师还可以运用家园联系手册(见表3-1)与家长联系,把幼儿在园的社会认知情况、人际交往情况、社会行为等填写到联系册上,家长把自己的看法及要求也填写在联系册上,定期进行联系。家园联系手册一般每周交换一次,周五家长接孩子时带回家,从中了解孩子在幼儿园的情况,了解幼儿园的教育内容和方法,了解下周的教育计划以及对家长的要求。下周一儿童入园时带回幼儿园,教师又从中了解儿童双休日在家里的表现以及家长的意见和要求。

家园联系手册不仅是教师和家长交流幼儿发展状况的一种手段,也是系统记载幼儿成长过程的一种形式。其内容不仅要反映幼儿在学习、生活和游戏活动中的表现,而且还要反映幼儿发展的整体面貌。既可以反映幼儿表现好的一面,也要反映需要改进的地方。要侧重反映幼儿的变化与新的情况,结合孩子个体的发展实际来写。手册样式既可以是表格形式,也可以运用其他形式。

表 3-1　家园联系手册

姓名：

项　目 ＼ 表　现	星期一	星期二	星期三	星期四	星期五	星期六	星期日
情绪							
做游戏							
和同伴交往							
礼貌							
值日工作							
生活自理能力							

注：表中的"项目"内容可以根据需要增减，以全面反映儿童的社会性发展为宜。

📖 资料 3-3

幼儿园小班家园联系手册

_____年____月____日　星期六　2 岁 8 个月 23 天

第二三周在园表现

班主任意见：

　　强强逐渐适应幼儿园的生活，在学习和户外活动时能高兴地跟大家在一起，但一到吃饭和午睡时就有点想妈妈了，希望强强能尽快适应幼儿园的生活，每天都能开开心心的！

幼儿在家表现：

　　强强在家尊重长辈，吃什么东西都会想着留给爸爸妈妈，也是个讲道理、爱清洁的小朋友。

　　强强玩过的玩具从来都不会收拾，叫他收拾也不愿意，除非是鼓励他比赛才愿意。

　　在自己睡觉方面依赖性过强，一定要陪睡，对妈妈的依赖性过强。

　　希望以后逐渐可以修正过来，做个独立的小宝贝。

第四五周在园表现

班主任意见：

　　强强逐渐适应了幼儿园的集体生活。早上能看到他高兴地来到班级，表扬！不过午睡方面还需要努力。

幼儿在家表现：

　　通过幼儿园的集体生活，强强对妈妈的依赖性在逐渐减少，会主动邀请爸爸单独带他下去玩。很值得表扬！

　　通过春游也发现强强的确不会找朋友一起玩耍，希望老师协助鼓励大孩子先主动找强强交流，相信慢慢地强强也会和小朋友打成一片的。谢谢！

第六七周在园表现

班主任意见：

　　宝宝早上回园又有闹情绪的现象，不过较快地又开心起来了。对于家长提到交往同伴的现象，老师会时时引导幼儿的。请家长放心，望强强能交到更多的朋友。

幼儿在家表现：

强强在家很爱学习。喜欢听妈妈讲故事、读儿歌,喜欢根据故事内容做情景游戏。在三位老师的精心照料下,感觉强强已经完全适应了幼儿园的集体生活。这段时间真是辛苦三位老师了。真是很开心看到强强开始享受他的幼儿园生活。谢谢老师。

（摘自 http://shirleyhjiang.bb.iyaya.com/riji.php.）

（六）家长开放日

幼儿园定期或不定期地向家长开放,邀请家长来幼儿园听课或参观,把幼儿园的教育情况向家长公开或公布,使家长更加了解幼儿园教师的工作,了解自己的孩子在幼儿园的情况,并进一步发现孩子的特点和需要,改进家庭教育。例如,有的家长在开放日观看了教师组织的教育活动"我的爸爸",发现自己的孩子在描述爸爸时说到"爸爸很忙,他要去工作,要挣钱给我买玩具,他没时间和我玩,其实我非常想和他玩,我看不见他时特别想他……"这位家长特别感动,他说自己原来以为孩子小,多买点玩具和零食就够了,原来孩子不仅仅需要这些。从此这位家长无论多忙,都会抽出一些时间陪孩子。还有的家长从教师的教学活动中学到了更多的教学方法,自己在家庭教育中也去模仿老师,收到了很好的教育效果。

孩子们也很喜欢家长到幼儿园来观摩和参与他们的活动,在活动中孩子们会更加积极和认真。有些幼儿园把家长开放日活动与教育活动很好地结合起来,请家长和孩子们共同参加各种活动。例如,家长和孩子共同开展游艺活动、参加亲子运动会、同台演出等,对于家园合作起到了很好的作用,不仅提高了幼儿园工作的透明度,而且扩大了家长的参与度,使家园关系更为密切,在教育孩子方面配合更为默契。

家长开放日可以是一整天,也可以是半天,也可以是开放某些教育活动。既可以全园开放,也可以各班轮流开放。

开放前,教师和儿童要做好准备;开放时,教师要向家长讲清开放的目的,提醒家长应该注意的事项,并为家长提供各种方便条件,以利于家长的观察。同时,也可以组织一些其他形式的活动,如家庭教育咨询、家教讲座、亲子活动等。

📖 **资料 3-4**

幼儿园家长开放日活动方案计划

设计意图: 本次的家长开放日活动时间正好接近圣诞节,为了更有效地利用家长集中的时间,让家长们每次到幼儿园参加活动时都有一种全新的感觉,我们中班老师经过商量决定将本次活动设计成开放日活动、化装舞会、感恩活动、圣诞大餐的"满汉全席"。

活动时间: 12 月 22 日 14:00—18:00。

活动地点: 上课地点由班级老师决定,"中班迎圣诞化装舞会"在四楼天台。

活动安排:

一、14:00—15:00

各班老师选择功能室召开班级家长座谈会。

二、15:00—15:30

家长观看幼儿起床、穿衣、盥洗、午点等活动。

三、15:35—16:00

各班老师分组上课。

四、16:05—16:30

家长为孩子化装打扮,上四楼天台。

五、16：35—17：10

亲子圆圈舞、火车舞、找朋友三个集体舞，为12月的小寿星过生日。

六、17：15—17：40

在歌曲《感恩的心》的旋律中，孩子们寻找与自己身上号码相对应的礼物，找到礼物后，对自己的父母说一句感谢的话。

七、17：45—18：15

共同分享每个家庭带来的"圣诞大餐"，鼓励幼儿上小舞台大胆展示自己。

八、18：20

活动结束。

（摘自中国儿童教育网）

（七）家长委员会

家长委员会由家长组成，由家长自愿组织或选举产生。家长委员会的职责主要是协助幼儿园的各项工作，参加幼儿园的建设和管理，和幼儿园共同拟定儿童教育的目标，把幼儿园的要求传递给家长，同时也反映家长的意见和要求。它是一种代表着全体家长和幼儿利益的常设性群众组织，也是一种家园共育的形式。家长委员会作为家庭与幼儿园之间联系的桥梁和纽带，对增进家庭和幼儿园之间的信息传递、整合家庭和幼儿园的教育资源，形成教育合力等能够起到巨大的促进作用，更有利于家长和幼儿园之间进行平等的、经常的、双向的沟通与交流，提高信息交流的效率。

家长委员会可以作为幼儿园的一个部门定期开展工作，并发挥家长在儿童社会教育方面的优势。例如，在各个岗位上工作的家长，可以利用自身的专业优势，为儿童社会教育提供直接的帮助，如在医院工作的家长可以给儿童介绍卫生知识，当交警的家长可以给幼儿介绍交警的工作特点和交通常识等。

家长委员会可以提高家长的教育责任感，提高家长参与教育的意识和热情。幼儿园应该和家长委员会密切合作，共同为儿童的社会教育出力。

但是，现实中由于种种原因，家长委员会没能发挥出应有的作用。例如，很多幼儿园对家长委员会的重视程度不够，甚至担心家长委员会影响幼儿园的正常管理和教学工作，因此对家长委员会的工作不够支持。另一方面，由于职责不明，家长委员会不清楚应该如何发挥自己的作用。在这样的情况下，家长委员会的存在显得徒有形式，其作用难以真正发挥出来。

要让家长委员会真正发挥作用，幼儿园必须转变观念，真正认识到家长委员会的作用，为家长委员会提供施展作用的空间，并完善相关的规章制度，保证家长委员会的运作有章可循。还要通过家长会、家园小报等多种形式大力宣传家长委员会的工作性质和意义，纠正教师和家长的误解。只有这样，家长委员会才能奉献出自己的智慧、精力和时间，为幼儿园的发展出谋划策。

下面是上海市长宁区天山新村第二幼儿园关于家长委员会的章程，章程中不仅明确了家长委员会的性质和职能，而且明确了家长委员会成员的权利和义务，为家长委员会的运作提供了制度上的保障。

📖 **资料 3-5**

这样的留念更有意义

大班的小朋友即将毕业了，为幼儿园留下什么样的毕业纪念礼物，成了他们关心和探讨的话题。家长委员会也向幼儿园了解以往毕业留念的情况。家长们一方面想感谢幼儿园对孩子三年的培育，另一方面认为留念的形式也很有意义。

几位家委会成员，在征集完班级家长的想法后，与园长及老师们进行询问、沟通并征求意见。

园长在了解家长的想法后说："特别感谢家长对幼儿园工作的认可,也感谢小朋友和家长们想送给幼儿园礼物的这份感恩的心愿,但是送什么一方面取决于我们小朋友和家长的意愿,什么样的纪念更有意义,更能够代表小朋友的感恩之情;另一方面从幼儿园的角度,更适合幼儿园的现状和需求,我们要让留念成为有意义的留念,有回忆的童年。"家长们听了园长的话都表示赞同,有家长提议向幼儿园赠送图书或者赠送玩具做留念……这时园长又说:"我们大班小朋友的留念不仅仅是形式上的,而是要留在孩子们的回忆中,留在幼儿园,能见证与幼儿园共同成长的过程……,大家还记得六一儿童节两个园区小朋友在互访的过程中进行了种树的环节,这种方式和内容是否可以运用到毕业留念中?"

家长们及在场的老师们纷纷表示,我们觉得如果要是用种树的方式表达,这样的留念更有意义,一方面小朋友可以根据内容去讨论种树的树种,这棵毕业树将代表每一个毕业生,幼儿园里的老师会认真照顾这棵毕业树,它会在幼儿园里慢慢地长大,见证着小朋友与幼儿园共同成长的过程。大家一致认为,把种植毕业树确定为毕业留念的内容。园长又说:"这种种树的方式可以成为幼儿园的传统,每一届毕业的幼儿都将种下毕业树,这些代表着毕业生的毕业树在这里慢慢长大,象征着每一届的毕业生在这里与幼儿园共同成长。"

接着,孩子们和家长一起讨论确定留念树种,在安全、适合幼儿园种植的前提下,选择合适的种植场地,制作有每一个幼儿签字的小树碑,一起挖树坑种植,留下对幼儿园美好的记忆和祝福……最终第一棵毕业树——山楂树在幼儿园种植成功,家委会表示:"孩子们选出的山楂树容易成活,还有果实,以后可以和弟弟妹妹分享山楂树,和孩子们一起慢慢长大,就像孩子们依旧留在幼儿园一样,这个毕业留念太有意义了!"

幼儿毕业留念这件事,对幼儿园的整体工作来说是很小的一部分工作内容,但是园长能够抓住点滴小事,把握幼儿活动与教育的价值,使毕业留念不流于形式,而是让其成为幼儿童年的回忆,让留念更有意义。此外园长也珍惜家长们在参与过程中所起到的作用。在整个工作推进过程中,园长亲自与家长们进行交流,不仅了解了家长们的想法,并通过讨论最终确定有意义的留念方式。家长们看到留念的意义与价值,并带领幼儿共同参与活动,让毕业活动成为孩子们的一个美好回忆。

2020年在疫情暴发的这个特殊时期,园长更是亲自召集家委会,让家长了解毕业树的意义和对幼儿发展的价值,虽然孩子们不能见面,但却在家长们的带领下,用不同的方式完成了毕业留念活动:用线上投票的方式征集,并确定毕业树的树种,制作电子幼儿手签字书牌,家长代表到幼儿园种植并网络直播给全体大班幼儿及家长,将幼儿园的祝福和希望,带给每一个毕业生……2020年种下的海棠树,它将在幼儿园和即将进入小学的毕业生一起长大!

毕业树——有意义的留念,有回忆的童年!

📖 **资料 3-6**

天山新村第二幼儿园家长委员会章程

（试行稿）

（2007年1月经过新一届家长委员会讨论并通过实施）

第一章 总 则

第一条 天山新村第二幼儿园家长委员会(以下简称家委会)是以幼儿家长为主体,幼儿园周边社区有关人员等共同参与,协助幼儿园共同开展幼儿园教育工作,支持、监督幼儿园工作的群众性组织。

第二条　家委会的宗旨是为了全面贯彻党的教育方针,充分发挥家长对幼儿园教育活动和管理的参谋、监督作用,为家长、社区支持参与幼儿园管理提供制度保障,增加幼儿园办学的透明度,增强社会对幼儿园办学的监督力度,进一步提升幼儿园的办学水平。

第二章　组　　织

第三条　设立幼儿园、年级、班级三级家长委员会。班级家长委员会家长代表3~5人,主要工作职责是加强家长与老师的沟通和联系,积极参与班级教育教学工作。年级家长委员会家长代表6~10人,主要工作职责是协助开展年级中各项工作。校级家委会每班代表2人,设主任1名,副主任1名,社区监督员1名,委员2名,主要工作职责是参与幼儿园管理工作。园级家委会成员产生由家长自荐、班主任推荐,幼儿园根据多方因素综合考虑后确定。三级家委会分别在园长、教研组长、班主任的协调下开展工作。

第四条　家委会成员应具备以下条件。

1. 具有一定的文化素养和良好的心理品质,有一定的组织管理能力、协调能力和社会活动能力。

2. 热心教育事业,思想进步,作风正派,按时参加委员会所组织的各项活动。

3. 参政议政意识较强,积极为幼儿园教育教学改革献计献策。

4. 为全面贯彻党的教育方针,推动幼儿园的教育教学改革向更高层次发展作出积极贡献。

第五条　家委会成员每届任期1年,到期后可以连任。

第三章　职　　能

第六条　家委会应发挥以下各方面的作用。

1. 参与幼儿园民主管理,支持幼儿园的教育、教学改革,督促幼儿园全面贯彻教育方针。

2. 加强幼儿园和家庭的沟通,密切保持幼儿园和家庭、社区的联系,促进幼儿园、家庭社区教育一体化的形成。

3. 参与研究和制订幼儿园工作计划,了解学校的各项工作情况,以更好地开展工作。

4. 配合幼儿园共同研讨教育、教学的相关问题,切实提高教育质量。

5. 保障家长对于幼儿园教育的知情权、选择权、监督权、评议权和参与决策权。

6. 要关心维护幼儿园的荣誉,及时反馈社会、家庭对幼儿园教育教学工作的反响和意见,以提高幼儿园在社会的声誉。

第四章　权利和义务

第七条　家委会根据幼儿园和家长的授权,可行使下列权利。

1. 有权参与幼儿园发展规划和年度总结的审议。

2. 有权负责组织实施幼儿园年度考核的社会评价。

3. 有权提出有利于提高教育教学质量、发展幼儿园的意见、建议。

4. 有权了解幼儿园重大教育教学改革方案的制订。

5. 有权参与幼儿园重大教育教学的相关活动。

第八条　家委会应履行下列义务。

1. 家长委员会成员,应通过各种形式和渠道,向全社会和家庭宣传教育下一代的重要性,使全社会都来重视教育下一代工作。

2. 积极探索如何发动全体家长参与教育,调动家长的积极性,为幼儿园的教育改革、教育事业的发展献计献策,并尽自己的力量配合幼儿园、教师开展各项工作。

3. 经常吸收、听取家长对学校、教师的意见、建议、要求,经分析研究后,向幼儿园老师提出建议性意见或改进的办法和措施,最后再把幼儿园、教师改进意见反馈给全体家长。

4. 家委会一般每学期召开1~2次会议,如有必要,可根据需要临时召开家委会会议。家委会对确定的事项进行表决时,应遵循少数服从多数的原则。

5. 家委会召开会议由家委会负责人召集,在会议前一天准备好提交讨论的事项并通知各委员。园级家委会由园长召集,年级家委会由教研组长召集,班级家委会由班主任召集,会议内容可与家委会商定。

6. 家委会成员应自觉遵守章程,积极参加活动,为促进学校教育教学改革和发展教育事业贡献自己的一份力量。

第五章 附 则

第九条 本章程实施过程中,委员会可根据实际情况进行必要的修改。

第十条 本章程经家委会讨论同意之日起生效。

天山新村第二幼儿园
2007 年 1 月

(摘自 http://www.flashkj.net/lw/yuer/jtjy/jyhz/200904/30861.html,flash 课件资源网)

（八）家庭教育讲座

家庭教育讲座是由幼儿园教师或幼教专家就某一主题开展讲座,以帮助家长树立正确的教育观念,为家长提供家教方面的指导。例如,以"关注孩子的性格培养,为孩子社会性的发展打好基础"为主题的家教讲座,不仅可以使家长认识到良好的性格在儿童社会性发展过程中的重要性,而且还可以使家长了解家庭教育中容易出现的误区,以及家园配合、共同培养幼儿良好性格的方法,等等;"如何提高孩子的自我保护意识"的讲座,可以使家长了解更多的教育孩子自我保护的方法,提高家长在这方面的警惕性等;"关注孩子的心理健康"方面的讲座,可以使家长了解和重视孩子的心理健康问题,提高家长的教育意识,等等。

家庭教育讲座可以定期或不定期举行,讲座内容可以根据儿童发展的需要或家庭教育的现状来确定。教师要善于发现问题、分析问题,并及时利用家庭教育讲座来解决各种问题。讲座过程必须做到理论联系实际、深入浅出,切实解决家长在教育上的困惑,既要提高家长的认识,又要帮助家长解决操作性的问题,切忌照本宣科,空讲理论。

举办家庭教育讲座,园长和教师必须事先做充分的准备,要根据幼儿园的教育需要提前确定好讲座的主题,并弄清家长在家教中存在的问题或困惑,了解家长的实际需要。如果请有关专家来讲或参与研讨的话,要提前一至两周和专家联系,告知讲座的主题内容和注意事项,让专家做好相应的准备。

（九）亲子活动

幼儿园作为一个重要的儿童教育机构,应充分发挥资源优势,开展多种形式的亲子活动,如亲子游戏活动、亲子运动会、角色表演,等等。还可以开设亲子教育学校、亲子教育热线、亲子图书馆等,宣传儿童教育的先进理念,指导家庭亲子教育。

活动设计 3-13

猜一猜[1]

活动目标

1. 培养儿童的记忆力和判断力。

---

[1]李生兰.幼儿家庭教育[M].上海:上海教育出版社,2000.

2. 密切亲子关系,加深亲子之间的感情。

活动准备

屏风一具,面具若干。

活动过程

一、教师致辞,说明此次活动的目的和意义

二、"孩子看服装猜家长"活动

教师先让儿童记住自己的爸爸、妈妈穿的衣服鞋帽,然后把儿童带到屏风的一侧,另一侧的家长分别戴上面具,一组一组地走出来。儿童经过仔细观察,如果发现有自己的爸爸、妈妈,则走上前相认,如果认对了,教师就给儿童贴上一个小标记,以示鼓励,然后让儿童和自己的爸爸妈妈回到座位上;如果认错了,则继续等待,直到认对为止。

三、"家长听声音猜孩子"活动

教师带儿童到屏风的一侧,家长坐在另一侧等待。活动开始,教师一一地安排每一个儿童说一句话。另一侧的家长如果听出是自己的孩子在说话,就站起来相认,如果认对了,教师就让孩子和家长回到座位上去;如果猜错了,家长就继续听声音直到猜出自己的孩子为止。

（十）家庭教育经验交流

许多家长在教育孩子的过程中,积累了很多宝贵的经验,幼儿园应该为家长搭建一个交流的平台,发挥家长之间的教育作用,这也是家园合作、指导家庭教育的一种很好的形式。例如,有的家长在培养孩子的独立性方面有独到的方法,可以让家长把自己的教育体会介绍给大家;有的家长在处理孩子看电视的问题上做得不错,可以和其他家长交流经验;还有家长在教育孩子和与孩子相处上有困惑,也可以与其他家长交流学习,园方和专家给予指导。家长们互相学习、互通有无,使孩子们更加受益,也使幼儿园的教育更加顺利。

幼儿园在此项合作活动中应该注意发挥组织者的作用。除平时要注意发现和了解家长在教育孩子方面的独到之处,为经验交流做准备以外,还应在专业方面给予必要的指导。例如,帮助家长准备材料,提供相关的理论依据等。家长经验交流时还要注意调节会场气氛,创设出和谐、友好、宽松的交流氛围。每位家长发言完毕时教师要适当地点评,概括出家长的主要观点和优秀的育儿经验,帮助家长们树立正确的育儿观念,掌握良好的教育方法。

以下是家庭教育和幼教老师的一些案例以及专家给予的点评,可能对读者有所启发。

⭐ **案例 3-6**

在尊重和爱的世界里尽情涂鸦

所有的孩子都爱涂鸦,朵朵也不例外! 最开始,她只在画板上随便画。后来,她发现墙上也能画,以至于家具、鱼缸、衣服、电器、包装盒都没能幸免!

我总是不经意地发现,这儿多了几笔,那儿又画了一团,到处是像龙卷风、毛线团那样的痕迹。虽然一眼看上去乱乱的,但仔细欣赏,你会发现这里面的乐趣和美!

后来,我和朵朵约定好,划分了可以涂鸦的区域。餐厅区和电视背景墙归姐姐,沙发背景墙和书房是她的地盘,大家只能在自己的区域画。朵朵牢牢记住了这个约定。从此以后,朵朵就在自己的区域画画,一有时间就去画几笔,不知不觉,整面墙都快画满了!

后来,我又在卧室开辟了一面墙给她,她常常一边画一边还喃喃自语地讲她画出来的故事。虽然每次讲,可能都有新的发现。这是女儿创作的迷宫。每天从幼儿园回来她都会上去添几条路。如此超强的表现力令我惊讶!

朵朵在不知不觉中,用画笔表现自己的感情和思想,不仅充实了她的心灵,也美化了我们的家,愉悦了我们的心情。每天看她在墙面上安静专注地涂鸦,总有一种感动充盈于我的心间……

（辽宁省抚顺市新抚区幼儿园中三班家长）

点评: 没有一个"爱"字,却看到浓浓的爱与发自内心的欣赏从图文中源源不断地涌出来。充分的自由与适度的规则,孩子只有在充满尊重与安全感的世界里才会淋漓尽致地发挥潜能,创造精彩。如果你还在阻止孩子涂鸦,那么你很有可能扼杀了一个天才!

🌟 案例 3-7

别急! 听听孩子怎么说

一天晚上,我从厨房里走出来,看见3岁多的女儿把一条大浴巾铺在地板上,自己踩在上面跳来跳去。这条浴巾可是我今天刚洗好收回来的,她竟然……我又急又气,就要呵斥女儿。她却一脸兴奋地对我说:"妈妈,你看,我正在云朵上面跳舞呢!"看着她兴奋得发红的小脸,我一愣,再也呵斥不出来。我按捺住内心的震动,坐下来欣赏女儿跳舞。她一会儿跳跃,一会儿转圈,一会儿躺到大浴巾上打滚。那一脸陶醉的样子,仿佛自己真的置身云朵之上,在美丽的天空中自由挥洒。跳了好一会儿,她才停下来,爬到我怀里。我不禁感叹,感谢女儿及时表达了自己,让我今晚能够欣赏到美丽的云端之舞。

（广东省广州市番禺区红日幼儿园　徐雪银）

点评: 弄脏刚洗的浴巾,在成年人眼里,可能是孩子的调皮和破坏;然而,在孩子纯净而美好的心灵里,却可能是动听的音乐和美丽的云朵。他们并无破坏的意图。如果我们从成年人的视角出发,急着批评教育孩子,孩子那独特的视角和惊人的想象力,就会被粗暴地扼杀。所以,当遇到"破坏"性事件时,别急,听听孩子怎么说。

🌟 案例 3-8

我要画不一样的牛

今天,孩子们要画牛。我让孩子们观察了关于牛的图片和范画,然后便开始画了。

《每片树叶都不同》,陈奕希9岁,中国儿童中心推荐

"快来看呀,笑笑的牛身上长刺了。"孩子们都凑过去。"她画的牛棚好乱!""你画的小孩手里怎么就拿一根草来喂牛呀?……""你画的和老师的不一样!"孩子们七嘴八舌,我也走过去。笑笑显得有点尴尬。我鼓励笑笑讲讲她的画。"这是牛毛,我姥姥家的牛身上就长了好多牛毛。""这是草栏子,是装草的地方,姥姥家的牛草就装在那里。""我姥爷每天中午都会赶牛去小河喝水,我画的小孩是我。"

每个孩子都是一个独一无二、富有创造力的、有思想的个体。笑笑的画让我反思美术活动不应用范画束缚孩子的思维。

经验来源于生活,真实体验远比图片和范画更能激发孩子创作的热情。我要多为孩子们创造条件,丰富他们的生活经验,增加他们的感性认识,让他们有更精彩的表现!

(吉林省柳河县教师进修学校　高莉莉)

点评:教师聆听并鼓励孩子的创造表现值得点赞!爱孩子就让他充分地感受生活,并以他自己的方式去绽放吧!

⭐ **案例 3-9**

妈妈,你是不是不喜欢我?

有一次,我带5岁的女儿去买水果,她兴高采烈地跟着我挑水果,老板称赞说:"你家宝贝真是又漂亮又能干,这么小就会帮妈妈的忙了。"听到老板的话,我心里美滋滋,但嘴上却说:"哪有啊,在家调皮着呢。"这样的对话对于大人来说再普通不过了,但没想到回到车上,涵涵嘟着小嘴巴说:"妈妈,你为什么总是在别人表扬我时都要否认呢?是不是不喜欢我?"听女儿这么说,我的脑袋瞬间"嗡"了一下!

假如我的回答是:"是的,我家宝贝在家也是经常帮我一起做家务。"听到这样的答案,既能让女儿感受到妈妈对自己的肯定,又能从话语中受到鼓励,这样一举两得的事情,何乐而不为呢!

(广东省丰顺县实验幼儿园大三班　涵涵妈妈)

点评：当你客气地回应别人对孩子的赞扬时，你会想到孩子已经受到伤害了吗？四五岁的孩子正处于"自我认同"关键期，孩子会特别在意"我行吗？""你喜欢我吗？"孩子的自我价值感，需要父母给予维护和提升！这位家长能够及时反思并找到方法，对孩子来说是一件多么庆幸的事情！

案例 3-10

"蜗牛"带我去散步

早晨，我像往常一样催促儿子快点起床去幼儿园，然后好去练车，第二天要考试了。我心急火燎，却发现儿子把牙刷咬在嘴里，站在玩具架前玩玩具。我气坏了，大声喊他的名字，并狠狠打了他屁股一巴掌。儿子被我突如其来的举动吓坏了，傻傻地站在那儿，眼里充满了恐惧，手里还拿着没拼好的磁力棒。等我批评完，儿子怯怯地说："妈妈，我想拼一个太阳花，你对着太阳花许愿，明天考试就一定会通过。"我愣住了，一把把他拥在怀中，说不出话来。

工作和生活的压力常常让我身心俱疲、浮躁焦虑，难免迁怒于儿子。可我的"小蜗牛"却用他的爱和善良把我浮躁的心熨平了。过去总以为是"我"在牵着蜗牛散步，其实，是上帝让蜗牛牵着"我"享受人生。

（乐乐班　轩轩妈妈）

点评：当孩子表现出不符合成人期望的行为时，成人常常会简单、粗暴地加以批评，甚至打骂，这是对孩子极大的不尊重。其实，如果耐心倾听孩子"为什么要这样做"，你会发现，回报你的，一定是像"太阳花"一般温暖幸福的爱和惊喜。

案例 3-11

别让过度赞美麻痹了孩子

明明很喜欢画画。可是有一次展览作品的时候，他噘着嘴说："不论我画成什么样子，老师都会说画得真不错。小海（班上的小朋友）胡乱涂上颜色老师也会夸她，还给她和我一样的奖品，真没意思！"

薇薇也是从小被爸爸妈妈夸大的，偶露微笑，大家就赞赏："宝宝笑得真好看！"刚咿呀学语，大家就夸奖她："宝宝真聪明！"甚至连发脾气耍性子的时候也不忘赏识："薇薇真有个性！"可随着她慢慢长大，家长和老师渐渐发现一个严重的问题：薇薇只愿听好话，不能听任何批评，而且经受不起一点点挫折。

在我带过的班中，有不少孩子在盲目的表扬和肯定中极易自以为是，甚至出现沮丧、愤激、退避或敌对的行为，家长却浑然不觉。

点评：过度赏识和不必要的赞美，并不能有效表达你对孩子的喜爱，在一定程度上还会让孩子过于依赖外在的评价，而没有真正投入事物本身，久而久之，会弱化孩子的责任感和上进心，缺乏做事的动力。

案例 3-12

还给孩子一个快乐的童年

女儿朵朵还没出生,我就开始规划她的未来。7个月起开始识字,把所有的家具都贴上汉字标签;从《三字经》《千字文》到唐诗,一字一句地教她背诵。朵朵的记忆力非常好,背得又快又准。这令我骄傲不已。可等她3岁,问题却来了:她太安静了,同龄孩子都在外面玩,她却一个人在角落里看书。这让我开始反思:我的操之过急会不会毁掉她本该快乐的童年? 我小时候和小伙伴快乐无忧地玩耍,和神奇的大自然亲密接触……哪有什么早教? 哪认得什么字? 现在我不是也很好吗?

我决定改变,不再强迫朵朵额外学太多知识,而朵朵的成绩却一直名列前茅。每天看着朵朵自由、开心的笑脸,我感到无比知足。

点评:童年生活具有独特、不可替代的价值。可孩子的童年却常常背负成人太多的期望,未出生时就提前"规划",7个月就提前教识字、背唐诗……"不能输在起跑线上"的代价就是牺牲孩子的快乐和自由。可喜的是,妈妈及时反思了自己的问题,果断"放弃",让女儿回归了快乐童年,获得了健康成长。

(十一)教师邮箱

在和家长联系的过程中,多数的家长都愿意当面和教师交流,但是也有一些家长由于工作忙没有时间和教师见面详谈,或者由于其他原因不能或不愿意当面和教师交流。针对这种情况,各班可以设立教师邮箱,请家长把自己的意见和建议等用邮件的方式反映给教师,以便于教师了解家长的要求和意见。教师及时回答家长的问题,和家长保持联系和沟通。

除以上介绍的方式以外,教师还可以通过打电话、家教咨询、家园小报、宣传橱窗、书信、便签等方式加强幼儿园与家庭的联系。

(十二)向家庭教育延伸

幼儿园作为专业的幼教机构,不仅要通过家园合作来宣传自己的教育思想和教育理念,取得家庭的配合与合作,而且还应该指导家长做好家庭中的社会教育。如果家长的知识水平、教育观念、教育能力或者家庭环境等出现问题的话,家庭社会教育就容易出现各种问题。例如,有的家长认为孩子在一起会不断地出现争执、打架等现象,干脆不让孩子和其他儿童玩了,跟着大人玩就可以了;还有的家长认为"树大自然直",教育不教育都差不多;有的家长对社会的看法偏激,无形中也影响了孩子对社会的看法;有的家长不愿意社交,无形中也缩小了孩子的社交范围。这些都会造成儿童社会性发展的片面、封闭、滞后等不利的结果。因此,指导儿童的家庭社会教育也是幼儿园教师的一项重要任务。

在家庭社会教育中,教师可提醒家长注意以下五个方面。

1. 家长应带孩子到大自然、大社会中去接受教育

大自然、大社会蕴含了广泛的社会教育内容,只有让孩子参与到社会生活中,接受大自然、大社会的影响和熏陶,才能使孩子真正地认识社会,如果只让孩子在一个很有限的范围里接受抽象的说教,那孩子的社会性发展也就成了一句空话。因此,家长应多带孩子走出家门,到更加广泛的社会生活中去认识社会,体会多方面的社会生活。例如,生活在农村或城市家庭里的儿童,如果有条件和机会的话,可以互相走一走、看一看,城里的家长带孩子到乡村去感受乡村社会生活的特点,乡村的家长也可以带孩子到城市去感受一下城市社会生活的面貌,这样可以弥补孩子由于自然环境、人文环境、经济条件、文化资源的不同而造成的社会性发展的差异,实现对社会的更加完整的认识。

社区也是一所"没有围墙的大学",家长应注意挖掘和利用社区资源,对孩子进行社会性教育。例

如,可以带孩子去附近的图书馆借书、看电影、做运动等,培养孩子爱护公物的品德和待人接物的能力。

家长工作的单位、组织等也是儿童进行社会学习的场所,是社会的一部分,让儿童了解父母的工作单位和工作特点,学习跟父母的同事交往等也是发展儿童社会性的一种方式。

美国的一个妇女组织,在1993年首次提出"带女儿去上班"的口号,倡导在每年4月的第4个星期四,女孩子不必去幼儿园和学校,而是跟随父母去上班,之后也有一些单位允许男孩子随父母来上班,使孩子们在这一天学到了很多在幼儿园和学校学不到的东西[①]。

邻里之间的交往更加方便,孩子和居所附近的同龄伙伴交往,对社会性的发展非常有帮助。家长要鼓励孩子"串门",尤其是城市家庭,更应注意防止独生子女由于缺少交往伙伴而形成过早成熟的"小大人"倾向,或者形成自私、独占的性格。

2. 注意随机教育

家长要随时注意观察孩子,及时发现孩子的问题,并及时采取教育措施。例如,孩子吃饭时掉了不少饭粒儿,家长一方面要让孩子捡起来,另一方面要让孩子了解粮食是如何种出来的,农民种粮食很辛苦,等等,让孩子懂得节约粮食的道理。孩子在别人家做客时不懂事、没有礼貌,家长也要寻找合适的机会,对孩子进行相关的教育。

3. 利用电视、儿童读物、节日活动等进行教育

电视等大众媒体对儿童社会性发展的影响不容忽视。从现实情况看,儿童受电视内容的影响越来越大,学习的东西越来越多。但是,因为学前儿童还不善于分辨节目内容的好坏,所学习和模仿的内容有时是错误的甚至危险的,因此家长要予以正确的引导。例如,帮孩子选择有教育性、启发性、能够激发儿童求知欲的电视节目,而且最好和孩子一起看,教孩子正确理解节目内容,并把正确的观点传递给他们。

儿童读物也是家长对孩子进行社会教育的工具,家长要为孩子选择适合其年龄的、能促进其社会性健康发展的读物,使孩子通过儿童读物了解社会知识,提高认识能力。有时间的话,家长还应与孩子一起读书,这样不仅可以为孩子解释内容,而且密切了亲子关系。

节日庆祝活动也是社会生活的一项内容。我国有许多传统的和现代的节日,很多家庭也有自己值得庆祝的日子,可以让孩子参与这些节日的庆祝活动,加深孩子对社会的认识,激发孩子的社会情感和社会行为。例如,庆祝"春节"的活动,可以让孩子参与准备过节物品,和家长一起包饺子、贴对联、拜年,等等,了解过年的风俗习惯;"国庆节"到来时可以让孩子了解国庆节的来历,参与社会上的庆祝活动,增进孩子对祖国的情感;"世界环保日"可以对孩子进行环保教育,培养孩子爱护环境的意识,等等。

4. 组织孩子参与劳动,培养孩子的劳动意识和生活技能

家长应组织孩子参加一些力所能及的家务劳动或参加一些社会实践活动,如让孩子帮着择菜、扫地、浇花、照顾小动物,或者带孩子购物、植树、收割、参加社区公益活动,等等。这不仅增进了儿童对各种社会劳动、社会现象的认识,培养了儿童的劳动意识和劳动技能,同时还培养了儿童的责任心、自信心和意志力,提高了儿童的社会交往能力。

许多家长担心孩子年龄小、干不好,或者认为孩子根本就不应该劳动,以至于剥夺了孩子劳动的机会,造成了孩子的劳动意识差、动手能力差等结果,甚至让孩子对劳动产生了错误的认识,认为劳动又累又脏,这对儿童的社会性发展非常不利。其实,适当的劳动和实践是儿童所欢迎的,他们愿意动手参与一些劳动,愿意感受劳动时的那种气氛,尤其是孩子在自己的劳动成果面前所产生的那种成就感和自豪

①李生兰.幼儿家庭教育[M].上海:上海教育出版社,2000.

感,以及由此带来的自信、自尊是其他活动所无法相比的。况且,儿童通过动手劳动,还能掌握一定的劳动技能,提高自己的生存能力,这对于儿童未来的社会生活是非常有帮助的。因此,家长应组织儿童参加一些劳动,让孩子从小懂得,人人都是劳动者,参加社会劳动是每一个公民的义务,逐渐形成对劳动和劳动者的正确认识和态度。

5. 创设良好的家庭物质环境和精神环境

家长在布置家庭环境时,应注意向孩子倾斜,尽可能地考虑到孩子的需要。除尽量满足孩子学习、活动所需要的各种物质以外,也要尽量让孩子有自己的一片空间,如自己的小房间、单独的小床、自己的玩具柜、自己的游戏区域、自己的小书架等。让孩子在自己的空间里充分地展示自我,发挥自己的主动性和积极性,这对于儿童的自我意识、情绪情感、个性等方面的发展非常有利。

家庭精神环境的创设更加重要。家长应努力创设一个民主的家庭氛围,尊重孩子的独立人格,允许孩子发表不同于家长的意见,不把大人的意志强加给孩子。对孩子宽严结合,不娇惯溺爱,不姑息迁就。尽量和孩子像朋友一样相处。教育孩子时态度要温和,语气要平缓,不能尖刻粗暴,更不能责骂体罚、恐吓压制。评价孩子时要多用肯定的、正面的语言鼓励孩子,如“你真能干”“真不错”等,要多表扬孩子所做出的努力,不要光看到孩子的失败和错误。要看到孩子现在比以前的进步,不要总去和别的孩子进行横向比较,更不能用孩子的短处去比别人的长处,否则会让孩子产生灰心、丧气或者嫉妒、仇视等心理,产生交往障碍。另外,家庭成员之间要和睦,为孩子创设一个平等、和谐、温馨的家庭环境,教育上也要尽量保持一致。如果意见不一致,也要尽可能求同存异,不能互相矛盾,更不能因为意见相左而互相指责,甚至出现暴力。否则,孩子长期生活在家长的矛盾和争执之中而无所适从、精神紧张,也容易形成矛盾的性格和不良的习惯,影响社会性的发展。

综上所述,家园合作的方式多种多样,只要双方本着促进儿童发展的共同目的,并共同作出努力,就一定能够取得良好的教育效果。但是,目前还有一些问题有待我们逐渐改善。一是家园合作尚不够深入。家长虽然进入了幼儿园,但参观的多,参与的少;间接参与多,直接参与少。家长来园参与活动常常只是和幼儿一起玩玩,如运动会参加比赛和生日会分享蛋糕等,很少能够深入幼儿园教育的实质环节中去和老师紧密配合。二是家园合作的内容脱节。由于家园环境的不同和双方立场、要求的不同,孩子在幼儿园接受的教育有时很难延伸到家庭中去,这就使合作教育效果打了折扣。因此,幼儿园应当进一步开拓与家庭合作的广度和深度,让家园合作在幼儿教育中发挥出更大的作用。

四、社区资源的利用

社区的人文气氛、环境布置、设施配备等因素,对生活在其中的幼儿会产生多方面的影响。杜威认为,“真正的教育是通过孩子自己感觉到所处的社会情境的各种要求,激发孩子的能力而来的。”因此,杜威强调教育应该来自家庭、工作及其他的生活场景。《纲要》在总则中明确指出:“幼儿园应与家庭、社区密切合作,与小学相互衔接,综合利用各种教育资源,共同为幼儿的发展创造良好的条件。”幼儿教育工作者必须树立大教育观,努力发掘、拓展、整合、利用各种社区资源,多方位、多通道、最大限度地为幼儿的发展创造良好的条件。

社区环境本身就是一部大教材,社区中的博物馆、纪念馆、图书馆、邮局、医院、超市、青少年宫、名人故居、名胜古迹,以及一些公共设施、风土人情、各种社会机构等都是儿童社会教育的资源。教师要有意识地利用这些教育资源,通过让儿童参观、访问、参与某些活动等方式,来引导儿童认识社会及其发展,激发儿童对社会生活的兴趣以及参与社会生活的愿望。例如,带儿童到邮局参观工作人员的工作程序,了解信件的传递过程;带儿童到超市观察,了解售货员的工作特点,丰富生活经验;带儿童到立交桥附近观察桥上行驶的车辆,了解立交桥的作用;带大班儿童去小学与小学生共同活动,了解小学生活,激发入学愿望。还可以组织儿童认领社区的小树,培养他们的环保意识。除此之外,让儿童到邮局寄信、到商店购物、到电影院买票找座、到农村参加劳动、到敬老院慰问、请残疾幼儿一起活动,等等,都可以起到相应的社会教育作用。

教师还可以邀请社区中的有关人员，为孩子们进行相应的教育。例如，邀请警察叔叔来给孩子讲安全知识；请解放军战士来给孩子们讲军营故事、武器知识等，让儿童了解相关的社会生活常识，接受家乡传统文化的熏陶。这样的教育过程拉近了幼儿和社会的距离，丰富了幼儿的生活内容，也使家长、社区更加了解幼儿园工作的内容和特点，从而更加支持幼儿园的工作，也有利于全社会共同构成儿童社会教育的良好氛围。

案例 3-13

20世纪90年代以来，我国政府颁布了一系列学前教育的政策与法规，明确指出了幼儿园必须与家庭、社区相互配合，以提高教育影响的一致性和有效性。2001年教育部颁布的《幼儿园教育指导纲要（试行）》中指出，"幼儿园应与家庭、社区密切合作""综合利用各种教育资源，共同为幼儿的发展创造良好的条件"。可见，充分开发和利用社区教育资源，已经成为当前幼儿教育改革的热点。

我园是一所没有围墙的幼儿园，是一所开放式的幼儿园，小区的绿地是孩子们活动玩耍的乐园，绿荫下、花草旁是孩子们探索自然世界的空间。幼儿园、家庭与社区作为幼儿生活和发展的三大基本空间，我们应该让幼儿融入社区这个大环境，与社区中的人和物充分接触，拓宽学前教育的空间和内容，使幼儿园、家庭、社区形成教育合力，促进幼儿的发展。

● 利用社区人力资源，开展家长助教活动。

社区人力资源是社区课程资源的重要组成部分，主要包含社区内的居民和各种职业的人群以及这些人群为社区创造出的特殊的文化氛围。我园充分利用社区的人力资源，逐步建立了一支由工人、医生、工程师、大学教授等各行各业人士组成的志愿者队伍，其中有的是社区居民，有的是幼儿家长，也有很多来自社会团体、企业机关。我们根据志愿者们的职业和特长，让他们参与幼儿园的课程审议，开展家长助教活动。如，琦琦的妈妈是口腔医生，我们请她到园里来为孩子们检查牙齿，给孩子们讲解牙齿的结构、如何保护牙齿，让幼儿明白保护牙齿的重要性；轩轩的爸爸是建筑设计师，我们请他来为孩子讲解各国的特色建筑，轩轩爸爸还带来了很多照片，开阔了孩子们的视野，看到孩子们如此兴奋，之后随机生成了"我心目中的各国建筑"活动。志愿者队伍中有一位擅长书法的老人，孩子们都亲切地叫他"孙爷爷"，每周四下午孩子们提着小桶，拿着自制的毛笔来到小区空地上和孙爷爷学习书法。"大地书法"不仅能帮助孩子认字、识字，锻炼幼儿的手眼协调能力，而且增强了孩子对汉字和中国传统文化的兴趣。家长助教活动增强了幼儿园和家庭、社区的联系，调动了家长参与幼儿园课程教学的积极性，丰富了幼儿园课程内容，开阔了幼儿的视野。

● 挖掘社区特色资源，开展主题探究活动。

我园坐落于南开区的经济、文化中心，与大胡同、新世界百货、远东百货相邻，与古文化街、南市食品街、鼓楼相邻，丰富的地域文化资源也是我们开发和利用的重点。在我们举办的一次摄影大赛中，一张鼓楼的照片引起了孩子们的兴趣。有的说我也去过，有的说起了在鼓楼的所见所闻，从我园到鼓楼步行仅需一刻钟，于是我们组织孩子们到鼓楼参观。回来进行了"我与鼓楼"的主题活动，主题活动包括"鼓楼的变迁""我看到的鼓楼""有趣的泥人张"等，孩子和家长一起搜集相关资料、图片，在活动中了解了鼓楼的历史和变迁，感受了鼓楼文化。

我们利用社区环境，开展了各种形式的教育活动。通过这些活动，我们更加理解了大自然、大社会是最好的教科书，教育不能仅仅局限在幼儿园、教室，应该走向自然，走向社区，走向社会，让幼儿与大自然、大社会对话，通过各种方式去感知社会，了解社会。

（摘自 https://zhidao.baidu.com/question/1497748839683574179.html）

幼儿园也应注重发挥自身的辐射作用,利用自身的教育优势,向家长宣传科学的保育方法,为社区提供学前教育服务,带动社区学前教育的发展,也使教师的教育理念和知识水平得到进一步提高。

总之,教师应充分挖掘、利用社区现有资源对儿童进行社会教育,使社区真正成为儿童社会教育的大课堂。

思考与练习

1. 学前儿童社会教育的原则有哪些? 请用自己成长中的体验说明儿童社会教育一致性原则的重要性。

2. 对儿童常用的社会教育方法有哪些? 请说明角色扮演法有何作用。

3. 提出一两个背离社会教育原则的教育现象进行分析。

4. 设计教育问题的情境,在教师指导下提出如何进行教育设想(例如,在上课时儿童与你顶撞,你应该如何处理)。

5. 在教师指导下,以某一项教育内容为主题,设计教育活动(例如,设计一个热爱集体的教育活动)。

6. 据报载,某幼儿园给了每个儿童 10 元钱,让他们去超市购物,你认为这项活动好不好? 为什么? 如果由你来组织,你认为应该注意些什么?

7. 简述家园合作的主要方式及各种方式应注意的问题。

第四章　学前儿童社会教育活动的设计与指导

学习要点

● 学前儿童社会教育活动形式的选择。
● 学前儿童社会教育活动的指导策略。
● 学前儿童社会教育内容的依据。

第一节　确定社会教育活动内容的原则

学前儿童的社会教育是以发展儿童的社会性为目标,以增进儿童的社会认知、激发儿童的社会情感、培养儿童良好的社会行为为主要内容的教育,其根本目的是使儿童适应社会生活,并为将来的发展打基础。因此,学前儿童的社会教育具有其独特的内容。

一、确定社会教育活动内容的依据

学前儿童社会教育的内容是依据社会教育的目标来确定的,在不同的社会现实及其特定的文化背景下,儿童社会性发展的目标有所不同,其所决定的社会教育内容也会随之改变。课程专家拉塞克(S.Lasonke)指出,教育内容应符合社会价值观的要求,符合学习者的需要、兴趣和能力的要求。因此,儿童社会教育内容应当依据社会现实的要求和儿童本身的特点来确定。

(一)社会现实

儿童社会性的发展离不开其所生活的社会现实,他们通过现实生活及其表象来增进社会认知、发展社会情感、完善社会行为。社会现实会通过各种方式影响幼儿的社会生活,离开了社会现实,这一课程也就失去了意义。

1. 社会现实为儿童提供了认知的源泉

儿童一出生就处于一定的社会现实中,并开始了从自然人向社会人转变的过程。儿童刚刚来到这个世界上,周围的一切对他来说都是陌生的,他要融入这个社会,成为一个社会人,就要首先从认识周围的现实开始。现实社会中的人、事、物等都是儿童认识的对象。儿童通过现实生活及其表象来逐渐认识社会成员及其关系,了解社会规则和要求,了解什么事情是可以做的,什么事情是不可以做的,什么是对的,什么是错的……可以说,社会现实是儿童社会认知、社会情感和社会行为的源泉。

社会已有的知识体系也为幼儿提供了更为丰富、更为生动的学习内容,如社会学知识(社会机构、社会角色、人际关系、民族等)、伦理学知识(基本的伦理关系、社会道德、规范等)、地理知识(行政区划、国家、世界等)、经济知识(商品、买卖、劳动与利益等)、历史知识(人类的演进、国家民族的发展、社区的发展等)、文化学知识(风俗习惯、民间文化、艺术样式等)、心理学知识(对自我的认识、对他人的认识、各种态度和情感、人的行为等),都为儿童的社会教育提供了广泛的内容。但是,适合学前儿童学习的知识和内容应该是粗浅的、最具启蒙性的、最基础的内容,不能为了追求知识的系统性而忽视儿童的接受能力。

2. 社会现实激发儿童的社会情感和社会行为

儿童的情感发展经历了一个从简单到复杂、从低级到高级的过程。1岁半以前的儿童,情感多为生理性原因引起,两三岁后,其社会性需求逐渐增多,社会性情感也逐渐发展起来。例如,一粒糖果能引起小班儿童的愉快,而对于大班的儿童来讲,在评比中获得一朵小红花,比一粒糖果引起的愉快更加强烈;较小的孩子可能怕黑、怕打针,而较大些的孩子可能更怕受到惩罚和孤立。可以看出,儿童的情感越来越多地和社会需要相联系,社会现实中的人、事、物越来越成为儿童情感产生的根源,儿童的道德感、理智感和美感等高级情感以及由此产生的社会行为也随着儿童越来越多地参与社会生活而逐渐产生和发展起来。因此,社会现实中的人、事、物等也为儿童提供了广泛的社会教育内容。

社会的发展、变化也是社会教育内容选择的重要依据。我们生活的社会在不断发展变化,从社会成员的价值观念、精神面貌、生活方式、行为方式、社会理想到社会成员之间的关系,以及各种物化的社会产品、社会环境等,都在产生或大或小的变化。社会领域的教育内容,必须充分反映和适应社会生活的这些变化,使教育内容真正反映时代、反映社会现实,真正能够引导儿童去适应现实社会,并为这个社会的美好未来而努力。

(二) 儿童本身的发展特点和需要

任何教育都要依据受教育者的发展需要和特点来进行,只有符合儿童的发展特点和需要的教育才是最有成效的。因此,确定学前儿童的社会教育内容时,一定要考虑儿童自身的心理特点和发展的需要。

1. 儿童认识事物的特点

儿童认识事物是从具体到抽象,认识社会现象、理解社会行为也一样,必须依赖于对事物的直接接触。对于比较抽象的道理和经验,还不能很深入地进行理解。例如,儿童对于"勇敢"的认识就是"打针不哭","团结"就是"不抢别人的东西"……因此,选择儿童社会教育的内容应该注重直观和具体,不能脱离儿童的现实生活而过于抽象,应当立足于儿童的实际经验和具体的环境,以儿童可感知的方式进行社会教育。

2. 儿童社会性的发展需要

儿童社会性的发展应该以社会认知、社会情感、社会行为共同发展为目标,因此,选择教育内容应以儿童这三方面的协同发展为宗旨。应根据儿童的具体情况,从不同侧面选择教育内容,既要有促进社会认知的内容,又要有激发社会情感的内容,同时还要有锻炼社会行为的内容,使儿童的社会认知、社会情感、社会行为得到全面的、平衡的发展。

资料 4-1

不听话与满足幼儿自尊的需要

幼儿存在着强烈的自尊的需要,他们有自尊,更需要来自他人的尊重。在日常生活中,教师和家长会经常埋怨幼儿不听话,我们经常会看到这样的情景:家长让孩子赶快过来吃饭,孩子却一直磨磨蹭蹭;天气还很冷,孩子却非要穿裙子去幼儿园;家里已有许多玩具汽车,可到商场一看到新的玩具汽车,孩子非要再买一个……这样的事情,不胜枚举。经常的情况是,家长与孩子谁也战胜不了谁,结果是两败俱伤。

实质上，幼儿不听话的背后往往是幼儿的自尊需要没有被满足所致。客观地说，孩子由于经验有限、情绪性强、自控能力差等特点，他们常常是事端的挑起者——他们常常会提出无理要求或做出无理行为，可家长由于不掌握孩子的心理需要和教育原则，经常对孩子出言不逊，数落、命令、干涉、威吓……这时由于孩子的自尊需要受到威胁，他们便要奋起反抗，他们的反抗又导致家长的权威受到挑战，为此家长便会采取更为强硬的措施，因此冲突便不断升级。这时，家长与孩子之间已经变成权利和自尊心的较量，家长行为的目的也悄然发生了变化，行为的重点不再放在纠正孩子的不良行为上，而变成了维护自己的权威上。

可见由于没有考虑幼儿的自尊需要，家长的教育经常陷入恶性循环：孩子提出无理要求或做出无理行为→家长不尊重孩子→孩子自尊需要受到伤害→孩子有意做出不良行为（进行挑衅或报复）→家长进一步不尊重孩子→孩子做出更加不良的行为。这种循环往复，使家庭教育出现了不少的困惑和低效能。在事件的整个流程中，我们可以看到在孩子出现无理言行后，家长的反应是最为重要的一环。这时家长往往采取忽略孩子的自尊需要的做法，对孩子口诛笔伐，这是"战事"升级的起点，也是"战事"性质发生变化的转折点，更是良莠教育方法的分水岭。好的教育者会在这时一方面分析理解孩子行为的原因和动机，另一方面迅速想出既不伤害孩子自尊需要又能阻止孩子不良行为发展的计策。

（三）幼儿园社会教育的目标

幼儿园的社会教育更加体现了有目的、有计划的特征，在确定儿童社会教育内容时，还应以幼儿园的社会教育目标为依据。《纲要》明确规定了幼儿园社会教育的目标，幼儿教师应深入研究《纲要》的内涵，以《纲要》关于社会领域的教育目标为依据，并按照不同年龄幼儿的特点，确定自己的社会教育内容。例如，为了实现"乐意与人交往，学习互助、合作和分享，有同情心"的目标，应该为小班儿童选择有利于幼儿与同伴交往、一起游戏、初步学习分享、感受交往快乐的内容；在中大班，应该注意选择让幼儿使用礼貌用语，学习等待、轮流、谦让与合作等交往技能，尝试解决矛盾，懂得尊重、接纳他人等方面的内容。

为了实现儿童社会性发展的各项目标，选择教育内容应力求全面、平衡，以使儿童得到全面、综合的发展。

二、确定社会教育活动内容的原则

儿童社会性的发展要依靠家庭、幼儿园和社会的共同作用，家庭、幼儿园都要注意为儿童选择合适的教育内容，使儿童的社会性得到良好发展。

（一）目标性原则

目标性原则是指在选择社会教育内容时，必须符合儿童社会教育的目标。教育目标是教育活动的出发点和归宿，目标是纲领，内容要为目标服务。《纲要》中规定了幼儿园社会教育的总目标，也为幼儿社会教育内容的选择提供了范围和标准。

在选择社会教育内容时，一定要全面地理解目标和内容的关系：一个内容可以实现多方面的目标，一个目标也可以通过多方面的内容来实现。例如"今天我值日"这一内容，就可以帮助幼儿初步理解并遵守日常生活中基本的社会行为规则；努力做好力所能及的事，不怕困难，有初步的责任感；并培养幼儿爱集体的情感，提高幼儿的自信心，等等。又如，"乐意与人交往，学习互助、合作和分享，有同情心"这一目标，也可以通过多种活动内容来实现，凡是能够让幼儿在集体生活中体验与他人交往和共同活动的乐趣、正确认识自己与他人、学习初步的人际交往技能、提高移情能力等方面的内容，都可以作为选择的范围。因此，教育者在确定教育内容时，首先要有目标意识，要考虑自己选择的内容究竟能不能实现教育的目标，同时还要考虑这个教育目标还可以通过哪些方面的内容来实现，内容和目标有什么样的关系，还有没有更合适的内容,等等。教育者不仅要考虑目前教育活动的"小"目标,还要始终想着学前儿童社会教育的"大"目标。一定要选择那些合乎目标要求的内容,对目标、对内容都要做到心中有数。

(二) 基础性原则

基础性是学前教育的基本特征。儿童的社会教育也应立足于儿童基础素质的发展,并为其一生的可持续发展奠定基础。《教育——财富蕴藏在其中》提出,面对未来社会的发展,教育必须围绕四种基本的学习:学会认知、学会做事、学会共同生活、学会生存来重新设计、组织。报告将这四种基本学习称为"每个人一生的知识支柱"。这四种基本学习反映了一种选择教育内容时的可持续发展的观念,也反映了教育内容从重视知识的获得到重视态度和能力的形成、从静态的知识到动态的活动、从表征性知识到行动性知识、从"掌握"知识到"建构"知识的变化。因此,幼儿社会教育内容应选择对于其终身的可持续发展来说最为重要的态度和能力的内容,即有利于"不断学习的态度和能力;积极适应社会生活的态度和能力"等方面的内容。

社会是丰富多彩、复杂多样的,儿童置身其中,需要了解和学习的内容固然很多,但是,儿童毕竟是儿童,他们的接受能力有限,一些高深和抽象的内容,不一定能够接受得了,或者学习的效果不好。因此,教育者必须选择那些有助于他们获得基础社会知识、发展基本的社会交往能力、形成基本的社会生活态度的内容。不应选择那些成人自以为有价值但儿童却不易接受的内容,一定要考虑儿童的需要和接受能力的关系。一定要考虑教育内容是否与幼儿的现实生活相联系,是否能够为儿童未来的社会生活打基础,是否是学前阶段最佳的学习时机,是否能够获得最佳的学习效果,等等。有的幼儿园在"神舟七号"上天后,非常认真地准备、组织了以此为主题的教育活动,让幼儿看图片、看录像、做手工、做泥工等。但是,幼儿真的能够理解这些吗?真的能像老师期望的那样产生对"飞天"的兴趣吗?即使幼儿嘴上说产生了兴趣,但实际上又有多大的效果呢?幼儿用橡皮泥捏一个"神舟七号"模型就是教育成果吗?这个内容对大多数儿童来讲显然有点深。当然,也不是说完全不能对儿童进行这方面的教育,关键是怎样安排才合适。为学前儿童选择教育内容,一定要选择那些浅显的、最具启蒙性的、最基础的教育内容,越是基础的内容,越是有长远的价值,也才是最适合学前儿童教育的。

(三) 全面性原则

学前儿童社会性的发展是一个综合的概念,涉及儿童的社会认知、社会情感、社会行为等多方面的发展。社会教育是为其全面发展打基础的教育,因此选择社会教育内容时应考虑儿童社会性的全面发展,并为其一生的发展打下坚实的基础。

选择内容时,既要重视儿童的社会认知、促进儿童的社会行为,又要重视儿童社会情感的培养。因此,不仅要考虑儿童的一般需要,还要考虑个别儿童的特殊需要;不仅要选择有利于儿童自我意识、人际关系发展的内容,又要选择培养儿童情绪、情感的内容;不仅要有培养良好个性的内容,又要包括促进道德发展、促进社会性行为的内容。也就是说,不仅要有认知性的内容,还要有相应的能力、技能培养的内容。知、情、意、行等各方面的培养缺一不可,要为儿童适应广泛的社会生活打基础。

但是,全面性原则也意味着可以根据儿童的实际情况和需要有所侧重,对于多数儿童都比较熟悉的内容可以适当忽略,对于一些较难的内容或者多数儿童都不清楚的内容可以适当加强。例如,对于农村儿童来说,春播秋收的社会常识就不必再过多了解;"我爱我家"的教育,应将情感的培养作为重点,而不是把"认知"放在首位。

(四) 生活性原则

生活性原则要求教师在选择社会教育内容时,要从儿童的社会生活出发,不应脱离儿童的生活经验去选择一些儿童无法体验、无从想象的内容,应该选择那些贴近儿童生活、容易让儿童感知和体验的内容。

生活是丰富多彩的,儿童的现实生活不但是他们可以直接感知的,而且可以激发他们参与生活的愿望和兴趣。只有在儿童的现实生活中,他们才能真正地认识社会现象、产生社会情感、发展社会行为。

离开儿童的现实生活去选择一些遥远的、儿童无法经历的内容,儿童的社会教育也就成了空中楼阁。因此,选择儿童社会教育的内容应当尽量接近他们的现实生活。

在实践中,教育者也会经常选用一些意境优美、有教育意义的传说和童话,这也是由儿童的心理特点所决定的。儿童思维的拟人性特点和经验性特点一样突出。因此,一些好的传说和童话,如《小红帽》《白雪公主与小矮人》《匹诺曹》等都是很好的儿童的社会教育内容。但是,一些带有封建迷信的传说、恐怖故事等内容则应该摒弃。例如,有的家长或教师会用一些恐怖的鬼怪故事来"教育"儿童,告诉他们,谁再抢玩具、打人就会有鬼来抓他,结果儿童以为真的有鬼而吓得再也不敢乱说乱动。虽然表面看来儿童再也不打人、不抢玩具了,但是可能给儿童造成了心理问题和心理障碍,或者把儿童带入了封建迷信之中。这是得不偿失的,也是绝对不恰当的。因为儿童毕竟年龄小,分不清想象和现实的区别,容易将想象和现实发生混淆,一不注意就可能带来不利的后果。因此,利用传说、童话进行教育时,应根据情况加以说明。

（五）时代性原则

时代性原则就是要求教师选择幼儿社会教育内容时,要关注社会的发展和需要,关注社会现状和未来,反映时代的要求,使幼儿能够了解社会、提高社会适应能力。

社会在不断地发展,人们的社会理想、价值观念、人际关系、生活方式、行为方式以及生活水平等,也都随之不断地发生变化。社会中不断涌现出新事物、新产品、新思想、新现象,同时社会知识结构和体系以及对人才的要求也在不断地发生变化。因此,儿童的社会教育内容也就必须从不断发展变化的现实社会出发,充分反映社会和时代的特点、要求,使社会教育真正起到引导儿童主动适应社会的作用。

社会生活中出现的一些新事物、新情况、新问题等,是儿童社会教育的重要内容。例如,社会提倡的"诚实、尊重、负责、同情、自律、坚韧、奉献"的美德教育、留守儿童的教育与发展、越来越多元的社会文化以及如何对待亲情和友情、如何对待同伴间的竞争与合作、如何面对越来越恶劣的生存环境,等等。这样的现实问题,都可以作为儿童社会教育的内容。

现代幼儿教育作为国民素质教育的基础序列,必然要基于未来社会对其公民的基本素质的要求,大力发展其指向未来的、具有可持续性发展能力的基本素质,包括自觉的社会认同、积极的思想意识与道德观、较高的社会适应力以及群体合作精神等,以满足社会对幼儿教育的时代性需要,以及幼儿教育服务于人类未来发展的战略性需要。幼儿社会教育应当通过积极的行为与努力,为未来高素质的人才与优秀的世界公民奠基,培养具有主动的社会适应性和开拓创新能力,有理想、有道德、有责任感的一代新人与世界公民。

但是,在面向未来的同时,对于传统的社会文化也不能全盘抛弃,那些优秀的传统文化,如民间艺术、传统节日、民间风俗习惯、人文景观等,都要本着继承和发展的目的让儿童学习和了解。

（六）因地制宜的原则

因地制宜的原则就是要求在选择社会教育内容时,要从本地、本园、本班的实际情况出发,选择适宜的内容,对儿童进行实际、有效的社会教育。

幼儿与家乡是密切联系的,乡音、乡情、家乡的文化等都是家乡的本土文化、本土资源。本地的教育资源通过多种途径时时刻刻影响着幼儿园的教育,成为幼儿园重要而有特色的教育内容之一。各地区所处的自然环境和社会环境不同,如城市和乡村、大城市和小城镇、山区和平原、汉族居住区和少数民族聚居区等等,从社会习俗和生活条件等方面都会有很大的区别。儿童所要认识和适应的社会环境有所不同,相应的社会教育内容也会有所差异。因此,各地儿童的社会教育内容也就要和本地的实际情况结合起来,选取最能代表本地特点的、儿童熟悉的内容进行教育。不要舍近求远,抛弃自己的优势,让儿童去了解一些抽象的、遥远的社会概念。要立足于儿童本身的实际社会生活,了解本地区、本园、本班儿童的一般发展和需要,选择适宜的教育内容,以提高儿童适应现实社会的能力。教师要善于挖掘家乡的本土文化,开展丰富多彩的教育活动,增强对本土文化的认识,还可以发动家长,提供丰富的具有教育价值的材料,使之成为幼儿园社会教育的特色内容。

第二节 学前儿童社会教育活动设计

一、学前儿童社会教育活动设计的依据

(一)根据《纲要》和《指南》中的有关要求,初步设计社会性教育活动的内容

学前儿童社会教育活动的设计,应当根据教育部最新颁布的《纲要》和《指南》的精神,并参照当地幼儿教育《纲要》和《指南》中社会领域方面的细则要求,确定社会教育的内容。《纲要》和《指南》明确提出了幼儿园社会教育的目标与内容,在进行活动设计时,可以丰富或侧重某些方面的社会教育,但不能违背和脱离《纲要》和《指南》的基本精神。

(二)根据幼儿园实际情况,灵活设计调整社会性教育活动的内容

设计社会性教育活动,还要根据学前儿童发展水平及其存在的问题来进行。也就是说,必须考虑学前儿童的身心发展水平,主要是指儿童的年龄特点,本园、本班儿童的发展水平及儿童的个体发展水平。另外,教师还应该观察儿童的日常生活,发现儿童在社会性发展中存在的问题,查漏补缺,如发现"关爱残疾人教育、理财教育"等比较欠缺,就可以灵活增加为新内容。设计这种有针对性的教育活动,能够提高学前儿童社会性教育的实际功效。

(三)根据发生的当前事件、时事新闻,设计出新鲜的社会性教育活动载体

设计社会性教育活动,可以充分利用学前儿童当时所处环境中发生的社会事件、时事新闻作为教育载体,如北京冬奥会、新冠病毒疫情防控、最近周围发生的交通安全事故等,都可以及时纳入活动设计,增添内容的新鲜感、趣味性,增强活动的感染力、说服力。

二、学前儿童社会教育活动设计的框架

为了避免以往在活动内容设计上出现的交叉性、重复性,这里打破现有教材按目标分析设计教学内容的思路,按照幼儿实际社会生活中牵涉的社会性的几个方面展开活动设计,以提高其科学性与实用性。同时,为了不限制广大教师的设计思路,这里的社会性教育活动设计力求简单而突出重点,没有面面俱到,只是列举式的框架设计,尤其是活动建议部分还比较粗略,仅供参考,旨在提供设计的思路(见表4-1)。

表4-1 学前儿童社会教育活动设计的框架

教育内容	一级分解	二级分解	活动建议
自我意识	自我认识	自我概念	"我的身体"
			"我是男孩(女孩)"
		自我评价	"我上幼儿园了"
			"向大家介绍我自己"
	自我体验	自尊	"我爱我自己"
		自信	"我是能干的小宝宝"
	自我控制	延缓要求	"别人的东西我不要"
		自我调节	"我是勇敢的好宝宝"

续　表

教育内容	一级分解	二级分解	活动建议
个性心理	性　格	活泼开朗、大胆勇敢	"幼儿园里真快乐"
		有责任心、心理健康	"难过的时候怎么办？"
	兴　趣	广泛	"我的爱好"
		无不良倾向	"我最喜欢的活动"
	道　德	友好、互助	"就让我来帮助你"
		怜悯、同情	"小动物生病了"
社会交往	交往意愿	倾听理解别人	"你怎么了？"
		表达自己需求	"我心里想说的话"
	交往规则	游戏规则	"大家一起玩"
		学习规则	"学做小学生"
		交通规则	"马路上的车真多"
	交往能力	表达	"我是小小主持人"
		聊天	"我的朋友真不少"
		竞争、合作	"让我也来一起玩"
			"发生争吵怎么办？"
社会常识	社会文化	传统文化	"有趣的筷子"
		异域文化	"圣诞节"
		民俗节日	"元宵节闹花灯"
		各种职业	"快乐的邮递员"
		家庭	"我的家"
		生活常识	"应急电话110、119、120"
	社会历史	名胜古迹	"祖国真伟大"
		历史传说	"孟姜女哭长城"
		民族历史	"祖国妈妈孩子多"
		城市变化、社区变迁	"我的家乡真漂亮"
	社会地理	地球	"我们的地球妈妈"
		天象	"太阳、月亮和星星"
		居住环境	"我是环保小卫士"
	社会经济	商品与市场	"小小商店"
		劳动与利益	"打工的故事"
		货币与理财	"我的压岁钱"

三、学前儿童社会教育活动的具体设计

按照教育目标、确定社会教育活动内容后，教师要充分准备实施教育活动的具体方案，使教育过程系统有序、教育内容清楚明确、教育效果省时高效，保证教育活动的顺利实施。一次具体活动的教案一般包括活动名称、活动目标、活动前的准备、活动过程以及活动的延伸五个方面。

1. 活动名称

活动名称即某一次教育活动的名字,它能比较概括地反映出教育活动的主要内容、发展目标。比如"有趣的筷子""国庆节"等。

2. 活动目标

活动目标是进行教育活动预期的结果,即具体教育活动所要达到的目的。每个活动目标的提出都应该尽可能涵盖全面,以符合并适宜教育的发展性为原则。确定目标的内容应包括形成积极的社会情感、获得社会认知和行为方式、提高适应和参与社会生活的能力等。根据《纲要》的精神,以及幼儿社会教育的发展适宜性原则,教育活动的重点应放在培养幼儿积极的社会情感和相应的社会性行为方面,同时兼顾幼儿社会认知和能力的发展。

3. 活动前的准备

活动前的准备包括物质准备和知识、经验准备。物质方面的准备如玩教具、挂图、PPT、场地等各种物质因素,它们是帮助幼儿获得直观的感性经验并激发幼儿学习兴趣、引导幼儿积极主动参加活动的重要条件。教师应充分了解本班幼儿的身心特点和发展需要,根据教育内容选择能够最有效地激发幼儿积极活动,对幼儿社会性发展产生积极影响的物质材料。

幼儿认识、知识经验方面的准备:比如对某些教育内容,实施活动之前在生活中进行渗透,或请家长带孩子事先体验等方式,使幼儿对教育活动的内容有所了解或熟悉。活动内容如果比较生疏、与幼儿已有的知识经验脱节很大,则会使幼儿放弃活动或完全被动地接受成人强加给他的内容,无法真正实现教育活动的主要目标。

4. 活动过程

活动过程按照一般的进行顺序,大致可以分为如下三个步骤。

（1）开始部分

开始部分的主要作用在于引发幼儿参与活动的兴趣、吸引幼儿的注意力,组织教育活动有一个良好的开端。教师在教案中一般可以采用简单的方法如提问、出示直观教具、讲述故事名称或开头、猜谜语等开始教育活动。

（2）进行部分

体现教师如何引导幼儿积极主动参与活动,并进行积极的感知、体验、表达和交流,使幼儿获得某些具体的知识经验和技能。教师可以通过演示、具体的提问等引导幼儿逐渐深入活动过程,深化思考,积极主动获得知识经验,发展相应的能力。进行过程是教育活动的主要环节,在活动的过程中,教师既要尊重幼儿学习和发展的主体地位,注意引导幼儿积极主动地参与活动;同时,要通过调动幼儿的学习兴趣和已有经验,创设相应的环境,始终引导幼儿向教育目标要求的方向发展,也就是说,教师在活动过程中要始终把握教育过程的方向。

（3）结束部分

当教育活动的预期目标基本实现,教师要适时组织活动过程走向结束。结束环节应引导幼儿归纳自己在活动中获得的经验、技能和情感体验,由教师或教师引导幼儿进行活动小结,帮助幼儿总结学习经验、强化积极的社会行为、提高社会认知水平。

5. 活动的延伸

有组织的教育活动结束后,教师可以根据活动内容的特点、幼儿参与活动的热情和效果等,继续组织一些与此活动内容相关的其他辅助性活动,如参观之后进一步的讨论、相关活动区角的设立、活动区内相关性的活动内容的进行等,继续深化和丰富教育内容,发现和利用各种教育机会。

对于新教师,教案设计应尽量具体化,注意活动目标的可操作性,活动过程中各种教育手段使用要有详细的组织和展示,以确保教育活动顺利实施。

6. 组织幼儿社会领域教育教学活动应注意的问题

第一，教师组织的活动应尽量使幼儿有"动手操作"式的主动参与。幼儿是教育活动的主体，只有幼儿在活动中主动参与、有感知体验，才能真正达到目的。有些教育教学活动尽管表面上使用多种手段，但实际上主要是一种"教师讲、幼儿听，教师演示、幼儿看"的活动模式，这样的活动对幼儿的发展能起多大作用可想而知。

第二，给幼儿活动的机会，尽管幼儿的经验少、能力低，教师还是要引导。幼儿在活动中尝试、学习、锻炼、发展，他们的错误主要是因经验和能力不足造成的，要宽容地鼓励他们、耐心地引导他们总结经验。

第三，教师要精心准备提问语言，如果提问不够具体，幼儿很难被引导着思考相应的问题，教育活动中就会表现出因沟通不畅而导致的无法互动的现象。所以，教师的提问起着关键性的作用，问题一定要有针对性、导向性、具体化，符合幼儿的知识经验和语言水平。

第四，教师的提问、讲解、讲述、演示中的语言都要避免成人化语言或专业化术语，以确保与幼儿的有效沟通。

活动设计 4-1

我是男孩(女孩) (中班)①

活动目标

一、区分男孩、女孩明显的外貌特征，知道自己的性别。

二、激发对自己性别的喜爱之情。

三、培养性别意识。

活动准备

歌曲《开车歌》。

活动过程

一、引导幼儿区别男孩、女孩的外貌特征

1. "今天，我们班来了两位小客人，他们是男孩还是女孩?"(一个男孩，一个女孩)

2. 讨论：你是怎么知道他是男孩? 她是女孩的?

二、帮助幼儿区分自己的性别，激发幼儿对自己性别的喜爱之情

1. 讨论：我是男孩或女孩，让幼儿知道自己的性别，"小朋友们，你是男孩，还是女孩呢?""你喜欢做什么事情?"

2. 你知道班里的哪个小朋友是女孩? 你知道班里的哪个小朋友是男孩?

3. 你家里有谁是男的? 谁是女的?

教师小结：小朋友们，你们都知道自己是男孩还是女孩，都非常可爱，不论男孩女孩，老师都很喜欢你们。

三、通过游戏，进一步区分男孩和女孩

1. 游戏："找朋友"。(能说出朋友的性别)

2. 游戏："坐车"边听歌曲《开车歌》边做动作，男孩一组，女孩一组，分组坐好。

四、教师小结

---

①山东科技大学幼儿园 http://www.sdustbaby.com.

活动设计 4－2

幼儿园里真快乐（小班）①

活动目标

一、初步感知幼儿园的环境,引发喜爱幼儿园的情感。

二、能以愉快的情感参与活动,体验幼儿园生活的快乐。

活动准备

幼儿园各活动室的照片若干;幼儿玩具、图书若干。

活动过程

一、观看"我的幼儿园"照片,认识幼儿园环境

1. "今天,老师给你们带来了一些好看的照片,你们仔细看一下,认识这些地方吗?"

2. 幼儿和老师一起观看照片,感知幼儿园优美的环境。

二、"我坐火车去参观"——参观园内的主要场所

1. 教师扮演司机,请幼儿坐上小火车。

2. 带领幼儿开着火车,参观园内活动室、舞蹈室、阅览室、户外操场等。

(1) 到活动室玩有趣的玩具。

(2) 到舞蹈室和哥哥姐姐一起学跳舞蹈。

(3) 到阅览室看看各种各样的图书。

(4) 到操场上玩大型玩具。

三、"我来念念、我来唱唱"——体验活动的快乐

1. "今天我们参观了我们的幼儿园,你喜欢幼儿园吗? 为什么?"

2. 引导幼儿讲述自己喜欢幼儿园的理由,表达自己快乐的心情。

3. 师生一起念儿歌:"幼儿园里真快乐,做做游戏唱唱歌,大家都是好朋友,一起玩得笑呵呵。"

活动设计 4－3

大家一起玩（小班）②

活动目标

一、与同伴友好相处,学会主动道歉、善于原谅他人等交往技能。

二、体验大家一起玩的快乐,培养乐于交往的性格。

活动准备

挂图、磁带、录音机、积木、玩具轮胎。

活动过程

1. 开展音乐游戏导入:"宝宝们,我们一起听音乐做动作吧!"幼儿听儿童歌曲《幸福拍手歌》做各种动作,如拍手、踩脚、拍肩等。"我们做动作真开心呀! 有个叫兰兰的小朋友也上幼儿园了,我们一起看看兰兰在幼儿园玩得开心吗?"

2. 出示挂图,指导幼儿看图讲述故事。

---

①常州阳光幼儿园 http://www.czsunny.com.

②中国幼儿园教案网 http://www.chinajiaoan.cn.

图一：这个小朋友叫兰兰,你们看她在干什么?(搭积木)你觉得兰兰一个人玩快乐吗?你喜欢怎样玩?后来又发生了什么事了呢?请看下图。

图二：兰兰怎么了?她为什么生气了?(小伙伴不小心碰坏了兰兰搭好的积木)鼓励幼儿想办法:你能不能想个办法让她快乐起来呢?(幼儿说自己的办法)小朋友想的办法真好,让我们看看兰兰的小伙伴是怎样做的?

图三：小伙伴哄她,(对不起,我不是故意的,你别生气了)兰兰听到小伙伴的道歉还生气么?对,不生气了。那后来会怎么样呢?宝宝们,你们猜一下?(幼儿自己说)下面我们看看你们猜得对不对。

图四：兰兰和小伙伴一起玩,真快乐呀!

3. 通过谈话活动,引导幼儿掌握交往技能。

你们觉得兰兰一个人玩快乐,还是大家一起玩快乐?你喜欢一个人玩还是和大家一起玩?当你和小朋友玩玩具或做游戏时,不小心碰倒了别人或者碰坏了别人搭好的积木时,你该怎么办呢?(个别幼儿回答)对了,要说对不起,要向别人道歉,这样别人就不生气了。老师给你们准备了玩具,要大家一起玩,看看是不是很快乐呢?

4. 幼儿玩玩具,体验大家一起玩的快乐,教师巡回指导幼儿,如发现一个人玩玩具,教师引导幼儿和大家一起玩。

5. 表达大家一起玩的愉快情感。请小朋友说说:你刚才是怎样玩玩具的?大家一起玩快乐吗?大家一起玩玩具真快乐,以后小朋友有好吃的也要大家一块分享。现在大家都成为好朋友了,我们一起玩吧!

6. 带领幼儿玩"找朋友"的游戏。"宝宝们都找到了自己的好朋友,现在,我们和好朋友手拉手一块出去做游戏吧。"

活动设计 4-4

我是环保小卫士（中班）①

活动目标

一、通过各种活动,把环保意识转化为环保行为。

二、发展细致的观察力和分析能力。

三、认识几种常见的环保标志,知道它们所表达的意思。

活动准备

一、"白兔市"和"灰兔市"挂图各一幅。

二、垃圾箱、禁烟、节约用水、禁止鸣笛、禁止砍伐树木等环保标志卡四套。

活动过程

一、开始部分

组织孩子们听着音乐捡园内的垃圾,并把捡到的垃圾放到垃圾箱内。教育孩子们看到垃圾就捡起来,从小做一个爱护环境卫生的好宝宝。

二、基本部分

(一)引导幼儿感知环保标志,了解它们的意思与作用。

1. 教师出示节约用水、禁止鸣笛、禁止砍伐树木、禁止乱扔垃圾等环保标志卡,组织幼儿分组观察、讨论,讲一讲在哪里见过它们,表示什么意思。

---

① 山东学前教育网 http://www.sdchild.com.

2. 组织幼儿交流所认识的标志,对幼儿不熟悉的标志如砍伐树木、禁止鸣笛等,教师加以讲解,帮助幼儿感知。

3. 教师引导幼儿了解这些标志的作用,归纳这些标志都是"环保标志"。

(二)通过讨论与操作活动,树立幼儿的环保意识。

1. 出示"白兔市"和"灰兔市"教学挂图,请小朋友当评委,选一座"卫生城市"。你会选哪个? 为什么?

2. 幼儿分组讨论,怎样治理"灰兔市"。如帮助打扫卫生、做环境宣传工作、贴标志等。

3. 为"灰兔市"送标志,并将标志贴到图中相应的位置。

(三)通过音乐欣赏和绘画活动,感受优美的自然环境,体验美感。

1. 教师指导欣赏歌曲《家》。

歌词:"我家门前有小河,后面有山坡。山坡上面野花多,野花红似火。小河里有白鹅,鹅儿戏绿波,戏弄绿波鹅儿快乐,昂头唱起歌。"

2. 共同为《家》绘制画面。

根据歌词,教师在画纸上画出美丽的家园,幼儿为家园进行涂色。

三、结束部分

听音乐做游戏"找标志"。将环保标志四散放在地上,幼儿边唱边做开车的动作,待音乐停止,幼儿任意拿起一个环保标志,相互说出是什么标志,说对的幼儿相互双手击掌,表示祝贺。

活动延伸

把学到的知识讲给家人听,与家人一起争当社区环保卫士,让自己的家园变得更美丽。

第三节　学前儿童社会教育活动的指导

一、学前儿童社会教育活动形式的选择

学前儿童社会教育内容丰富、覆盖面广,要选用多种多样的活动形式进行教学。

(一)常选用的教育活动形式

在学前儿童社会教育中,常选用的活动形式有如下五种。

1. 参观

参观是指教师根据教学目标和要求,组织学前儿童亲临社会现场的一种教育形式,如参观超市、图书馆、儿童活动中心等。社会生活是学前儿童社会教育的活教材。参观能使他们通过对实际事物和现象的观察、探究而获得较为丰富的直接知识和经验,扩展其社会视野,帮助他们理解事物之间的联系。例如,学前儿童平时虽然也有和家人一起到超市购物的经历,但他们置身超市时,一般只关注饮料、玩具之类自己感兴趣的东西。通过教师组织的参观之后,他们才发现超市中原来有那么多丰富的商品,超市给大家的生活带来很多的方便,超市的工作人员既要记住众多的商品所在的位置,又要热情接待顾客,他们的工作很辛苦,自己要尊重他们的工作,等等。对学前儿童来说,亲自观察、亲身实践得来的经验和体验是成人的任何讲述所无法比拟的。

2. 社会实践

社会实践是指教师创造一定条件,组织学前儿童亲自参与某项活动,感知、体验或学习某种社会技能的教育活动。幼儿园组织的社会实践活动主要有两类:一类是劳动,另一类是与学前儿童生活密切相关的社会生活实践。社会实践给予学前儿童参与真正社会生活的机会,能满足其好奇心,扩展学前儿童

的社会认知,满足学前儿童日益增长的参与成人活动的愿望,并能在参与过程中引发学前儿童的社会情感,培养学前儿童的社会行为,使其在社会实践中受到教育和锻炼。

3. 游戏

游戏是学前儿童最喜爱的活动,它是学前儿童对成人社会生活的想象和模仿,满足了他们渴望参加成人社会生活的愿望。从某种程度上说,游戏本身就是社会性活动,是学前儿童参与社会生活的独特方式。

4. 谈话

谈话是一种教师和孩子双方围绕某一个问题或主题,自由地发表自己的想法和意见,表达自己的感受和体验,进行相互交流、相互学习的活动形式。教师一般经常在参观、社会实践等活动后组织总结性谈话,也可根据孩子身上出现的社会性问题,组织针对性的谈话活动。

5. 综合活动

综合活动是指教师综合运用各种教学方法,并将社会教育与其他领域的活动有机地结合起来,在多种形式、多种活动中发展学前儿童社会性的一种社会教育形式。

活动设计 4-5

我长大了（中班）[①]

活动目标

1. 通过各种方法感受"我长大了",体验长大的快乐,体味父母的辛苦。
2. 乐于与同伴交流自己的感受。

活动准备

1. 录像:胎儿的生长发育及新生儿的养育。
2. 幼儿小时候的衣物(部分布置在墙上,部分置于桌上)、照片、玩具娃娃。
3. 幼儿向家长了解自己小时候的趣事。

活动过程

一、欣赏小时候的照片

今天,我们班上来了许多小宝宝,想知道他们是谁吗?

(出示幼儿小时候的照片,孩子们纷纷寻找自己的照片并相互介绍。照片上的陆浩和王仕林没有穿衣服,大家哄笑起来:"羞!羞!不穿衣服!"王仕林不服气地嘟囔道:"这是我小时候,又不是现在!")

[评:秘密的口吻、有趣的照片激发了孩子的好奇心,吸引孩子参与活动。]

二、观看录像

1. 你们都看到了自己小时候的样子,那你们知道自己在妈妈肚子里的时候是什么样子的吗? 我们来看一段录像。

(录像把孩子们带入了神秘的生命起源时刻,他们的眼睛紧紧地盯着电视屏幕,不时发出惊叹和议论。直到传出婴儿第一声啼哭,孩子们才长长地舒了一口气。)

2. 看录像时你们在想什么?

(孩子们七嘴八舌地议论开了。"我阿姨肚子里有一个小宝宝,阿姨的脚都肿了。""我妈妈说,每个妈妈怀小宝宝的时候都很辛苦。""我妈妈说,我在她肚子里的时候,她吃什么吐什么,难受得不得了!")

[评:这一环节非常吸引孩子,也最能激发孩子的情感。他们深深地感受到妈妈怀孕的辛苦,增进了对妈妈的感情。]

---

① 林蓉,林佩. 我长大了[J].幼儿教育,2004(10).

三、回忆童年趣事

你们都听过自己小时候的故事吧？请你讲给大家听，好吗？

（孩子们争先恐后地讲着自己小时候的故事，就连平时很少举手发言的孩子也积极参与其中。孩子们边听边笑，活动气氛热烈而融洽。）

［评：让孩子讲述自己小时候的故事，不仅让孩子们分享快乐，达到良好的生生互动，而且对孩子的语言表达能力也是一个挑战。］

四、感受身体的成长

1. 出示幼儿小时候的衣服。这是什么？请你们来穿一穿。

（孩子们笑了起来，纷纷表示"不能穿了，我们长大了，衣服太小"。）

2. 我们身体的哪些地方长大了？

（孩子们开始试衣服、鞋子，他们发现自己身体的每个地方都长大了，并一一在玩具娃娃身上做相应的标记。）

［评：孩子们通过观察、比较获得了最直接的经验，并在交流操作、分享经验的过程中，增进了对自己和他人的了解。］

五、展示本领

1. 我们身体长大了，本领有没有增强呢？我们有了哪些本领呢？

（开始时，幼儿4人一组自由交流、展示自己的本领，后来请几个孩子在集体面前进行展示。）

2. 小时候我们样样事情都要大人帮助，现在我们在大人的关心和爱护下慢慢长大了，本领也变大了。以后，我们的本领会更大、更强！

［评：此环节发挥了孩子的主体作用，每个孩子都获得了表现自我的机会，并对自己的成长充满期待。］

活动设计 4-6

会说话的标志（中班）①

活动目标

1. 了解常见标牌、标志的实际意义及其与人们日常生活的关系，增加社会知识。

2. 知道自己在集体中应该按照标志、标牌上的要求行动，才能既方便自己又不影响集体。

3. 发挥想象力和创造性，设计、制作自己生活中需要的标志、标牌。

活动一　找标志

活动目标

1. 培养观察周围现实生活的兴趣。

2. 尝试探索学习。

活动准备

1. 与家长联系，使家长了解本次活动的目的，取得家长的支持与配合。

2. 收集一些印有不同标志的大小包装箱。

活动过程

一、激发孩子的学习兴趣

教师出示几件带有标志的大小包装箱，请孩子观察，并与周围同伴议论：这些标志是干什么用的？

---

① 张会英. 会说话的标志[J]. 山东教育（幼教版），2001(1-2).

它们各表示什么意思？

二、提出问题,请孩子思考

1. 为什么要在包装箱上画这些标志？

2. 除包装箱外,你还见过什么标志、标牌？在什么地方见的？它们表示什么意思？

三、找标志

1. 到马路上找标志。教师带领孩子到马路上找标志,并引导他们观察人们是怎样按标志的信号做的。

2. 孩子回家自己收集标志。请他们在回家的路上或到公共场所,进一步发现和观察,还有哪些标志,把它们剪下来带到幼儿园,互相介绍和讲解。

活动评析

活动一是把孩子作为学习的主人,激发他们对标志的兴趣,引导他们自己去观察和发现,寻找各种各样的标志,从而了解标志的实际意义。同时,我们取得了家长的帮助和支持,帮孩子找、剪标志,并且有的家长还带孩子到商店、宾馆等公共场所找标志。孩子们通过几天的准备,许许多多的标志拿到幼儿园:有海尔、海信、双星、澳柯玛等青岛品牌产品的标志,有节约用水、禁止吸烟、严禁烟火等贴在公共场所的标志,有各种各样的交通标志,等等,本次综合活动就这样开始了。

活动二　议标志

活动目标

1. 了解常见标志的实际意义及其与人们日常生活的关系,增加社会知识。

2. 知道在集体中应该按照标志、标牌上的要求行动,才能既方便自己又不影响集体。

活动准备

1. 整理孩子收集的标志。

2. 马路上出车祸的录像。

活动过程

一、孩子互相介绍自己收集的标志

1. 介绍自己是在哪儿收集到的标志。

2. 这些标志表示什么意思？

3. 它告诉人们应该注意哪些问题。

二、讨论标志的用途

小朋友想一想:我们生活中为什么有这么多标志？它们对我们有什么用途？如果没有这些标志行不行？为什么？

三、议一议没有标志的危害

1. 想一想、说一说,如果没有这些标志的危害。

2. 看车祸录像。

教师总结:每个人都生活在集体中,作为社会中的人,一定要按标志、标牌上的要求行动,才能既方便自己又不影响集体。如果不这样,会出现很多问题,人们的工作、生活、学习就不能正常进行。

活动评析

"议标志"活动是经过小朋友一周的收集与整理后进行的。小朋友们很希望把自己学到的、找到的告诉其他小朋友,同时,对其他小朋友找到的是什么标志也很好奇。因此,小朋友们参加活动的积极性特别高。家长对我们本次活动的评价是:"你们这个活动真好,孩子们通过自己看、问、找、画等探索活动,学会了学习,也学会了适应社会、适应集体,明白了做人的道理。"

活动三　设计标志

活动目标

1. 发挥想象力和创造性,自己设计、制作标志、标牌。

2. 发展动手制作的能力,培养善于与同伴协商、合作的品质。

活动准备

画纸、水彩笔、剪刀、彩色纸等工具、材料。

活动过程

1. 想一想,我们班、我们幼儿园什么地方需要悬挂标志,小朋友游戏时需要什么标牌。请小朋友自己来设计和制作,使它们告诉小朋友,在什么地方做什么事情、应该怎么做。

2. 将孩子分成几个小组(也可以自愿结合),每一组负责设计和制作一种或两种标志,在制作过程中注意孩子间协商、合作、讨论、分工等行为品质的培养。

3. 请小朋友介绍自己设计、制作的标志、标牌的内容和作用,并用简练的语言讲给大家听。

4. 帮助孩子把这些标志、标牌悬挂起来。

活动评析

在活动一、活动二的基础上,孩子对标志的意义、作用有了基本的认识。本次活动的主要目的是"学以致用",让孩子发挥想象力和创造性,设计自己生活中所需要的标志,以保证各种活动的顺利进行。

有的孩子为我们班的活动区设计了标志:画一台小电视,告诉大家这是我们的"创造小电台";画一座房子,告诉大家这是我们的"娃娃家";画一本书,说明是我们的"图书区",等等。还有的小朋友设计了"请小朋友不要摘花"的标志,有的小朋友设计了"不要打小朋友"的标志,有的小朋友设计了"请节约用水"的标志,等等。

通过这三个系列活动,我们有以下收获:(1)孩子自己是可以学习的;(2)孩子学会了自己约束自己;(3)孩子的集体意识明显增强了。

(二)具体教育活动的组织指导

以上是学前儿童社会教育活动的几种教学的常用形式,下面以"参观超市"为例,具体说明参观活动的组织指导。

1. 定参观目标

参观超市的目标可确定为:

(1)了解超市中成人的劳动,培养其对成人劳动的尊重情感;

(2)提高幼儿独立生活的能力,引发其对社会生活的关心;

(3)了解超市中陈列的物品及超市购物的方法,体验超市购物的方便。

2. 做好参观前的准备工作

(1)联系好想要参观的超市

参观的超市地点最好与幼儿园较近,确定了超市地点以后,然后与超市负责人取得联系,征得超市工作人员的支持与配合,做好幼儿超市购物的向导。

(2)确定参观的时间

外出参观的时间最好安排在周一至周五的上午,在超市刚刚营业不久、顾客少的情况下让幼儿去参观是较好的。

(3)确定参观的行走路线

如果超市地点离幼儿园较近,也要尽量选择车流量相对较少,又比较安静的线路作为参观路线,这样,教师可以引导孩子边走边观赏路边的风景,充分利用幼儿园到目的地之间的社会教育资源,增进孩子感性经验。如果幼儿园附近没有大的超市可组织孩子乘车参观。

（4）家长和园里领导联系,取得支持和配合

诚恳地向孩子家长说明带孩子参观的意图,表示得到家长的支持和配合,并请家长为孩子准备几元钱。同时,也请幼儿园给予协助,并派出有关工作人员。

（5）参观前的物质准备

参观前要为孩子做好一些生活准备,如饮用水、卫生纸等。

（6）拟订参观计划

一般来说,计划中应包括参观的目的、时间、路线安排、准备、步骤以及教师的组织指导过程等几个方面的内容。

3. 组织学前儿童参观时应注意的问题

（1）引导学前儿童围绕参观的主要内容收集信息

参观过程中,教师要在超市工作人员的指导下,观察超市中购物的方法、步骤,引导孩子有顺序地参观超市,了解超市中陈列的各种物品,体验超市购物的方便。

（2）引导幼儿自觉遵守购物要求,文明购物

通过超市工作人员的解说,让幼儿了解超市的购物要求,了解超市工作人员的辛勤劳动,唤起幼儿对工作人员的尊重情感,从而自觉遵守超市购物要求,不给工作人员增加麻烦,做到文明购物。

（3）注意孩子的安全

在孩子参观的全过程中,教师应始终保证每个孩子都在自己的视线范围之内,注意孩子的人身安全。当孩子想要拿高架上的物品时,教师要协助帮忙。

（4）参观后的总结性活动

参观后,要组织孩子谈话和讨论,让孩子说说各自在超市的见闻或对超市的认识,并提供机会和条件让他们用各种方式表达自己的所见所闻,以加深他们对超市的印象。也可通过让孩子画超市、玩开超市的游戏、用各种手工材料制作超市中的货物等方式表现自己的见闻。

二、学前儿童社会教育活动的指导策略

（一）建立平等互动、积极有效的师幼关系是实施学前儿童社会教育的前提

平等互动、积极有效的师幼关系的建立是学前教育的基础,师幼互动不仅会影响互动中的教师和学前儿童,也会影响到其他在场的学前儿童和教师,产生场效应。同时,师幼关系建立的本身,就是学前儿童社会化发展的重要内容和途径。教师的行为及与学前儿童的互动作为最重要的潜移默化的社会教育资源,对学前儿童的社会化发展影响极大。所以,从此意义上,平等互动、积极有效的师幼关系的建立,在学前儿童社会教育领域有其独到的作用。

首先,安全、愉快、宽松的外部氛围是建立积极、有效互动的前提。如果学前儿童在教师面前不敢说、不敢动、不敢表达自己的愿望,不能做到与教师自由愉快地交往,教育是极难开展的,也是很难见效的。所以,教师的角色定位是很重要的问题。在师幼互动中,教师绝不是简单的管理者、指挥者或裁决者,更不是机械的传授者,而是良好师幼互动环境的创造者、交往机会的提供者、积极有效师幼互动的组织者和学前儿童发展的支持者和促进者。教师在师幼互动中,关注的是孩子的发展,不是课堂上的违规行为,不是以约束纪律和维护规则为目的和内容的互动。要关注孩子中出现的矛盾,要和孩子一起活动和游戏,进行以情感、心理的接近与交流等为内容的互动,关注孩子心理情感上的特殊需要,重视和孩子间积极、充分的情感交流,师生间的情感交流以及由此产生的心理氛围是促进师幼积极有效互动的必要条件。在积极的情感氛围中,教师和学前儿童参与互动的动机行为更好,特别是对年幼的孩子情感的交

流意味着一种依恋关系的重新建立。

其次,师幼关系的平等性是师幼关系的核心内容。长期以来,师幼关系的平等性体现不足,孩子心理上没有平等的感觉,而在教师方面更多的是管理和控制,真正深层心理的关注和对孩子敏感性心理的注意也显不足。学前儿童的行为得不到教师的高度关注,对教育效果的影响很大。师幼双方特别是教师在师幼互动中保持关注是师幼互动得以进行的前提和基础,也是幼儿产生被支持感和信任感的基本条件。学前儿童社会教育活动中,教师关注的重点应为学前儿童自我意识的发展、个性的完善、情绪和情感等内容。

⭐ 案例 4-1

一天,田田说:"我今天要去玩具区搭一个房子,会用到磁力棒。"来到玩具区后,田田一个人在桌子上玩磁力棒的玩具,很快便拼好了房子。接着他将房子拆了,用磁力棒随意拼起了其他东西。我看了看他,他很专注地摆弄自己手里的磁力棒,没有看我。我转身去看别的区域情况。过了 10 分钟,我经过玩具区,他依旧在摆弄磁力棒,看到我过来,他说:"老师,我发现两根棍有时候没法吸到一起。"我反问道:"这是为什么呢?"田田说:"我之前做过研究,知道它有正负极,都是正极吸不上,都是负极也吸不上,必须得有一正一负才能吸上。"

这时他拼了一个 4 个磁力棒组成的正方形,突然,旁边的晨晨用磁力棒碰了他拼好的小正方形,因为磁力的关系小正方形变形了。田田有些生气,喃喃自语道:"我应该把图形拼得大一些,就不会那么容易被破坏了。"于是他拼了一个有 16 个格子的大正方形,拼好之后,我观察到他拿起一个磁力棒吸在正方形的一个磁力球上,"田田,你这是要干什么?"我问道。"我要来测试一下大一些正方形是不是稳固一些。"说着,他便拖动磁力棒带动大正方形在桌子上来回移动,不出意外,大正方形也变形了。

田田有些气馁,坐在椅子上若有所思。这时,我坐到他身边对他说:"我刚刚看到大正方形也变形了,看来正方形不太稳固,那老师陪你找找有没有比较稳固的图形,好吗?"听到老师要加入,田田很开心,又燃起了动力。"那我们来试试三角形吧,我先拼一个格子的三角形。"拼好后他再次进行测试,这次没有让他失望,三角形纹丝不动。之后他又拼了一个九个格子的大三角形,实验的结果依旧是三角形非常牢固,没有发生变化。

"恭喜你成功啦,那你接下来还想测试什么图形呢?"我问道。"我想测试六边形。"田田兴奋地回答。不一会儿,六边形拼好了,田田拿了一个磁力棒吸在六边形的磁力球上,开始拖动六边形。很快,六边形越来越窄,最终变形了。我说:"看来还是三角形比较稳固呀,那怎样才能让六边形也变稳固呢?"田田说:"我觉得可以在六边形里添上几个磁力棒,让六边形变成好多小三角形就可以稳定了。"对于田田的回答,我感到非常惊讶,他在游戏中习得经验以及内化的能力超越了我的想象。不一会儿,改良版的六边形拼好了,果然经住了田田的测试。

分析:

有些玩具,我们成人看起来可能没有什么探究价值,比如磁力棒,但是孩子们在摆弄的过程中发现磁力棒也有正负极,探究了图形的稳定性。验证同极相斥、异极相吸的原理以及三角形是最稳定的图形。并且利用这个原理搭建自己喜欢的东西,利用三角形的稳定性解决实际问题。

在探索图形稳定性的过程中,因为对玩具的兴趣引发了幼儿持续性的操作和探究,从而触动了幼儿的主动学习。虽然还不能用很精准的语言向老师表述出来,但是通过交流发现,孩子对磁力棒正负极的认知和图形稳定性的感知远远超越了老师的想象,让老师对玩具区活动有了重新的认识。

区域活动并不是孩子独自摆弄而没有发现，恰恰是孩子在摆弄这些玩具的过程中能够有他们自己的认识，教师或者同伴恰到好处的介入，可以激发他们表达或进一步探究的欲望。教师在与幼儿互动的过程中，适时地提问，帮助孩子梳理经验，提升了他们的认知。而这也需要教师有充足的知识储备。可以说，每一次有效的指导幼儿活动区都是对教师软储备的一个挑战。

（二）创设使学前儿童感受到接纳、关爱和支持的良好学习环境

《纲要》社会领域的指导要点中明确指出：要创设一个能使幼儿感受到接纳、关爱和支持的良好环境，避免单一呆板的言语说教。这不只是为了提高孩子的学习效率，也不只是提供了一个积极的学习环境，而更是为了给孩子一个健康的人际环境，以发展学前儿童积极的客观自我意识。教师作为学前儿童生活中的重要人物，当我们用积极的眼光、正面的姿态、接纳与宽容的心理去面对孩子，去和孩子互动的时候，实际上是在给他们一个良好的"社会的界定"，促使孩子也用一种积极的态度去看待自己。

能使孩子感受到接纳、关爱和支持的良好学习环境，它的最直接和最显见的意义是，有助于学前儿童保持良好的情绪状态，激发其学习动机，为他们的学习提供一个积极自主的空间；更进一层的意义则在于，它给孩子一个积极的"他人眼中的自我"，进而使孩子在长期的自主的活动中形成内在的、稳定的、一贯的独特性，使儿童意识到自我。

接纳、关爱和支持的良好学习环境，意味着一个能够诱发、维持、巩固和强化积极的社会行为的环境，这种环境应该具备以下基本特征。

1. 物质材料的多样性和丰富性

物质材料的多样性和丰富性，能充分满足学前儿童活动的需要，能充分支持学前儿童的自主性活动和自主性选择，利于孩子的交往和合作，帮助孩子更好地表达自己的意愿和情感。物质材料的多样性和丰富性，往往直接联系着一种人性的、民主的、宽裕和宽容的教育方式。

2. 在活动氛围上是宽容的和接纳的

一个宽容和接纳的环境氛围，有助于学前儿童自我意识和个性的发展，进而形成他们良好的社会认知，激起积极的社会情感，形成正确的社会行为，使他们更加积极主动和充满自信地和外界交往。

宽容和接纳的环境氛围，意味着教师要正确看待学前儿童在活动中的"错误"表现。从学前儿童发展的角度、从获取经验的角度、从成长的角度来看，有时所谓的错误不见得就是错误，而是每个孩子成长过程中的必经途径。宽容和接纳，要求教师要用多元的、多角度的观点来看待孩子在活动中的表现，要给他们创设一个安全的、宽松自由的活动氛围，让他们在其中随心所欲、自由自在地表达自我。只有这样，教师才能发现孩子身上存在的各种问题，观察孩子需要指导和改善的方面，为教师的有效指导奠定基础。

宽容和接纳的活动氛围有时候也意味着一种幽默，意味着在某些并不是真正很严重的问题上，教师可以采取积极的忽略态度。

3. 在环境设计上具有某种倾向性或暗示性

环境是重要的教育资源，应通过环境的创设和利用，有效地促进学前儿童的发展。社会领域的教育具有潜移默化的特点，所以我们说，环境是无言的教师，可以起到暗示作用，可以起到诱发学前儿童积极行为的作用，其效果往往比教师的言传身教来得更实在。

（三）利用多种社会资源对学前儿童进行社会教育

教师在指导学前儿童社会教育活动时，应善于利用多种社会资源，如家长资源、社区资源等对学前儿童进行社会教育。例如，让不同职业的家长给孩子讲解社会的多种社会分工，利用社区资源安排孩子参观社区小学、图书中心、中国移动大厦、敬老院等社会场所，了解与自己生活有关的各行各业的人们的

劳动,增进他们的社会认知,培养其对劳动者的热爱和对劳动成果的尊重。

思考与练习

1. 引导儿童认识自己的家乡时,可以选择哪些内容? 编制一个"认识家乡"的主题网络。
2. 在"粮食"的主题中,哪些内容属于社会教育的范畴?
3. 请举例说明,如何组织学前儿童的社会实践活动。
4. 请思考,如何利用游戏组织学前儿童的社会教育活动。
5. 利用谈话的教学形式组织教学时,应注意哪些问题?

真题再现

活动设计题

1. 以下面这组图片为内容,设计一个大班安全防火教育活动,要求写出活动名称、活动目标、活动准备、活动过程及延伸。(2014年下保教知识与能力)

(1)119电话　(2)在易燃物存放处点火玩　(3)玩消防设备　(4)着火乘电梯

2. 根据下列素材设计一个大班科学活动。要求写出活动名称、活动目标、活动准备、活动过程。(2016年上保教知识与能力)

大班的胡老师为幼儿提供了各种吹泡泡的工具,有吸管、铁丝绕成的圈儿、塑料吹泡泡棒等。让幼儿在户外活动时自己吹泡泡玩,幼儿在吹泡泡的时候,有的能吹出很大的泡泡,有的只能吹出小泡泡,有的能一次吹出好多泡泡,有的一次只能吹出一个泡泡……结果有的幼儿得意,有的幼儿沮丧。针对上述现象,胡老师打算组织一个科学教育活动。引发幼儿深入探究的兴趣,并使幼儿了解不同泡泡工具与吹出的泡泡之间的关系。

第五章　学前儿童社会教育评价

> **学习要点**
> ● 学前儿童社会教育评价的含义及原则。
> ● 学前儿童社会教育评价的内容。
> ● 学前儿童社会教育评价方案的编制。
> ● 学前儿童社会教育评价的组织与实施。

第一节　学前儿童社会教育评价的含义及原则

一、学前儿童社会教育评价的含义

教育评价是幼儿园教育工作的重要组成部分，是了解教育的适宜性、有效性，调整和改进工作，促进每一个幼儿发展，提高教育质量的必要手段。学前儿童社会教育评价是对学前儿童社会教育的社会价值和个人价值作出判断的过程。管理人员、教师、幼儿及其家长均是幼儿园社会教育评价工作的参与者。评价过程是各方共同参与、相互支持与合作的过程。

二、学前儿童社会教育评价的原则

学前儿童社会教育评价的原则，是整个评价指导思想的体现，是评价规律的集中反映。在对学前儿童社会教育进行评价时，必须明确评价原则，只有这样，才能避免评价工作的盲目性、主观随意性，使评价工作真正起到促进学前儿童社会性发展，提高幼儿教师的专业指导水平。在对学前儿童社会教育进行评价时，应遵循以下三个原则。

（一）目的性原则

目的性原则是指在进行学前儿童社会教育评价时，必须有明确的目的。任何一次评价都要有具体目的，不能为评价而评价。通过评价达到学前儿童社会教育评价的目的：一是促进每一个孩子的发展；二是提高教师的专业化水平。要坚决避免为其他目的而进行的评价，如为应付上级部门检查的评价、为总结报告而不切实际的评价等。在任何情况下，评价工作的全过程都应紧紧围绕了解孩子、促进孩子的发展为宗旨。为此，在评价工作的不同阶段以及每一次搜集评价信息时，都要有明确具体的评价目的，使其成为内容具体、任务明确的观察与了解幼儿发展的过程。明确评价的目的是了解幼儿的发展需要，以便提供更加适宜的帮助和指导。

（二）客观性原则

客观性原则是指在进行社会教育评价时，要采取实事求是的科学态度，依据客观标准评价教师和儿童,不能凭主观意愿或个人的好恶,随心所欲地进行评价。坚持客观性原则是保证评价结果真实、有效的前提。遵循客观性原则应注意以下三点。

1. 选择可靠的评价指标体系

在对学前儿童社会教育进行评价时,要注意评价指标体系的可靠性和客观性,要选择经过科学程序编制,并在实践中经反复验证且被证明是有效的评价工具。

2. 评价标准具有统一性

要使用统一的评价标准来评价本班所有儿童和全体教师,不能因评价对象不同使用不同标准,或对评价标准进行改动。

3. 对儿童的评价要科学

要根据搜集到的评价信息对孩子进行价值判断,不能凭主观印象或个人情感对某些孩子或教师给予较高评价,而对另一些孩子或教师给予较低评价。评价应自然地伴随着整个教育过程进行。综合采用观察、谈话、角色表演等多种方法进行。

(三) 综合性原则

学前儿童社会教育的内容具有综合性特点,虽然各方面具有相对独立性,但又不是孤立存在的。只有把各方面内容协调起来,才能全面考察学前儿童社会教育的质量和幼儿社会性发展水平的情况。

第二节　学前儿童社会教育评价的内容

一、0～3岁儿童社会性发展评价

0～3岁儿童情绪与社会行为发展是其社会性发展的重要参考指标。表5-1至表5-3是选取一组0～3岁儿童情绪与社会行为发展水平测试参考标准,供大家参考。

表5-1　1～12个月儿童情绪与社会行为发展水平测试参考标准①

月　龄	情　绪　与　社　会　行　为		
	项　　目	测评方法	通　过　标　准
1个月	与父母眼对眼注视	宝宝清醒时,与父亲或母亲对视	对视超过3秒以上
	逗引会微笑	宝宝俯卧,用语言、表情逗他,但不要用手触及他	有微笑等愉快反应
2个月	笑出声音	用玩具或语言逗引宝宝,但是要接触其身体	能发出"咯咯"笑声
	"天真快乐"反应	宝宝仰卧,家长站在宝宝面前,不要逗引宝宝,观察他的表现	见人能自动微笑、发声或挥手蹬脚、表现出快乐的神情
3个月	认妈妈高兴	宝宝见到母亲时,观察其是否有特殊表现,如发出声音、急切地看或挥动手脚表示愉快	能表现出对母亲的偏爱
4个月	见食物(母亲乳房)有兴奋模样	观察宝宝见母亲乳房或奶瓶时的表情	见食物两眼盯着看有兴奋表情
	见母亲伸手要抱	观察见母亲时的反应	伸手要求抱
	辨认生、熟人(见生人盯看、躲避、哭等)	观察见生人的反应	见生人盯看、躲避、哭等

①韩跃辉.1岁方案[M].北京:中国人口出版社,2002.

续　表

月　龄	情　绪　与　社　会　行　为		
	项　　目	测　评　方　法	通　过　标　准
5个月	望镜中人笑	抱宝宝到穿衣镜前,逗引他观看镜中的人像	对镜中人笑
6个月	开始认生	观察宝宝对生人的反应	有明显的害怕、焦虑、哭闹等反应
	捕捉并拍打镜中人	置宝宝于大镜子前	对镜中人有捕捉、拍打、亲吻等反应
	夺走玩具发脾气	直接夺走宝宝手中正在玩的玩具	喊叫,表示不高兴或哭闹
	区别严厉与亲切的语言	观察宝宝对严厉或亲切的语言的理解程度	对亲切的语言表示愉快、对严厉的语言表示不安或哭泣等反应
7个月	见父母、熟人要求抱	观察宝宝见到父母或其他经常照料他的人时的反应	主动要求抱
8个月	会推掉自己不要的东西	在宝宝面前出示两物,故意将其不要的东西给他,观察反应	会用手推掉自己不要的东西
	注意观察大人的行为	大人在宝宝面前做事时,观察其是否注意观看	会注视大人的行动
9个月	听到表扬会重复动作	宝宝模仿大人动作时,及时用言语、表情喝彩	听到表扬重复刚做的动作
10个月	懂得命令	吩咐宝宝做三件事,如"把××拿来""坐下""把××给妈妈"等,不要做手势	能懂得并服从大人的指令,做相应的事
	理解"不"	宝宝拿一玩具时,大人说"不要拿,不要动",但不做手势	宝宝立刻停止拿玩具的动作
11个月	随音乐或歌谣做动作（如点头、拍手、踏脚、摇身等）	放音乐或念儿歌,鼓励宝宝随节奏做点头、拍手、踏脚、摇身等动作	能随着音乐或儿歌的节奏做简单的动作
12个月	要东西知道给	向宝宝要其手中的玩具或食物	理解语言,知道将大人要的东西给出
	用点头、摇头表示同意或不同意	观察宝宝表示同意或不同意时的动作	会用点头表示同意,用摇头表示不同意

表5-2　13～24个月儿童情绪与社会行为发展水平测试参考标准①

月　龄	情　绪　与　社　会　行　为		
	项　　目	测　评　方　法	通　过　标　准
13个月	听到叫自己的名字会走过来	家长在宝宝背后叫他的名字	听到叫自己的名字后知道自己走过来,不会走的孩子会扶住家具设法走到大人身边
14个月	完成指令"捡起玩具"	在宝宝的玩具掉在地上时,大人要他把玩具"捡起来"	能完成大人的指令
15个月	有同情心	观察别的小朋友哭了,宝宝是否也表示难过	能受他人痛苦的感染,表现出痛苦的表情或跟着哭

---

①韩跃辉.2岁方案[M].北京:中国人口出版社,2002.

月　龄	情　绪　与　社　会　行　为		
	项　目	测　评　方　法	通　过　标　准
16个月	对环境积极探索	在宝宝情绪好时,让他一个人在家里自由活动(大人在一旁观察,注意安全)	主动在室内到处翻东西、观察物品
17个月	会替大人拿东西	吩咐宝宝去拿三种东西,如小汽车、球、小板凳	会按大人吩咐正确拿来三种东西
18个月	会护自己的玩具	宝宝玩玩具时,有小朋友来拿,观察他的反应	别人来参与玩他的玩具时,不给
19个月	有意模仿大人做家务	大人扫地、擦桌子时,给宝宝一只小扫帚、一块干净抹布,鼓励他与大人干同样的事	宝宝有意模仿大人,不一定像
20个月	能等待食物或玩具	观察宝宝坐在椅子上,在给他取东西前告诉他:"等着,妈妈去拿××,一会儿就回来。"	可以安静3~5分钟,有期待表情
21个月	开口表达个人需要	观察宝宝能否用语言表示自己的需要	会说出三种以上自己的需要,如"上街、吃饭、喝水、玩球"等,仅用手势表示,不算通过
22个月	亲人不在场能独自玩一会儿不闹	宝宝独自玩玩具,大人离去	亲人离开10分钟左右,不闹
23个月	喜欢听小故事	给宝宝讲一个小故事	能集中注意听3~5分钟
24个月	能控制情绪	观察宝宝在一种不愉快的情景中,经劝说能否不哭	在不高兴时,能控制感情不哭闹

表5-3　25~36个月儿童情绪与社会行为发展水平测试参考标准[1]

月　龄	情　绪　与　社　会　行　为		
	项　目	测　评　方　法	通　过　标　准
25个月	找到自己的家	将宝宝带到离家50~60米处,鼓励宝宝带你回家	能正确找到家。3试2成即可
26个月	会使用声音表示喜怒	在适当场合,观察、倾听宝宝的情绪反应	在适当场合会用声音表示喜、怒等情绪
27个月	懂得批评、避免大人批评	在适当场合如宝宝要打人时用语言、手势、眼神批评宝宝	懂得批评(不继续这种行为)、知道避免批评(不做禁止过的行为),有简单的是非观念
28个月	能和小朋友一起游戏	观察和小朋友游戏时的表现	游戏时愉快、合作
29个月	帮助成人干一点事,如分糖果、扫地、洗玩具等	当你做家务时,观察宝宝是否知道帮忙做点事,如扫地、洗玩具等	能帮助干一点需要配合的家务活
30个月	能玩过家家,会表达意见,服从命令	让宝宝与其他小朋友在一起玩,引导他玩"过家家"游戏,观察其表现	乐意与小朋友在一起玩"过家家"之类的合作游戏,会服从命令,表达意见
31个月	学会等待	观察宝宝在适当的场合,如排队买东西或玩要需要等待时的表现	知道要排队,并耐心等待

---

[1]韩跃辉.3岁方案.北京:中国人口出版社,2002.

月　龄	情　绪　与　社　会　行　为		
	项　　目	测　评　方　法	通　过　标　准
32个月	购物当助手	带宝宝到商店购物时，让他帮助购物取物，并介绍该物品的名称和用途，回家后让宝宝复述	喜欢帮助大人购物，能说出所购的两三种物品的用途
33个月	能帮大人做家务，如收衣服	大人收拾晾干的衣服时，请宝宝帮忙，将每个人的衣服分别放在衣柜中一定位置，适当的时候让他取出自己的衣服	乐意帮助大人收拾衣服，能记住自己放衣服的地方
34个月	做客有礼貌，懂得行为要有分寸	带宝宝去做客时，事先要求宝宝要有礼貌，如进门问人好，送给客人的礼物不能争着打开，客人给食品或玩具玩时，要表示感谢，不乱动客人家的东西，等等	懂得做客时要有礼貌、行为有分寸，能基本按照大人的要求做
35个月	做完整自我介绍	鼓励宝宝以一问一答的形式向别人做完整的自我介绍，可问姓名、性别、父母姓名、工作单位、家庭住址（市区、胡同或小区、楼号、单元、门牌号等）	能正确回答问题
36个月	帮成人做些力所能及的家务活	在适当的场合，如妈妈正忙着做家务时，观察宝宝是否主动帮着干些力所能及的家务活，如择菜、扫垃圾等	主动并乐意帮助大人干一些家务活

二、幼儿社会性发展评价

（一）幼儿社会性发展评价的内容

学前期是幼儿社会化的关键时期，在社会化过程中所形成的社会性不仅影响幼儿的社会适应，而且对其全面发展具有至关重要的作用，幼儿期社会性发展对人一生的发展具有长远影响，因此对幼儿社会性发展的评价尤为重要。《指南》将社会领域的学习与发展分为"人际交往"与"社会适应"两方面。表现在社会性评价内容上：既要有对人际交往的内容评价，也要有社会适应内容的评价；既要评价孩子自尊、自信、自主的表现，也要有关心尊重他人、富有同情心方面的评价，等等。同时，幼儿社会性发展也离不开社会性行为的表现，如诚实、遵守规则、交往行为中的与同伴交往和与成人交往等，对一个幼儿社会性发展的评价，既要有综合性的评价，也要有某一项目的评价，如对幼儿自尊心的评价[①]。

📖 资料 5-1

怎样评价幼儿的自尊心

一、日常生活中的观察

观察幼儿在日常生活下列情景中的情绪和行为表现。

1. 幼儿是否经常寻求别人对他的注意。例如，当有客人来时，主动告诉客人：

"我是××。"

"这是我画的。"

"这是我做的。"

自尊心较强的幼儿一般经常表现出上述行为（特别是三四岁的幼儿）。

[①]陈帼眉.学前儿童发展与教育评价手册［M］.北京：北京师范大学出版社，1994.

2. 幼儿是否经常向别人表现自己的能力,寻求赞许和肯定。例如:

"我能拍(球)××下。"

"我能跳(绳)××下。"

"我会搭高楼。"

"我画得好吗?"

3. 自我表现和寻求肯定评价是幼儿自尊心发展的明显行为特征,如果幼儿经常表现出上述类似的行为特点,说明他已有较强的自尊感。

4. 受到表扬时幼儿是否感到愉快。如因某种行为受到教师表扬或自己做成功一件事受到其他小朋友称赞时是否出现微笑、不好意思、得意等表情。

5. 受到批评时是否感到羞愧。自尊心强的幼儿做错事后,即使教师不直接点名批评也能表现出内疚和羞愧,如出现脸红、低头等反应;缺乏自尊心的幼儿,则常常对批评表现出无所谓的态度。

受到不公平对待时是否能做出适当反应。例如:

未满足别人要求时(如别人抢玩具未给)挨打。

未做好某事或能力差被人嘲笑(如"你真笨")。

自己的活动或作品被人故意破坏。

自己正在玩的玩具被人强行抢走。

自尊心强的幼儿受到上述不公平对待或当别人故意攻击时,往往有强烈的反应,如气愤、提出抗议、据理力争或告诉老师;缺乏自尊心的幼儿往往默默忍受或感到无所谓。幼儿对这类问题的态度,反映了他们对自身权益的意识以及要求别人尊重的倾向。

二、情景测验

例① 组织幼儿进行可产生活动结果的游戏,如做泥工、插积塑、画意愿画等。观察幼儿是否有下列自尊表现。

1. 寻求别人的注意和肯定,如向别人展示自己的作品,并询问:"我做(捏、搭画)得好吗?"

2. 介绍自己的作品,如"这是我做的"。

例② 教师组织幼儿进行折纸活动,内容为幼儿尚未做过的,教师先教幼儿如何做,然后让幼儿自己完成作品。教师进行巡回检查,对做得好的幼儿提出表扬,对做得不好的幼儿提出批评,观察幼儿的表现。

1. 受到表扬时是否表现出兴奋、自豪或害羞、不好意思。

2. 受到批评时是否表现得不高兴、不好意思或不服气、辩解。

例③ 组织幼儿玩游戏——"看谁找得快"。用布将幼儿的眼睛蒙住,让他们去找放在他们面前的一件玩具(或物品),并告诉他们谁先找到谁就能得到奖品。如幼儿为得奖,从布下偷看,教师在活动总结时批评这种行为,观察犯规幼儿是否有下列反应:

脸发红或有不安动作,如扭头、低头、垂下眼皮、摸衣服等。

如果幼儿出现上述之一行为,说明已产生羞愧的情绪体验。

例④ 组织幼儿玩游戏——"看谁拔得快"。在户外活动场地一端放置与幼儿数相同的玩具"萝卜"(或纸板做的)。幼儿扮作小兔排成两队,站在20米以外的地方。两队幼儿比赛拔萝卜。哪个队最先完成,哪个队的幼儿就能得到奖品。要求必须跳过去,不能跑。教师观察幼儿是否为得到奖品而不按要求做动作,并在活动总结时指出来。观察幼儿是否有羞愧的表现(观察指标与例③相同)。

下面从《幼儿发展评价手册》中选取品德与社会性发展评价量表的内容供大家参考（见表5-4），本份量表在等级划分上的三个等级标准对应幼儿园小中大班三个参考年龄，便于不同年龄班的教师很容易地掌握本年龄班幼儿应该达到的标准。本量表评价体系采用的是标准参照评价模式，只考察幼儿在各项指标上达到标准的情况，没有深究幼儿低于或高于标准的精确程度。使用本评价体系，只需对照评价体系，对幼儿达到标准的情况进行"是"或"否"的判断。本份量表既适用于教师使用，又适用于家长使用，目的是帮助家长和教师考察发现幼儿的社会化发展现状，为改善教育过程，加强对幼儿的个别指导提供依据。

教师在使用本量表时，可以根据本园、本班的教育计划和幼儿的实际情况与个人的工作风格、习惯等进行选择和修改，也可根据实际情况对评价体系进行增删，但要注意指标体系的合理性和指标之间的逻辑关系，以使修改后的评价体系在符合自己需要的同时，仍然是一个具有全面性和科学性的完整体系。对于某些幼儿园，有些项目的评价标准可能过低，而对另外一些幼儿园，又可能是过高的，所以，每位教师在具体使用时要灵活。

表5-4　幼儿品德与社会性发展评价量表[1]

项目	内容	等级标准		
		一	二	三
自我系统	自我认识	知道自己的姓名、性别、年龄	知道自己的爱好	知道自己的优缺点
	自信心	完成简单事情或任务时有信心	完成稍有难度的任务时有信心	完成没有做过或有较大难度的任务时有信心
	独立性	在教师鼓励和要求下能独立做事	自己能做的事不请求帮助	喜欢独立做事情和独立思考问题
	坚持性	能有始有终做完一件简单的事	能坚持一段时间完成稍有难度的任务	经常能在较长时间内主动克服困难，实现活动目的
	好胜心	在感兴趣的活动中努力做好	在竞赛情景及与他人同时进行的活动中，努力争取好成绩	做任何事都努力争取好结果
情绪情感	表达与控制情绪情感	情绪一般较稳定，经劝说能控制消极情绪	一般情绪状态较好，能用较平和的方式表达情绪；一般能自己调节与控制消极情绪	一般情绪状态良好，能用恰当的方式对待不同情景做出适宜的情绪反应
	爱周围人	热爱、尊敬父母	亲近班里的老师和小朋友	关心父母、老师和小朋友，喜欢帮助他们做力所能及的事
	爱集体	喜欢幼儿园，愿意参加集体活动	在教师引导下，能关心班里的事，为集体做好事	能主动关心班里的事，为集体做好事，维护集体荣誉
文明行为	礼貌	在成人的提醒下能使用礼貌用语	能主动使用礼貌用语	能在不同情景下主动使用礼貌用语，举止文明
	诚实	不说谎话，不随便拿别人的东西	做错事能承认，拾到物品主动交还	做错事能承认，并努力改正；不背着成人做被禁止的事
	合作	能与小朋友一起游戏	喜欢与小朋友合作游戏和做事	能成功地与小朋友合作游戏和做事
	遵守规则	经提醒能遵守规则	能自觉遵守规则	能自觉遵守并维护规则

① 白爱宝.幼儿发展评价手册[M].北京：教育科学出版社，1999.

续　表

项目	内容	等　级　标　准		
		一	二	三
交往行为	与教师交往	对教师的主动交往能做出积极反应	有时能主动与教师交往	常主动发起与教师的交往
	与小朋友交往	对小朋友的主动交往能做出积极反应	有时能主动与小朋友交往	经常主动发起与小朋友的交往
	与客人交往	见到客人不害怕、不回避	对客人的主动交往有积极反应	能主动与客人交往
	解决冲突	与小朋友发生冲突时，经教师帮助能和解	能用适宜的方式自己解决与小朋友的冲突	能帮助解决其他小朋友之间的冲突

（二）幼儿社会性发展评价的方法

幼儿的社会性发展在多数情况下，可通过其外显行为表现出来。因此，搜集评价信息的方法主要是观察法，包括自然观察和情景观察。

📖 **资料 5-2**

对幼儿责任感的评价①

一、日常生活中的观察

幼儿的责任感主要表现在他们对自己、对他人以及处理日常生活中事情的态度上。下面列出幼儿在这些方面的行为表现，可作为日常生活中观察幼儿责任感的指标。

1. 活动结束时是否主动收拾好用过的物品。例如：

（1）游戏结束后是否认真收拾玩具，放回原处。

（2）美工活动结束后是否收拾自己用过的桌子，将废物放入纸篓，将剪刀、糨糊、画笔等物品收好或交给老师。

（3）户外活动结束时是否记着把自己拿出去的玩具带回活动室。

责任感强的幼儿在上述情景中的行为常常表现出主动、认真的特点，他们不需要成人或小朋友的提醒，自觉履行自己的职责；缺乏责任感的幼儿不但常在别人督促下才能做，而且做起来往往很不认真。

2. 是否爱惜幼儿园的物品。例如：

（1）游戏时是否不乱丢、乱扔或摔打玩具。

（2）看到掉在地上的玩具是否主动拾起来。

（3）是否能轻拿轻放桌椅。

（4）看到玩具或用品损坏时，能否主动告诉教师。

3. 是否能完成教师交给的任务。如要求幼儿从家里带来某件东西、要求幼儿帮助教师做一件事时，责任感强的幼儿能按要求完成，缺乏责任感的孩子常常忘记任务或不能认真完成好任务。

4. 做值日生时是否认真负责。责任感强的幼儿无论对值日生的具体任务是否感兴趣，都能按照教师的要求认真做好；缺乏责任感的幼儿常常依兴趣的大小而表现出不同的行为，如对发碗筷感兴趣，就能认真做，对擦桌椅不感兴趣，做起来就马马虎虎。

---

①陈帼眉.学前儿童发展与教育评价手册[M].北京：北京师范大学出版社，1994.

5. 对自己的过失是否内疚并尽力弥补。

如活动中无意地碰疼别人或把别人的玩具、作品弄坏时，是否能表现出内疚，并安慰小朋友，想办法让小朋友不再难过。有责任感的幼儿常常主动道歉，为小朋友擦眼泪，查看受伤处，帮助小朋友重新做玩具；缺乏责任感的幼儿则为自己辩解、推卸责任，或从别人那里寻求原因。

6. 对集体和他人的事是否关心。例如：

（1）参加小组活动时是否能做好分配给自己的任务。

（2）参加小组竞赛活动时是否很出力。

（3）看到小朋友做错事是否能够提醒或提出批评。

（4）是否能主动参与对集体和他人有益的活动，如布置环境。

二、情景测验

例① 教师在活动室墙壁布置一棵光秃秃的树干，告诉幼儿需要做一些树叶和花贴在树上，装饰班里"美丽的春天"，如果不想做，可以玩其他游戏（如果有些幼儿没有参与，可以再提醒一遍）。观察幼儿的表现：

A. 玩其他游戏。

B. 经提醒参与制作。

C. 主动参与制作。

例② 幼儿离开幼儿园前，教师告诉幼儿游戏角里的废旧材料不多了，要求每个幼儿第二天从家里带来一个废纸篓（或饮料瓶、药瓶等）交给老师。第二天观察，哪些幼儿带来了，并对没带来盒子的小朋友第二次进行提醒。观察幼儿的表现：

A. 教师第二次提醒后仍未带来。

B. 教师第二次提醒后才带来。

C. 教师第一次提出要求后就能带来。

三、家长问卷调查

请家长在下表中，在符合实际情况的答案上画"√"。

表5-5 幼儿责任感调查表

（1）玩完玩具后能自己主动收好。 　　A. 很少　　　　　　　　B. 有时　　　　　　　　C. 经常
（2）家长让幼儿做的事情，如帮忙扫地、放碗筷等，能认真做好。 　　A. 很少　　　　　　　　B. 有时　　　　　　　　C. 经常
（3）幼儿园教师布置幼儿回家做的事能认真做好。 　　A. 很少　　　　　　　　B. 有时　　　　　　　　C. 经常
（4）如果幼儿无意中弄坏了家里的东西，如碰翻桌椅、弄脏家具或地板等，会感到不安并 　　尽力弥补。 　　A. 很少　　　　　　　　B. 有时　　　　　　　　C. 经常

在对幼儿社会性发展进行评价时，对一些难以通过日常观察得到信息的项目则辅之以测验、谈话、问卷调查等方法，如对幼儿主动性的评价则辅之以问卷调查的方法[①]。

---

① 陈帼眉.学前儿童发展与教育评价手册[M].北京：北京师范大学出版社，1994.

📖 **资料** 5-3

对幼儿主动性评价的问卷调查

一、日常生活中的观察

幼儿的主动性反映在行为的各个方面,可从以下角度进行观察。

1. 自由活动时是否能积极开展活动。如果儿童总是能很快地自己选择活动内容,并专注于活动之中,说明他的主动性较强;缺乏主动性的幼儿,常常在自由活动时无所事事,旁观别人或经过教师的提醒和安排才能开展活动。

2. 参加学习活动时是否有积极反应。主动性强的幼儿参加学习活动热情高,兴趣浓,思维活跃,爱发言,对老师的提问和要求能迅速作出相应反应;主动性差的幼儿参加学习活动时常常反应冷淡,缺乏热情。

3. 遇到自己不懂的事是否主动提问。如果幼儿对新奇的和自己不懂的事常能进行思考,并主动向老师提出疑问,与小朋友一起讨论,说明他的主动性较强。

4. 是否能自觉地完成交给自己的任务。幼儿在日常生活和学习中,有许多需要独自完成一定任务的机会,如完成劳动任务、完成老师布置的"作业"(如记天气日记)等,主动性强的幼儿不需老师提醒和督促,能自觉完成;还有的幼儿无论老师如何提醒,仍不能完成任务。

5. 是否能主动表达自己的愿望和要求。如教师征求小朋友参加活动的意见时,能否主动告诉成人,以及当自己渴望做一件事时能否表达出来。主动性强的幼儿在上述情况及类似情况下能主动表达自己的需要;主动性差的幼儿很少提出自己的要求,习惯于服从老师的安排或跟随别人。

6. 与小朋友一起游戏时是否喜欢出主意。主动性强的幼儿不仅常发起游戏,而且善于在活动中起组织作用,规划活动的过程,积极出主意,解决游戏中出现的问题,如缺少某种玩具时想办法自己制作或找替代物等;主动性差的幼儿常常是跟随者,自己较少出主意。

二、家长问卷调查

下表列出了一些幼儿在家庭中可能出现的主动性行为,请家长在符合幼儿情况的答案上打"√"。

表 5-6　幼儿主动性调查表

(1) 需要父母为他(她)安排在家里的游戏和活动。
　　A. 经常　　　　　　　　B. 有时　　　　　　　　C. 很少

(2) 主动告诉父母对图书、玩具和外出参观、游览的愿望。
　　A. 很少　　　　　　　　B. 有时　　　　　　　　C. 经常

(3) 身体不舒服时主动告诉父母。
　　A. 很少　　　　　　　　B. 有时　　　　　　　　C. 经常

(4) 向父母提问题或引发话题与父母讨论。
　　A. 很少　　　　　　　　B. 有时　　　　　　　　C. 经常

(5) 主动为父母表演在幼儿园学过的儿歌、故事或歌舞。
　　A. 很少　　　　　　　　B. 有时　　　　　　　　C. 经常

(6) 主动提出帮父母做事。
　　A. 很少　　　　　　　　B. 有时　　　　　　　　C. 经常

(7) 主动完成父母要求做的事情。
　　A. 很少　　　　　　　　B. 有时　　　　　　　　C. 经常

在对幼儿社会性发展进行评价时，日常观察应与总结性评价相结合。在日常观察的基础上，要每学年对幼儿进行2～3次终结性评价。终结性评价主要是对日常观察的评价信息进行汇总，并对日常生活中难以观察的项目进行专门性的观察或测查，最后对所有信息进行分析、综合，形成价值判断。

（三）评价应注意的问题

1. 树立正确的评价观

评价观的核心是对评价目的的认识，幼儿社会教育的评价主要是促进幼儿社会性的发展和教师社会教育的指导水平，以什么样的评价观为指导，就会导致什么样的评价结果，所以，帮助教师树立正确的评价观至关重要。

正确的评价观，即是正确看待幼儿的社会性发展。外显的知识和具体能力只是发展的指标之一，不是最重要的指标，也不是唯一的指标。要全面了解幼儿的发展状况，防止片面性，尤其要避免只重知识和技能。发展的本质和核心是幼儿心理机能的不断完善和水平的提高，它制约和影响幼儿其他方面的发展。同时，发展是循序渐进的过程，在这个过程中，幼儿的发展速度具有个体差异，在某一特定阶段，不可能所有幼儿同时达到同一发展水平，幼儿的社会性发展尤显明显。《指南》指出："幼儿的发展是一个持续、渐进的过程，同时也表现出一定的阶段性特征。每个幼儿在沿着相似进程发展的过程中，各自的发展速度和达到某一水平的时间不完全相同。"要充分理解和尊重幼儿发展进程中的个别差异，支持和引导他们从原有水平向更高水平发展，按照自身的速度和方式到达《指南》所呈现的发展"阶梯"，切忌用一把"尺子"衡量所有幼儿，因此要承认和关注幼儿的个体差异，避免用单一的标准评价不同的幼儿，并且在幼儿面前慎用横向的比较。对每个幼儿社会性发展进行分析，不仅要看其是否达到了同龄儿童的一般水平，更要看其在发展方向上是否具有进步性，与自己的过去相比是否有了明显的提高。此外，即使是同一个幼儿，各方面的发展速度也不相同。总之，应以辩证的、动态的观点理解幼儿的发展。幼儿现实的发展水平，并不代表他可能的、未来的全部发展情况，每个幼儿通过教育都可能得到提高，以发展的眼光看待幼儿，既要了解现有水平，更要关注其发展的速度、特点和倾向等。通过评价发现幼儿的个别差异，为教师改进教育工作提供依据。

2. 与日常工作相结合

《纲要》指出：幼儿园教育工作评价实行以教师自评为主，因幼儿社会教育的内容和性质所决定，评价工作必须融合在日常工作中，只有将评价和日常工作相结合，才能保证评价信息真实可靠，也才能真正起到指导教育的目的。《纲要》指出，评价应在日常活动与教育教学过程中采用自然的方法进行。平时观察所获的具有典型意义的幼儿行为表现和所积累的各种作品等，是评价的重要依据。日常工作中的评价还要和终结性评价相结合。如果没有终结性评价，则难以全面把握一名幼儿通过一个阶段的教育后取得的进步和尚存在的不足，只有将两者结合起来，总结性评价的自身才真正具有意义。教师应在日常教育工作中，有意识地大量搜集、积累幼儿社会习惯性发展的日常观察信息，在一个教育阶段结束时进行汇总和分析，对于判断依据不足的方面，可实施专门的测查或观察，以得到必要的补充信息。

3. 充分合理地运用评价结果

科学、合理、客观地看待和分析评价结果，是使评价真正起到促进幼儿发展和教师教育质量的保证。对评价结果的运用，主要有以下三个方面。

一是作为制订班级计划的依据。教师只有对本班幼儿总体发展情况心中有数，在头脑中有一个个活生生的具体儿童，所制订的教育计划才可能既符合儿童发展的基本规律和一般年龄特点，又适应本班幼儿总体发展水平和发展需要。

二是分析每个幼儿发展的个别特点，为因人施教提供依据。儿童发展评价的最终目的是使教师（包括家长等）了解每个幼儿，创造适应儿童的教育，即根据每个幼儿的发展水平、个性特点、兴趣爱好、学习方式等方面的个人独特性，提出不同的教育要求，采取不同的教育方法等。这就要求教师通过情景观察等手段获得儿童发展的丰富信息后，对照评价标准，确定每个儿童在各个发展领域的发展状况，特别是存在明显问题的方面，并在此基础上制订个别指导计划，以便在教育进程中，加强对不同幼儿的指导。

三是全面、客观地分析影响儿童发展的因素，为改善幼儿园和家庭教育提供依据。教师不仅要通过评价了解幼儿的发展现状，还要进一步分析存在问题的原因和导致进步的因素。这种分析不应局限在幼儿园教育这一方面，而且要深入到儿童生活的广阔空间中，如分析家庭及社会环境对儿童发展的影响，使家庭、幼儿园、社会教育等各个方面的力量协调一致、相互配合。此外，教师还应及时将评价结果以及对影响因素的分析以恰当的方式向家长进行反馈，帮助家长正确认识孩子的发展情况以及家庭因素对幼儿的影响，提高其改善家庭教育的自觉性。幼儿的行为表现和发展变化具有重要的评价意义，教师应视之为重要的评价信息和改进工作的依据。

4. 正确处理幼儿发展评价与教师工作评价的关系

幼儿园教师是幼儿发展评价的实施者，也是评价结果的使用者，教师以何种动机、态度进行这项工作，决定评价结果的真实性与客观性，而评价结果是否真实、客观，又决定了评价的目的能否实现。评价的过程，是教师运用专业知识审视教育实践，发现、分析、研究、解决问题的过程，也是其自我成长的重要途径。教师在进行幼儿发展评价工作时的态度，不仅与其评价观有关，也与幼儿园管理工作和教师工作的评价制度有关。只有建立科学的管理工作的运行机制，正确认识并处理幼儿发展评价与教师工作评价的关系，才能调动教师观察、了解幼儿发展的积极性和主动性，也才能保证教师以认真、严谨的态度进行幼儿发展评价工作，将重点真正放在了解幼儿发展上。如果在管理工作中任意将评价功能扩大化，则可能使幼儿发展评价工作偏离正确的方向。

有一些幼儿园把教师对本班幼儿进行评价得到的结果与年终（或学期末）对教师的评价挂钩，导致教师在对幼儿发展进行评价时，不能完全将关注点放在了解儿童上，而是较多考虑到自身利益。于是，有的教师在学期初给幼儿较低的评价，学期末给予较高的评价，以显示一个学期自己工作的成效。还有的教师在新接一个班时，初次对幼儿评价时给予较低评价，过一段时间再给予较高评价，以说明自己比该班前一任教师的工作更有成绩。

简单地将幼儿发展评价与教师工作质量评价挂钩，严重影响幼儿发展评价工作的真实性与客观性，其结果将直接对幼儿的发展造成危害。因为，非真实的评价结果对改善教育过程无任何实际的指导意义。此外，这种做法也不符合发展心理学等科学理论早已证实的幼儿发展的基本规律。教师是影响幼儿发展的重要因素，但不是唯一因素。幼儿的发展是多种因素相互作用的结果，因此，无论幼儿发展较好还是存在较大问题，都不能完全说明教师工作质量的高低；教育因素作用到幼儿身上，转化为可以观察到的是行为，成为幼儿基本素质的一部分，并非短时间可以证实的。因此，将教师工作与幼儿发展看作因果关系，并以幼儿发展水平作为对教师进行奖惩的依据，不仅可能导致评价失实，还可能误导教师利用评价的内容训练幼儿，以求获得明显的短期效益。如此，幼儿发展评价就完全失去了其自身的意义。

在幼儿园的管理工作中，完全可以将幼儿发展评价工作与教师工作相联系，并纳入对教师工作的考核中，但着重点应放在以下三个方面：一是看教师能否认真、严肃地开展幼儿发展评价工作，是否能通过多种途径了解幼儿的发展，获得的评价信息是否真实、可靠；二是看教师能否认真分析影响幼儿发展的因素，特别是对自身工作中的问题进行分析，能否根据个别指导，有目的地改善教育过程；三是教师能否及时向家长反馈评价信息，与家长共同分析影响幼儿发展的因素。

幼儿同情心也是衡量幼儿社会性发展的重要指标。下面一组资料供大家参考。

📖 **资料 5-4**

怎样评价幼儿的同情心①

一、日常生活中的观察

幼儿的同情心主要表现在对别人痛苦、困难的关注与援助,对比自己年幼的同伴的关心与帮助,对别人的缺点与缺陷的态度等几个主要方面。下面列举出日常生活中幼儿同情心的具体行为指标,通过观察幼儿在下列情景中的行为,可以发现和判断幼儿同情心的发展情况。

1. 小朋友遇到困难时是否能给予帮助。例如,当同伴不会系纽扣、系鞋带时能否帮忙。同情心强的幼儿,对同伴遇到的困难不仅能给予实际的援助,而且具有明显的主动性,即主动觉察别人的需要并迅速作出反应;缺乏同情心的孩子,对别人的困难常常视而不见,还有的幼儿即使在别人的请求下也不情愿帮助。

2. 对能力差或有缺点的小朋友是否不歧视、不嘲笑。具有同情心的幼儿能够以正确态度对待能力差的小朋友,如当小朋友不会做某事时能帮助出主意,或在行动上能给予支持。有的幼儿还能主动帮助那些存在较多缺点,常常受到教师批评的小朋友,提醒他们应该怎样,不该怎样;缺乏同情心的幼儿,对于别人的缺点常常表现出如下行为:

(1) 嘲笑受到批评的小朋友,如说:"活该。"

(2) 指责能力差的小朋友所做的事。

(3) 向别人(如来访的客人)介绍小朋友的缺点,如对客人说:"他是我们班最笨的。"

(4) 拒绝与能力差或有较多缺点的小朋友一起玩。

3. 是否关心不快乐的或受到意外伤害的小朋友。例如,当小朋友因生病、摔倒受伤而痛苦、不愉快时,是否能主动询问、安慰,并想办法帮助他们(如帮助擦眼泪、请老师、把自己的玩具给他们等)。

4. 是否能关心、照顾比自己年幼的儿童。同情心的明显行为特征之一是对弱小者的关切与扶助。在幼儿园的日常生活中,不同年龄的幼儿有较多机会在一起共同活动,特别是户外活动中常常共同使用同一场地、同一器械(大型)进行游戏。这时候,同情心强的幼儿对年幼的孩子往往懂得关心、照顾,如扶着他们上滑梯,让小弟弟、小妹妹优先玩。

5. 看到有生理缺陷的人是否不嘲笑。有同情心的幼儿对幼儿园里有生理缺陷的小朋友或外出游览时看到的有生理缺陷的人,常常能表现出关注和同情的神情,有的幼儿还用语言表达出他们的怜悯之心,如"他多难受呀""他多可怜呀";缺乏同情心的幼儿则常常用嘲笑的口吻议论:"瞧,他多难看呀!"

6. 是否爱护小动物。小动物是幼儿生活中很重要的"玩伴",也常常成为他们施以怜悯和爱护之心的对象。有些幼儿对幼儿园饲养的小动物很关心,常常主动从家里带来食物,帮助小动物清理环境,游戏时静静地观察;而有些幼儿则喜欢伤害和捉弄小动物,如大声呵斥、用手捏、摔打。这些行为表现出幼儿同情与怜悯心的不同发展水平。

二、情景测验

例① 组织幼儿观看电视《三毛流浪记》或其他类似内容的电影、电视节目,观察幼儿对剧中人物的痛苦和不幸是否表现出关注和同情。

例如,当主人公哭泣时,幼儿的反应:

A. 无表情变化。

———————————

①陈帼眉.学前儿童发展与教育评价手册[M].北京:北京师范大学出版社,1994.

B. 出现关注、不安、紧张等表情。

C. 出现痛苦表情或流泪。

例② 组织幼儿与低年级小朋友一起玩滑梯,观察幼儿的表现:

A. 催促年幼的小朋友;

　　指责年幼儿童动作慢;

　　抢在年幼儿童前边玩;

　　对年幼儿童的请求置之不理等。

B. 忽视年幼儿童的存在,既无帮助也无欺负行为。

C. 鼓励年幼儿童要勇敢;提醒注意安全,如"慢一点";

主动照顾,如扶着上滑梯、在滑梯下等待等。

三、家长问卷调查

请家长在表5-7中,在符合幼儿实际情况的答案后面打"√"。

表5-7　幼儿同情心调查表

---

(1) 当幼儿和邻居或亲戚家比他小的孩子一起游戏时的表现。

　　A. 欺负他们。

　　B. 不出现纠纷时友好地玩,出现纠纷时不能谦让。

　　C. 把自己好玩或好吃的东西给他们;

　　　　出现纠纷时能让步;

　　　　耐心教他们游戏方法。

(2) 当父母生病时,仍然要父母陪他(她)玩。

　　A. 经常　　　　　　B. 有时　　　　　　C. 很少

(3) 当父母生气或伤心时,自己安静地找事做。

　　A. 很少　　　　　　B. 有时　　　　　　C. 经常

(4) 父母生病或伤心时主动安慰,做使父母高兴的事。

　　A. 很少　　　　　　B. 有时　　　　　　C. 经常

(5) 以讥笑或看不起的口吻谈论有生理缺陷或能力差的幼儿。

　　A. 经常　　　　　　B. 有时　　　　　　C. 很少

(6) 对家里饲养的小动物的态度。

　　A. 不爱护,经常动手打。

　　B. 和小动物一起玩。

　　C. 常帮助父母给小动物喂食或有其他看护的举动。

(7) 与父母外出看到有生理缺陷的人笑话他们或指指点点。

　　A. 经常　　　　　B. 有时　　　　　C. 从不

（四）教师的教育组织指导策略评价

对幼儿社会性教育的评价,既要评价幼儿所获得的发展,又要评价教师的教育组织指导策略,因为教育组织指导策略是否适宜,直接影响着幼儿所获得的发展。

1. 评价指标

教师的教育组织策略评价包括教育内容、教育过程、教育途径、教育效果等方面。

(1) 教育内容

① 教育内容具有生活性;

② 教育内容具有时代性;

③ 教育内容具有现实性。

（2）教育过程

① 气氛上是宽容的和接纳的；

② 行动和言语相互强化。

（3）教育途径

① 有专门性教育；

② 有随机性教育；

③ 有渗透性教育；

④ 有综合性教育。

（4）教育效果

① 能在不同程度上促进幼儿的社会性发展；

② 利于幼儿社会行为的养成。

2. 评价方式

树立以经常性的自评和同事间的互评为主的观念，将评价作为研讨、反思和改进提高自身教育观念的行为的有力工具，形成教师间自我发展和共同提高的氛围，把评价作为自我提高的重要途径。

第三节　学前儿童社会教育评价方案的编制

分解目标并形成指标体系是编制学前儿童社会教育评价方案的第一步，界定尺度并形成标准体系是编制学前儿童社会教育评价方案的第二步，按照不同指标在指标体系中的贡献大小而给他们分配其重要性程度的权重值是第三步。只有上述三步工作全部完成，一个科学的学前儿童社会教育评价方案才能编制成功。

下面我们根据以上三个步骤的顺序来建立一份 5 岁幼儿品德与个性发展评价方案。

（一）指标体系的实际编制

品德与个性发展目标可以被逐层分解为二级指标，这二级指标分别用 B、C 来表示，如表 5-8 所示。

表 5-8　5 岁幼儿品德与个性发展评价（指标体系的实际编制）

一　级　指　标		二　级　指　标
品德与个性发展	B_1 品德行为	C_1 文明礼貌
		C_2 爱惜物品
		C_3 遵守规则
		C_4 是非判断能力
	B_2 情感	C_5 基本情感
		C_6 高级情感
	B_3 社会交往	C_7 社会交往
	B_4 个性发展水平	C_8 自我意识
		C_9 性格
	B_5 特长	C_{10} 特长

（二）标准体系的实际编制

在形成指标体系的基础上，确定本评价方案采用四等级评价标准，并为四个等级分别赋值5、4、3、2，然后再为每一指标的四个等级编制出相应的评价标准，如表5-9所示。

表5-9 5岁幼儿品德与个性发展评价（标准体系的实际编制）

一级指标	二级指标	评价标准			
		Ⅰ级（5分）	Ⅱ（4分）	Ⅲ（3分）	Ⅳ（2分）
B₁ 品德行为	C₁ 文明礼貌	会用礼貌用语，会主动、有礼貌地待客、做客、回答问题	懂礼貌，会礼貌地待客、做客、回答问题	礼貌用语掌握得不够好，礼貌地待客、做客、回答问题的能力差	不会使用礼貌用语，不能礼貌待客
	C₂ 爱惜物品	能够爱惜花草树木，爱护公物，玩具、学具完好，不浪费粮食、水、电，保持环境整洁	能够较好地爱惜花草树木及公物，玩具、学具基本完好，不浪费粮食、水、电，能够较好地保持环境整洁	不能很好地爱惜物品，包括玩具、学具和粮食、水、电，不能很好地保持环境整洁	不能做到爱惜物品，学具和玩具保存得不好
B₁ 品德行为	C₃ 遵守规则	能够自觉遵守生活常规及游戏规则，遵守公共规则和秩序	能够遵守生活常规及游戏规则，遵守公共规则和秩序，偶尔违反	懂得规则，往往做不到，常有违反规则现象	不理解规则，也不能按规则去做
	C₄ 是非判断能力	能分辨明显的对与错，知道应该学习好的榜样，能初步正确地评价他人和自己的言行，能控制自己的行为	能分辨明显的对错，知道应该学习好的榜样，能初步正确地评价他人和自己的言行，控制行为能力较差	基本能分清明显的对错，评价能力差，控制自己行为的能力差	不能分清明显的对错
B₂ 情感	C₅ 基本情感	情绪、情感积极愉快，会适当表达自己的基本情感（喜、怒、哀、惧、恶等），爱护小动物，爱周围的人，关心病人、老人，热爱劳动者	情绪、情感积极愉快，会适当表达自己的基本情感，爱护小动物，爱周围的人，关心病人、老人，热爱劳动者	情绪、情感积极愉快，在情感的表达方式上欠妥，如撒娇等，爱小动物，爱周围的人	情绪、情感低落，不能恰当地表达自己的感受
	C₆ 高级情感	有一定的道德感（责任感、集体荣誉感等），爱祖国、爱家乡，为自己是中国人及家乡祖国的成就而自豪，有初步的感受美、表现美的情感	有一定的道德感，爱祖国、爱家乡，有初步的感受美和表现美的情趣	能做到爱祖国、爱家乡，道德感较差，表现美的能力较差	没有形成一定的道德感，感受和表现美的能力差
B₃ 社会交往	C₇ 社会交往	能积极、主动、愉快地与人交往，会合作游戏，尊重别人，能自己解决和同伴间的纠纷，会分享	能积极、主动、愉快地与人交往，会合作游戏，尊重别人	与人交往时比较被动	不愿也不能与人交往
B₄ 个性发展水平	C₈ 自我意识	知道自己的姓名、性别、年龄、所上的幼儿园的名称，会写姓名，了解自己突出的优缺点，做事有信心、有独立性	知道自己的姓名、性别、年龄、所上的幼儿园的名称，会写姓名，了解自己突出的优缺点，能独立有信心地做事	知道自己的姓名、性别、年龄、所上的幼儿园的名称，会写姓名，不知道自己突出的优缺点，做事依赖他人	对自己缺乏信心，做事独立性差
	C₉ 性格	活泼、开朗、大方，兴趣广泛，求知欲强	活泼、开朗、大方，兴趣较广泛，有较强的求知欲	比较任性，兴趣不广泛，求知欲较差	任性、执拗，求知欲差
B₅ 特长	C₁₀ 特长	有一定的专长（琴、棋、书、画等），在区级以上比赛中获得奖励	有一定的专长（琴、棋、书、画等）	无专长，但有自己特别的爱好	无专长，也没有特别的爱好

（三）计量体系的实际编制

指标体系和标准体系建立以后，我们根据不同指标项目在指标体系中的地位和作用为它们分配适宜的权重值，形成计量体系（见表5-10）。假定5岁幼儿发展目标由身体与动作发展、认知发展、品德与个性发展三部分组成，又根据他们各自在整个幼儿发展中的地位和作用可以分别赋值0.4,0.35,0.25，然后我们再给5岁幼儿品德与个性发展的两个指标分别赋予相应的权重值。

表5-10 5岁幼儿品德与个性发展评价（计量体系的实际编制）

	一 级 指 标	二 级 指 标
品德	B_1 品德行为（0.30）	C_1 文明礼貌（0.30）
		C_2 爱惜物品（0.30）
		C_3 遵守规则（0.20）
		C_4 是非判断能力（0.20）
个性发展	B_2 情感（0.20）	C_5 基本情感（0.60）
		C_6 高级情感（0.40）
	B_3 社会交往（0.20）	C_7 社会交往（1.00）
	B_4 个性发展水平（0.20）	C_8 自我意识（0.60）
		C_9 性格（0.40）
	B_5 特长（0.10）	C_{10} 特长（1.00）

第四节　学前儿童社会教育评价的组织与实施

学前儿童社会教育评价的组织与实施过程有三个阶段。

一、评价实施的准备阶段

评价实施的准备阶段是具体评价实施前的预备阶段，是评价实施过程的有机组成部分。如果这一阶段的工作做得好，各项准备工作到位，就为一个高质量的评价打好了基础。准备阶段需要做好两方面的工作。

1. 组织准备

要组成评价委员会。组织成员内部要进行不同的分工，使各自明确自己的职责范围，做到各司其职、认真负责。

2. 文件准备

评价工作需要多种文件的准备。例如评价方案要复制多份，使每一位评价者和以后的统计人员都能人手一份，同时准备好需要的测量工具、计量用品和多种办公用品。

二、评价实施阶段

实施阶段的工作程序一般有以下三个。

1. 宣传发动

主要目的是统一评价者与被评价者的思想，防止产生各种消极因素和各种抵触情绪，使有关人员有一个良好的心态，愿意积极参与评价工作。

2. 搜集资料

搜集资料是评价实施过程中最为费时、费力但也是最为实质性的工作。这一工作要求评价者具有较高的素质和良好的工作态度。

3. 分项评分并汇总整理

在掌握大量有关资料的基础上，评价人员可以对每一具体的项目评分。即根据评价对象的实际状况与指标的符合程度，认定相应的分权或等级。

汇总整理要求对多项目的评分进行汇总，这一工作可由计算机来完成。汇总整理后，应有专人写出评价工作的总结报告。汇总材料则要按材料项目分类归档。

三、评价结果反馈阶段

评价是为了更好地促进工作，所以将评价结果以恰当的方式反馈给有关人员，并且使其在此基础上改进并进一步得到发展是非常重要的。

思考与练习

1. 请思考，遵循学前儿童社会教育评价的原则时应注意哪些问题。
2. 请举例说明，对幼儿进行社会性发展评价时应注意哪些问题。

真题再现

单项选择题

1. 评估幼儿发展的最佳方式是（　　）。（2014 年上保教知识与能力）

A. 平时观察　　　　　B. 期末检测　　　　　C. 问卷调查　　　　　D. 家长访谈

2. 课堂上杨老师对某个问题的解释有错误，学生指出后，杨老师不但没有批评，反而表扬该学生善于思考，具有质疑精神。下列说法不恰当的是（　　）。（2014 年下综合素质）

A. 杨老师注重培养学生独立思考能力

B. 杨老师注重培养学生自我评价能力

C. 杨老师注重培养学生创新求异能力

D. 杨老师注重培养学生批判思维能力

3. 王老师在教室里贴了一个"坏孩子"榜，那些爱讲话爱打闹的小朋友都榜上有名，王老师的做法（　　）。（2015 年上综合素质）

A. 合理，有助于维护教师权威

B. 合理，体现了对幼儿的严格要求

C. 不合理，没有认真备课上课

D. 不合理，没有尊重幼儿人格

4. 晓光很有舞蹈天赋，小小年纪已经参加过很多大型比赛，但他不愿参加幼儿园组织的科学活动，方老师劝说道："老师很喜欢会跳舞的晓光，可是如果你在其他方面也很能干的话，大家会更加喜欢你。"方老师的做法（　　）。（2015 年上综合素质）

A. 不合理，不利于幼儿发展特长

B. 不合理，不尊重幼儿的兴趣爱好

C. 合理，教师应该关注幼儿的全面发展

D. 合理，幼儿必须在各个学习领域平均发展

附录 I

《3～6 岁儿童学习与发展指南》社会领域相关内容

幼儿社会领域的学习与发展过程是其社会性不断完善并奠定健全人格基础的过程。人际交往和社会适应是幼儿社会学习的主要内容,也是其社会性发展的基本途径。幼儿在与成人和同伴交往的过程中,不仅学习如何与人友好相处,也在学习如何看待自己、对待他人,不断发展适应社会生活的能力。良好的社会性发展对幼儿身心健康和其他各方面的发展都具有重要影响。

家庭、幼儿园和社会应共同努力,为幼儿创设温暖、关爱、平等的家庭和集体生活氛围,建立良好的亲子关系、师生关系和同伴关系,让幼儿在积极健康的人际关系中获得安全感和信任感,发展自信和自尊,在良好的社会环境及文化的熏陶中学会遵守规则,形成基本的认同感和归属感。

幼儿的社会性主要是在日常生活和游戏中通过观察和模仿潜移默化地发展起来的。成人应注重自己言行的榜样作用,避免简单生硬的说教。

(一) 人际交往

目标 1 愿意与人交往

3～4 岁	4～5 岁	5～6 岁
1. 愿意和小朋友一起游戏。 2. 愿意与熟悉的长辈一起活动。	1. 喜欢和小朋友一起游戏,有经常一起玩的小伙伴。 2. 喜欢和长辈交谈,有事愿意告诉长辈。	1. 有自己的好朋友,也喜欢结交新朋友。 2. 有问题愿意向别人请教。 3. 有高兴的或有趣的事愿意与大家分享。

教育建议:

1. 主动亲近和关心幼儿,经常和他一起游戏或活动,让幼儿感受到与成人交往的快乐,建立亲密的亲子关系和师生关系。

2. 创造交往的机会,让幼儿体会交往的乐趣。如:

• 利用走亲戚、到朋友家做客或有客人来访的时机,鼓励幼儿与他人接触和交谈。

• 鼓励幼儿参加小朋友的游戏,邀请小朋友到家里玩,感受有朋友一起玩的快乐。

• 幼儿园应多为幼儿提供自由交往和游戏的机会,鼓励他们自主选择、自由结伴开展活动。

目标 2 能与同伴友好相处

3～4 岁	4～5 岁	5～6 岁
1. 想加入同伴的游戏时,能友好地提出请求。 2. 在成人指导下,不争抢、不独霸玩具。 3. 与同伴发生冲突时,能听从成人的劝解。	1. 会运用介绍自己、交换玩具等简单技巧加入同伴游戏。 2. 对大家都喜欢的东西能轮流、分享。 3. 与同伴发生冲突时,能在他人帮助下和平解决。 4. 活动时愿意接受同伴的意见和建议。 5. 不欺负弱小。	1. 能想办法吸引同伴和自己一起游戏。 2. 活动时能与同伴分工合作,遇到困难能一起克服。 3. 与同伴发生冲突时能自己协商解决。 4. 知道别人的想法有时和自己不一样,能倾听和接受别人的意见,不能接受时会说明理由。 5. 不欺负别人,也不允许别人欺负自己。

教育建议:

1. 结合具体情境,指导幼儿学习交往的基本规则和技能。如:

• 当幼儿不知怎样加入同伴游戏,或提出请求不被接受时,建议他拿出玩具邀请大家一起玩,或者扮成某个角色加入同伴的游戏。

• 对幼儿与别人分享玩具、图书等行为给予肯定,让他对自己的表现感到高兴和满足。

• 当幼儿与同伴发生矛盾或冲突时,指导他尝试用协商、交换、轮流玩、合作等方式解决冲突。

• 利用相关的图书、故事,结合幼儿的交往经验,和他讨论什么样的行为受大家欢迎,想要得到别人的接纳应该怎样做。

• 幼儿园应多为幼儿提供需要大家齐心协力才能完成的活动,让幼儿在具体活动中体会合作的重要性,学习分工合作。

2. 结合具体情境,引导幼儿换位思考,学习理解别人。如:

• 幼儿有争抢玩具等不友好行为时,引导他们想想"假如你是那个小朋友,你有什么感受?"让幼儿学习理解别人的想法和感受。

3. 和幼儿一起谈谈他的好朋友,说说喜欢这个朋友的原因,引导他多发现同伴的优点、长处。

目标 3 具有自尊、自信、自主的表现

3～4 岁	4～5 岁	5～6 岁
1. 能根据自己的兴趣选择游戏或其他活动。 2. 为自己的好行为或活动成果感到高兴。 3. 自己能做的事情愿意自己做。 4. 喜欢承担一些小任务。	1. 能按自己的想法进行游戏或其他活动。 2. 知道自己的一些优点和长处,并对此感到满意。 3. 自己的事情尽量自己做,不愿意依赖别人。 4. 敢于尝试有一定难度的活动和任务。	1. 能主动发起活动或在活动中出主意、想办法。 2. 做了好事或取得成功后还想做得更好。 3. 自己的事情自己做,不会的愿意学。 4. 主动承担任务,遇到困难能够坚持而不轻易求助。 5. 与别人的看法不同时,敢于坚持自己的意见并说出理由。

教育建议:

1. 关注幼儿的感受,保护其自尊心和自信心。如:

• 能以平等的态度对待幼儿,使幼儿切实感受到自己被尊重。

• 对幼儿好的行为表现多给予具体、有针对性的肯定和表扬,让他对自己优点和长处有所认识并感到满足和自豪。

• 不要拿幼儿的不足与其他幼儿的优点作比较。

2. 鼓励幼儿自主决定,独立做事,增强其自尊心和自信心。如:

- 与幼儿有关的事情要征求他的意见，即使他的意见与成人不同，也要认真倾听，接受他的合理要求。
- 在保证安全的情况下，支持幼儿按自己的想法做事；或提供必要的条件，帮助他实现自己的想法。
- 幼儿自己的事情尽量放手让他自己做，即使做得不够好，也应鼓励并给予一定的指导，让他在做事中树立自尊和自信。
- 鼓励幼儿尝试有一定难度的任务，并注意调整难度，让他感受经过努力获得的成就感。

目标4　关心尊重他人

3～4 岁	4～5 岁	5～6 岁
1. 长辈讲话时能认真听，并能听从长辈的要求。 2. 身边的人生病或不开心时表示同情。 3. 在提醒下能做到不打扰别人。	1. 会用礼貌的方式向长辈表达自己的要求和想法。 2. 能注意到别人的情绪，并有关心、体贴的表现。 3. 知道父母的职业，能体会到父母为养育自己所付出的辛劳。	1. 能有礼貌地与人交往。 2. 能关注别人的情绪和需要，并能给予力所能及的帮助。 3. 尊重为大家提供服务的人，珍惜他们的劳动成果。 4. 接纳、尊重与自己的生活方式或习惯不同的人。

教育建议：

1. 成人以身作则，以尊重、关心的态度对待自己的父母、长辈和其他人。如：

- 经常问候父母，主动做家务。
- 礼貌地对待老年人，如坐车时主动为老人让座。
- 看到别人有困难能主动关心并给予一定的帮助。

2. 引导幼儿尊重、关心长辈和身边的人，尊重他人劳动及成果。如：

- 提醒幼儿关心身边的人，如妈妈累了，知道让她安静休息一会儿。
- 借助故事、图书等给幼儿讲讲父母抚育孩子成长的经历，让幼儿理解和体会父爱与母爱。
- 结合实际情境，提醒幼儿注意别人的情绪，了解他们的需要，给予适当的关心和帮助。
- 利用生活机会和角色游戏，帮助幼儿了解与自己关系密切的社会服务机构及其工作，如商场、邮局、医院等，体会这些机构给大家提供的便利和服务，懂得尊重工作人员的劳动，珍惜劳动成果。

3. 引导幼儿学习用平等、接纳和尊重的态度对待差异。如：

- 了解每个人都有自己的兴趣、爱好和特长，可以相互学习。
- 利用民间游戏、传统节日等，适当向幼儿介绍我国主要民族和世界其他国家和民族的文化，帮助幼儿感知文化的多样性和差异性，理解人们之间是平等的，应该互相尊重，友好相处。

（二）社会适应

目标1　喜欢并适应群体生活

3～4 岁	4～5 岁	5～6 岁
1. 对群体活动有兴趣。 2. 对幼儿园的生活好奇，喜欢上幼儿园。	1. 愿意并主动参加群体活动。 2. 愿意与家长一起参加社区的一些群体活动。	1. 在群体活动中积极、快乐。 2. 对小学生活有好奇和向往。

教育建议：

1. 经常和幼儿一起参加一些群体性的活动，让幼儿体会群体活动的乐趣。如：带幼儿参加亲戚、朋友和同事间的聚会以及适合幼儿参加的社区活动等，支持幼儿和不同群体的同伴一起游戏，丰富其群体活动的经验。

2. 幼儿园组织活动时，可以经常打破班级的界限，让幼儿有更多机会参加不同群体的活动。

3. 带领大班幼儿参观小学,讲讲小学有趣的活动,唤起他们对小学生活的好奇和向往,为入学做好心理准备。

目标 2　遵守基本的行为规范

3～4 岁	4～5 岁	5～6 岁
1. 在提醒下,能遵守游戏和公共场所的规则。 2. 知道不经允许不能拿别人的东西,借别人的东西要归还。 3. 在成人提醒下,爱护玩具和其他物品。	1. 感受规则的意义,并能基本遵守规则。 2. 不私自拿不属于自己的东西。 3. 知道说谎是不对的。 4. 知道接受了的任务要努力完成。 5. 在提醒下,能节约粮食、水电等。	1. 理解规则的意义,能与同伴协商制定游戏和活动规则。 2. 爱惜物品,用别人的东西时也知道爱护。 3. 做了错事敢于承认,不说谎。 4. 能认真负责地完成自己所接受的任务。 5. 爱护身边的环境,注意节约资源。

教育建议:

1. 成人要遵守社会行为规则,为幼儿树立良好的榜样。如:答应幼儿的事一定要做到、尊老爱幼、爱护公共环境、节约水电等。

2. 结合社会生活实际,帮助幼儿了解基本行为规则或其他游戏规则,体会规则的重要性,学习自觉遵守规则。如:

- 经常和幼儿玩带有规则的游戏,遵守共同约定的游戏规则。
- 利用实际生活情境和图书故事,向幼儿介绍一些必要的社会行为规则,以及为什么要遵守这些规则。
- 在幼儿园的区域活动中,创设情境,让幼儿体会没有规则的不方便,鼓励他们讨论制订规则并自觉遵守。
- 对幼儿表现出的遵守规则的行为要及时肯定,对违规行为给予纠正。如:幼儿主动为老人让座时要表扬;幼儿损害别人的物品或公共物品时要及时制止并主动赔偿。

3. 教育幼儿要诚实守信。如:

- 对幼儿诚实守信的行为要及时肯定。
- 允许幼儿犯错误,告诉他改了就好。不要打骂幼儿,以免他因害怕惩罚而说谎。
- 小年龄幼儿经常分不清想象和现实,成人不要误认为他是在说谎。
- 发现幼儿说谎时,要反思是否是因自己对幼儿的要求过高过严造成的。如果是,要及时调整自己的行为,同时要严肃地告诉幼儿说谎是不对的。
- 经常给幼儿分配一些力所能及的任务,要求他完成并及时给予表扬,培养他的责任感和认真负责的态度。

目标 3　具有初步的归属感

3～4 岁	4～5 岁	5～6 岁
1. 知道和自己一起生活的家庭成员及与自己的关系,体会到自己是家庭的一员。 2. 能感受到家庭生活的温暖,爱父母,亲近与信赖长辈。 3. 能说出自己家所在街道、小区(乡镇、村)的名称。 4. 认识国旗,知道国歌。	1. 喜欢自己所在的幼儿园和班级,积极参加集体活动。 2. 能说出自己家所在地的省、市、县(区)名称,知道当地有代表性的物产或景观。 3. 知道自己是中国人。 4. 奏国歌、升国旗时能自动站好。	1. 愿意为集体做事,为集体的成绩感到高兴。 2. 能感受到家乡的发展变化并为此感到高兴。 3. 知道自己的民族,知道中国是一个多民族的大家庭,各民族之间要互相尊重,团结友爱。 4. 知道国家一些重大成就,爱祖国,为自己是中国人感到自豪。

教育建议：

1. 亲切地对待幼儿，关心幼儿，让他感到长辈是可亲、可近、可信赖的，家庭和幼儿园是温暖的。如：

• 多和孩子一起游戏、谈笑，尽量在家庭和班级中营造温馨的氛围。

• 通过和幼儿一起翻阅照片、讲幼儿成长的故事等，让幼儿感受到家庭和幼儿园的温暖，老师的和蔼可亲，对养育自己的人产生感激之情。

2. 吸引和鼓励幼儿参加集体活动，萌发集体意识。如：

• 幼儿园和班级里的重大事情和计划，请幼儿集体讨论决定。

• 幼儿园应经常组织多种形式的集体活动，萌发幼儿的集体荣誉感。

3. 运用幼儿喜闻乐见和能够理解的方式激发幼儿爱家乡、爱祖国的情感。如：

• 和幼儿说一说或在地图上找一找自己家所在的省、市、县（区）名称。

• 和幼儿一起外出游玩，一起看有关的电视节目或画报等；和他们一起收集有关家乡、祖国各地的风景名胜、著名的建筑、独特物产的图片等，在观看和欣赏的过程中激发幼儿的自豪感和热爱之情。

• 利用电视节目或参加升旗等活动，向幼儿介绍国旗、国歌以及观看升旗、奏国歌的礼仪。

• 向幼儿介绍反映中国人聪明才智的发明和创造，激发幼儿的民族自豪感。

附录 2

《幼儿园教育指导纲要(试行)》社会领域相关内容

第二部分　教育内容与要求

幼儿园的教育内容是全面的、启蒙性的,可以相对划分为健康、语言、社会、科学、艺术五个领域,也可作其他不同的划分。各领域的内容相互渗透,从不同的角度促进幼儿情感、态度、能力、知识、技能等方面的发展。

社会

(一) 目标

1. 能主动地参与各项活动,有自信心;
2. 乐意与人交往,学习互助、合作和分享,有同情心;
3. 理解并遵守日常生活中基本的社会行为规则;
4. 能努力做好力所能及的事,不怕困难,有初步的责任感;
5. 爱父母长辈、老师和同伴,爱集体、爱家乡、爱祖国。

(二) 内容与要求

1. 引导幼儿参加各种集体活动,体验与教师、同伴等共同生活的乐趣,帮助他们正确认识自己和他人,养成对他人、社会亲近、合作的态度,学习初步的人际交往技能。

2. 为每个幼儿提供表现自己长处和获得成功的机会,增强其自尊心和自信心。

3. 提供自由活动的机会,支持幼儿自主地选择、计划活动,鼓励他们通过多方面的努力解决问题,不轻易放弃克服困难的尝试。

4. 在共同的生活和活动中,以多种方式引导幼儿认识、体验并理解基本的社会行为规则,学习自律和尊重他人。

5. 教育幼儿爱护玩具和其他物品,爱护公物和公共环境。

6. 与家庭、社区合作,引导幼儿了解自己的亲人以及与自己生活有关的各行各业人们的劳动,培养其对劳动者的热爱和对劳动成果的尊重。

7. 充分利用社会资源,引导幼儿实际感受祖国文化的丰富与优秀,感受家乡的变化和发展,激发幼儿爱家乡、爱祖国的情感。

8. 适当向幼儿介绍我国各民族和世界其他国家、民族的文化,使其感知人类文化的多样性和差异性,培养理解、尊重、平等的态度。

(三) 指导要点

1. 社会领域的教育具有潜移默化的特点。幼儿社会态度和社会情感的培养尤应渗透在多种活动和一日生活的各个环节之中，要创设一个能使幼儿感受到接纳、关爱和支持的良好环境，避免单一呆板的言语说教。

2. 幼儿与成人、同伴之间的共同生活、交往、探索、游戏等，是其社会学习的重要途径。应为幼儿提供人际交往和共同活动的机会和条件，并加以指导。

3. 社会学习是一个漫长的积累过程，需要幼儿园、家庭和社会密切合作，协调一致，共同促进幼儿良好社会性品质的形成。

附录 3

《北京市贯彻〈幼儿园教育指导纲要(试行)〉实施细则》对幼儿社会教育的内容与要求

小班(3～4 岁)

1. 以亲切、和蔼的态度接纳每一个幼儿,开展丰富多彩的活动,使幼儿情绪稳定、愉快,喜欢来幼儿园,并逐步适应幼儿园的集体生活。

2. 引导幼儿认识自己,知道自己的姓名、年龄、性别,并能用语言表达自己的需要和情感。

3. 引导幼儿认识经常接触的成人,学会称呼他们并使用简单的礼貌用语与他们打招呼。感知成人对自己的关爱,初步懂得尊重为自己服务的人。

4. 鼓励幼儿与同伴交往,知道小朋友的名字,初步学习与同伴分享玩具和图书,感受与同伴在一起的快乐。

5. 引导幼儿遵守游戏和日常生活中的规则,初步学会等待、轮流等,初步体验规则的作用,逐步养成遵守规则的意识,能判断一些简单行为的对与错。

6. 引导幼儿认识玩具、图书及学习用具,会正确使用和爱护它们。

7. 引导幼儿做自己能做的事,如盥洗、穿脱衣服、收放玩具等,感受自己独立做事的快乐和满足,体验自尊、自信。

8. 鼓励幼儿自己选择活动内容,遇到挫折、困难不害怕,会寻求帮助,并能在教师的鼓励和帮助下坚持做完一件事,获得成功。

9. 引导幼儿认识自己的家庭,知道父母和亲人的姓名以及他们喜欢做的事,感受他们对自己的爱,知道不打扰父母的工作和休息。

10. 引导幼儿认识周围社会生活环境,认识几种常见的交通工具。

11. 在"六一"儿童节、新年等主要的节日中,开展丰富有趣的活动,让每个幼儿在参与活动的过程中大胆表现自己,感受节日的快乐。

中班(4～5 岁)

1. 引导幼儿保持积极、愉快的情绪,体验与老师和小朋友在一起的快乐,喜欢幼儿园的集体生活。

2. 引导幼儿知道自己在长大,能做许多事情,自己与别人有不同的兴趣、爱好和想法,并能大胆地用语言表达自己的想法和感受。

3. 鼓励幼儿积极主动地与同伴交往,会使用礼貌用语,学习等待、轮流、分享、谦让与合作,并能尝试解决游戏及生活中出现的矛盾。

4. 引导幼儿自己选择活动主题,学校制订活动计划。支持幼儿克服困难,解决问题,实现自己的计划,获得成功的感受,增强自尊、自信。

5. 引导幼儿学会简单地评价自己和他人的行为,初步理解某些行为的对与错,做错了事能承认,并愿意改正。

6. 引导幼儿养成遵守游戏、学习和生活规则的习惯,初步控制自己的情绪和行为,不打扰别人的工作和休息。

7. 引导幼儿做自己力所能及的事,如收拾玩具、整理被褥、擦桌椅等,培养初步的独立意识;开始学习为他人服务,学做值日生,形成初步的责任感。

8. 引导幼儿认识常见的交通工具,如汽车、火车、飞机等,了解它们的特点以及与人们生活的关系,认识常见的交通标记,知道要遵守交通规则。

9. 引导幼儿体验并感激父母及亲人对自己的爱,知道父母和亲人的兴趣爱好,能用简单的方式表达自己对父母和亲人的爱。

10. 引导幼儿认识周围环境中的设施和常见标记,如公园、商店、医院、邮局等,知道爱护周围的环境和公共设施,了解经常为我们服务的人,尊重他们和他们的劳动成果。

引导幼儿认识北京著名的建筑、风景、名胜,让幼儿知道北京是中国的首都,了解北京正在发生的大事,并能用自己喜欢的形式表现自己对北京的热爱。

11. 引导幼儿知道自己是中国人,认识并尊重国旗、国徽;了解主要的少数民族的传统习俗,知道要尊重他们的风俗习惯。

12. 在"六一"儿童节、中秋节、新年等节日中,开展丰富多彩的活动,引导幼儿初步知道节日的意义,让每个幼儿充分表现自己,表达自己的感受和想法,感受节日的快乐气氛。

大班(5~6 岁)

1. 引导幼儿感受与老师和小朋友在一起的快乐,喜欢班集体,有初步的集体荣誉感。

2. 引导幼儿认识小学,萌发上小学的愿望和情感。

3. 引导幼儿能控制自己的情绪和行为,理解、关心他人的情绪情感,能主动表达自己对别人的关心和安慰。

4. 引导幼儿主动、友好地与他人交往,掌握轮流、奉献、谦让、合作等交往技能,会表达自己的意愿,懂得尊重别人的意愿,能独立解决交往中的问题。培养幼儿豁达、乐观的性格,能接纳、原谅别人。

5. 引导幼儿理解和遵守与他们关系密切的社会行为规则,能够做到初步自律,有初步的社会公德意识。

6. 给每个幼儿提供表现自己的长处和获得成功的机会,增强其自尊、自信。

7. 培养幼儿有初步的责任感,做事认真、有始有终,能主动为集体、为他人做事。

8. 引导幼儿关注周围的环境状况,有初步的环保意识。

9. 引导幼儿认识并喜欢北京和中国的风景、名胜,认识和尊重国旗、国徽,会唱国歌,关心和了解发生在身边的大事。

10. 引导幼儿知道中国是一个多民族、多文化的国家,在热爱本地、本民族文化的同时,尊重少数民族和其他地区的文化、习惯。

11. 引导幼儿了解世界其他国家和民族,知道他们有着不同的肤色、体态、服饰,不同的语言和风俗,懂得要尊重他们的风俗和文化。

12. 在节日期间,鼓励幼儿主动设计和开展丰富、有趣的活动,感受浓厚的亲情、友情和民俗气氛。

13. 引导幼儿认识周围社会设施、公共场所及在那里经常为大家服务的人,尊重他们和他们的劳动,理解人们在相互服务。

14. 引导幼儿认识常见的标记、符号等,理解它们的作用,尝试为生活中的某些事物设计标记,体验其中的快乐。

15. 引导幼儿了解多种通讯方法及场所(邮局、电信局、网站等),知道通讯与人们生活之间的关系。

参考文献

1. 陈帼眉.学前心理学[M].北京:人民教育出版社,1993.
2. 陈帼眉.学前儿童发展与教育评价手册[M].北京:北京师范大学出版社,1994.
3. 高月梅,张泓.幼儿心理学[M].杭州:浙江教育出版社,1999.
4. 王振宇,葛延之等.儿童社会化与教育[M].北京:人民教育出版社,1992.
5. 丁祖荫等.幼儿心理学[M].北京:人民教育出版社,1986.
6. 让·皮亚杰.儿童心理学[M].北京:商务印书馆,1980.
7. 张文新.儿童社会性发展[M].北京:北京师范大学出版社,1998.
8. 徐明.幼儿社会教育[M].北京:中国劳动社会保障出版社,1999.
9. 教育部基础教育司.《幼儿园教育指导纲要(试行)》解读[M].南京:江苏教育出版社,2002.
10. 杨丽珠,吴文菊.幼儿社会性发展与教育[M].大连:辽宁师范大学出版社,2000.
11. 全国幼师工作协作会组.幼儿社会教育活动指导[M].北京:北京师范大学出版社,2003.
12. 唐淑.幼儿园艺术、健康和社会教育[M].南京:南京师范大学出版社,1999.
13. 池俊,张岩莉.学前儿童社会教育[M].海口:南方出版社,2004.
14. 冯晓霞.幼儿园课程[M].北京:北京师范大学出版社,2000.
15. 张博.现代幼儿教育观念研究[M].长春:东北师范大学出版社,2003.
16. 叶敬忠,李小云.社区发展中的幼儿参与[M].北京:中央编译出版社,2000.
17. 李生兰.幼儿家庭教育[M].上海:上海教育出版社,2000.
18. 虞永平.幼儿园课程指导丛书——社会(大班)[M].南京:南京师范大学出版社,1997.
19. 白爱宝.幼儿发展评价手册[M].北京:教育科学出版社,1999.
20. 霍力岩.学前教育评价[M].北京:北京师范大学出版社,2000.
21. 韩跃辉.1岁方案[M].北京:中国人口出版社,2002.
22. 韩跃辉.2岁方案[M].北京:中国人口出版社,2002.
23. 韩跃辉.3岁方案[M].北京:中国人口出版社,2002.
24. 叶奕乾,孔克勤.个性心理学[M].上海:华东师范大学出版社,1993.
25. 韩进之.儿童个性发展与教育[M].北京:人民教育出版社,1994.
26. 李道佳,郭晓琴.幼儿素质教育[M].大连:辽宁师范大学出版社,1997.
27. 赵春梅.幼儿园活动设计实例(社会)[M].长春:吉林美术出版社,2000.
28. 李生兰.幼儿园与家庭、社区合作共育的研究[M].上海:华东师范大学出版社,2003.
29. 张玉暖.学前儿童社会教育与活动指导[M].沈阳:东北大学出版社,2015.
30. 黄人颂.学前教育学参考资料(下册)[M].人民教育出版社,1991.
31. 刘丽.幼儿园社会教育资源[M].北京:人民教育出版社,2017.
32. 王建平,陈可昉.幼儿园园长关键能力必修课[M].北京:首都师范大学出版社,2020.
33. 刘玉秀.教养手记:四分苹果[J].学前教育,2001(9).

34. 张会英.会说话的标志——中班社会性教育活动设计[J].山东教育（幼教版），2001（1—2）.

35. 林蓉，林佩.我长大了[J].幼儿教育，2004（10）.

36. 陈洪基，莫宝珠.香港的幼儿园与家庭合作简介[J].教育导刊，2004（8）.

37. 赵琴.论幼儿园随机教育的特征与功能[J].深圳教育学院学报，2001（01）.

38. 郑法.加强青少年网络保护[N].大连日报.2008 - 03 - 17（A03）.

39. 当心"电游"拐跑了孩子[N].中国教育报.2015 - 01 - 18（001）.

40. 周霞.如何召开幼儿园家长会.北碚教育网.2007 年 3 月.

41. 虞永平，张明红.幼儿园社会领域课程内容的选择.中国教育和科研计算机网（CERNET）.

42. 幼儿园家长工作方式.3edu 教育网.2007 年 1 月.

43. 彭阳，唐烈琼.网络游戏对青少年人格发展的负面影响[J].湖南科技学院学报，2005（01）.

44. 幼儿园主题教育活动设计与实施，幼教资源站 ziyuan. baby611. com（http：//www. doc88. com/p-7983596077259. html）.

45. 天山新村第二幼儿园家长委员会章程. http：//www. flashkj. net/lw/yuer/jtjy/jyhz/200904/30861. html[flash 课件资源网].2007 年 1 月.

46. "祥祥的快乐小屋"——幼儿园小班家园联系手册. http：//shirleyhjiang. bb. iyaya. com/riji. php. 2009 年 3 月.

图书在版编目(CIP)数据

学前儿童社会教育活动指导/周梅林主编.—4 版.—上海:复旦大学出版社,2022.7
(2024.11 重印)
ISBN 978-7-309-16134-2

Ⅰ.①学… Ⅱ.①周… Ⅲ.①学前儿童-社会教育-高等学校-教材 Ⅳ.①G611

中国版本图书馆 CIP 数据核字(2022)第 035988 号

学前儿童社会教育活动指导(第四版)
周梅林 主编
责任编辑/查 莉

复旦大学出版社有限公司出版发行
上海市国权路 579 号 邮编:200433
网址:fupnet@ fudanpress.com http://www.fudanpress.com
门市零售:86-21-65102580 团体订购:86-21-65104505
出版部电话:86-21-65642845
上海四维数字图文有限公司

开本 890 毫米×1240 毫米 1/16 印张 10.25 字数 303 千字
2024 年 11 月第 4 版第 3 次印刷

ISBN 978-7-309-16134-2/G · 2347
定价:39.00 元